**함께 만든
교육정책**
2025

이주호의 필통톡 시즌 2

함께 만든 교육정책 2025

| 교육부 필통톡 기획팀 지음 |

EBS BOOKS

추천사

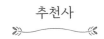

전국시도교육감협의회장 겸 대구시교육감 강은희

『함께 만든 교육정책 2025』는 현재 대한민국 교육 상황을 쉽고 현실감 있게 이해할 수 있는 다양한 정책과 그 정책의 해법을 국민의 눈높이에서 찾고자 하는 노력과 흔적이 담겨 있습니다.

디지털 대전환 시대를 대비하고 저출생, 교육격차, 사교육 등의 현안 해결을 위해 선도적으로 추진하는 국가책임 교육·돌봄, 교실혁명, 교육공동체와 함께하는 교육정책은 대한민국 교육이 나아갈 방향을 제시하고 있습니다. 특히 맞춤형 교육을 실현하는 AI 디지털교과서 도입은 미래 교육의 모습을 잘 보여 주고 있으며, 수업에서 교사와 학생의 상호작용을 끊임없이 진화하게 할 것입니다.

교육 현장의 목소리에 귀 기울이며 교육공동체와의 마음 거리를 좁혀가고자 한 진정한 필통(必通)이 필통(Feel通)이 되기를 기대하며, 더 나은 교육을 위해 고민하는 모든 분들께 이 책을 추천합니다.

한국교원단체총연합회 회장 강주호

교육부의 유튜브 콘텐츠 「필통톡」 영상을 엮은 이 책은, 교육부의 교육정책을 보다 쉽고 친근하게 이해할 수 있도록 돕는 안내서입니다.

「필통톡」은 단순한 정책 전달을 넘어 교육 주체들과 소통하며 정책을 함께 만들어 가고자 한 교육부의 뜻깊은 시도였다고 생각합니다. 유튜브 콘텐츠로서도 많은 관심과 호응을 받아 온 「필통톡」이 책으로 출간되어 더 많은 분들과 만나게 된 것을 기쁘게 생각합니다.

교육정책은 사람의 마음을 움직이고, 현장의 신뢰를 얻는 일입니다. 그 중심에는 언제나 교사가 있습니다. 교사는 교육의 주체이자 정책의 실행자이기에, 현장과의 충분한 소통 없이 마련된 정책은 결코 제대로 자리 잡을 수 없습니다.

이 책이 교사와 학부모, 학생 모두에게 교육정책을 보다 깊이 이해하고 함께 논의할 수 있는 소중한 계기가 되기를 바랍니다.

前 국회의장 및 교육부총리, 現 글로벌혁신연구원 이사장 김진표

교육은 미래를 위한 가장 확실한 투자이기에, 한 발은 미래를 향해 크게 내딛으면서도 다른 한 발은 현실에 깊게 뿌리내리고 있어야 합니다. 그런 면에서 『함께 만든 교육정책 2025』는 교육부가 학교 현장의 다양한 고민, 세계적인 디지털 기반 혁신을 동시에 바라보는 정책적 노력을 정리한 의미 있는 책입니다. 특히 이 모든 정책들을 국민과 함께 한 땀 한 땀 엮어 나갔다는 점이 뜻깊습니다.

무엇보다 글로벌 무대에서 우리 교육을 선보이는 입문서로도 손색이 없습니다. 글로벌 교육 혁신 얼라이언스(GEIA)가 추구하는 세계 협력의 정신에서 본다면 교육부의 디지털 기반 혁신 정책들은 국제사회의 긴밀한 협력을 이끌어 내고, 대한민국 교육이 퍼스트 무버로서 나아가는 데 강력한 기반을 제공할 것입니다. 책이 소개하는 정책과 비전들이 대한민국 교육이 국제무대에서 더욱 빛날 수 있는 견고한 발판이 되기를 바라 봅니다.

방송인 박경림

지난 2년 동안 「필통톡」을 함께 진행하며 오프닝 멘트로 외쳤던 말이 있습니다. "소통과 공감으로 만드는 따뜻한 교육, 필통톡." 시대가 바뀌고 세상이 변해도 우리에게 가장 필요한 건 소통과 공감이며, 그것을 잘 해내기 위해서는 올바른 교육이 중심이 되어야 한다는 걸 우리는 잘 알고 있습니다.

챗GPT, AI와 함께 살아가는 지금, 대한민국의 미래 교육이 무엇인지 이 책에서 잘 보여 주고 있습니다. 부디 함께하는 우리 아이들과 선생님, 그리고 학부모들이 모두 행복할 수 있기를, 우리의 학교가, 대한민국 교육이 늘 봄이길 바라 봅니다.

국가교육위원회 위원장 이배용

교육은 제도나 정책적 변화를 넘어선, 미래 세대를 위한 사회 전체의 약속입니다. 그리고 그 약속은 다양한 목소리 속에서 공감과 소통을 통해 실현됩니다. 그렇기 때문에 교사와 학부모, 학생, 정책 전문가가 함께하여 우리 교육의 발전을 위한 공감의 토대를 만드는 것이 무엇보다 중요할 것입니다.

이번에 발간되는 『함께 만든 교육정책 2025』는 이와 같은 사회적 공감대를 바탕으로 미래 교육의 방향을 모색해 온 국가교육위원회의 기조와도 맞닿아 있습니다. 국가교육위원회는 교육정책이 백년대계를 내다보며 신뢰받고 안정적이며 일관되게 추진될 수 있도록 노력하고 있습니다. 『함께 만든 교육정책 2025』에 담긴 '2028학년도 대학입시 개편안' 역시 다양한 현장의 목소리를 경청하며 숙의를 거쳐 결정되었던 대표적인 사례입니다.

이 책이 교육에서 '함께'라는 가치를 다시 한번 생각해 보는 기회가 되기를 바라며, 우리 교육이 나아가야 할 방향에 대해 고민하는 모든 분께 진심을 담아 추천합니다.

경기도교육감 임태희

『함께 만든 교육정책 2025』에는 교육개혁 9대 과제를 중심으로 대한민국 교육 전반에 대한 깊은 사색과 통찰이 담겨 있습니다. 국가책임 교육과 돌봄, 인공지능 디지털 시대의 학교 교육 방향 등 우리가 함께 짚어 보고 해결해 나가야 할 교육 문제를 상세히 설명하고 있어 누구나 쉽게 교육정책을 이해할 수 있도록 안내합니다. 이 책은 우리나라 교육의 미래를 전망해 보고, 시대 변화에 따른 교육의 사명을 고민해 보는 데 소중한 길잡이가 될 것입니다. 대한민국 교육에 관심 있는 모든 분께 좋은 지침서가 될 것으로 기대하며 추천합니다.

'함께학교' 학부모운영지원단 정미진 학부모

저는 두 명의 중학생을 키우며 7만여 명의 학부모에게 교육 정보를 나누는 교육 인플루언서로 활동하고 있습니다. 「필통톡」을 영상으로 애청하면서 교육정책에 대한 생각을 많이 하게 되었는데요. 이렇게 『함께 만든 교육정책 2025』 책을 통해 텍스트로 다시 접해 보니 좀 더 또렷하게 교육정책 방향이 보이는 것 같습니다.

부모는 아이들에 대한 관심과 사랑으로 교육에 대한 관심이 높은데, 현재 추진 중인 교육개혁에 대해 관심을 갖고 정확한 정보를 이해하는 것은 학부모로서 중요한 일이라는 생각이 듭니다.

이 책을 통해 추진 중인 교육개혁 과제들과 방향에 대한 올바른 이해와 더불어 교육정책에 대해 관심을 가지고 부모들도 '함께' 참여하였으면 좋겠습니다.

대한민국교원조합 상임위원장 조윤희

『함께 만든 교육정책 2025』의 발간을 진심으로 축하드립니다. 교육부가 추진해 온 다양한 교육정책과 그 성과가 한눈에 들어오는 방대하면서도 체계적인 기록을 접할 수 있어 가슴이 벅찹니다.

교육 문제는 우리 사회에서 가장 중요한 사안 중 하나이지만, 모두가 극도의 관심을 쏟는 만큼 때로는 거대한 격랑에 휩쓸리기도 합니다. 그럼에도 불구하고 공교육 돌봄을 획기적으로 확대한 '늘봄학교', 유보통합으로 촘촘히 설계된 유아교육 체계, 고교학점제와 2028 대입개편을 중심으로 한 학습자 중심 교육 그리고 AI 리터러시 기반의 교육 대전환까지, 『함께 만든 교육정책 2025』는 그간의 성과를 담아내는 동시에 미래를 향한 나침반의 역할을 훌륭히 해내고 있습니다.

특히 지역 균형 발전을 위한 RISE(라이즈) 사업, 글로컬 대학, 스터디코리아 300K 등 대학 정책은 지역 소멸이라는 사회적 위기에 교육이 어떻게 해답이 될 수 있는지를 잘 보여 줍니다. 더불어 미래 세대를 위한 교육 환경을 재구성하는 선도적 노력들이 점차 뿌리를 내려 가고 있다는 점에서 깊은 감명을 받습니다.

무엇보다 AIDT(지능형 디지털 교육 전환)는 단순한 기술 도입을 넘어, 교실을 바꾸고 교사의 역할을 재정립하며, 학생 한 사람 한 사람의 가능성을 확장시키는 교육 혁신의 핵심이라 할 수 있습니다. 교육부가 이러한 시대적 사명을 감당하기 위해 정치적 반대와 국민적 우려 속에서도 묵묵히 정책을 추진해 온 의지에 깊이 공감하며, 실제로 저는 정책의 정당성과 필요성에 대한 신념으로 1인 시위에 나설 만큼 진심을 담아 지지해 왔습니다. 그간 추진된 여러 정책이 학교 현장에서 실제 변화의 싹을 틔우고 있다는 사실은 교육자로서 참으로 자랑스럽고 벅찬 일입니다.

또한 오랜 시간 동안 교사 간, 교사와 학부모 간의 소통 부족으로 인한 오해와 갈등은 교육 현장의 고질적인 문제였습니다. 이러한 문제를 해결하기 위해 교육부, 특히 장관님께서 보여 주신 진심 어린 노력은 그간 어느 교육부 시기에서도 보기 어려운 획기적인 변화였습니다. 「필통톡」, '함께학교' 등으로 대표되는 소통의 시도는 단순한 커뮤니케이션의 확대를 넘어, 정책과 현장을 잇는 신뢰의 다리를 놓았다는 점에서 한국 교육사에 새로운 전기를 마련한 역사적 전환점이라 생각합니다. 이러한 변화는 향후 교육의 질적 전환에 있어 매우 중요한 디딤돌이 될 것입니다.

이 책은 단순한 정책 보고서를 넘어, 우리 아이들의 내일을 설계해 온 모든 교사, 정책 담당자 그리고 교육 현장의 주체들이 함께 써 내려간 대한민국 교육의 생생한 연대기입니다. 정책이 교육 현장과 얼마나 긴밀히 호흡할 수 있는지를 확인할 수 있었고, 그 중심에 교육부가 있다는 점에서 진심으로 감사와 응원의 박수를 보냅니다.

앞으로도 교육부가 더욱 용기 있게, 교육의 본질을 잃지 않으며 정책을 펼쳐 나가길 바랍니다. 『함께 만든 교육정책 2025』의 출간이 우리 교육이 나아갈 길에 단단한 이정표가 되기를 기대합니다.

국회 교육위원회 국민의힘 간사 조정훈 국회의원

이주호 장관님의 교육철학과 비전은 단순히 교육부의 정책을 넘어, 우리 교육의 미래를 위한 귀중한 나침반이 됩니다. 평소 국회에서 장관님을 뵐 때도 느꼈던, 깊은 학문적 통찰과 풍부한 현장 경험이 이 책에 고스란히 담겨 있습니다.

특히 복잡한 교육 현안들을 명확히 분석하고 실질적인 해결책을 제시하는 장관님의 탁월한 지혜가 이 책 곳곳에서 빛납니다. 학생들의 미래를 최우선으로 생각하시는 진정성과 모두에게 도움이 되는 길을 찾고자 하는 따뜻한 포용성은 우리 교육이 앞으로 나아가야 할 방향이기도 합니다.

교육은 결국 한 사람의 삶을 바꾸는 일이자, 우리 사회의 미래를 바꾸는 일입니다. 이 책이 학부모님들과 교육을 사랑하시는 많은 분들께 널리 읽히면 좋겠습니다. 교육을 사랑하는 모든 이들에게 이 책을 진심으로 추천합니다.

함께 만드는 교육정책,
우리의 미래를 만들어 갑니다

현장과 정책의 만남

어느 기자가 저에게 이렇게 물었습니다.

"왜 이렇게까지 현장을 자주 찾고, 많은 사람을 만나려 하십니까?"

교육정책을 책임지는 장관이 현장과 소통하고 함께 호흡하는 것은 너무나 당연한 일이라, 다소 의아한 질문처럼 느껴졌습니다. 오히려 현장을 자주 찾지 않는 것이 더 큰 문제 아닐까요? 물론 현장에서 때로는 쓴소리를 듣기도 하고, 날카로운 비판을 마주하기도 합니다. 하지만 그 속에서 저는 현장에 계신 분들의 고민과 열정을 느끼고, 많은 것을 배우며 새로운 에너지를 얻습니다. 그래서 더 열심히, 더 잘해야겠다고 다짐하는 계기가 됩니다. 현장과 정책이 소통해야 하는 이유가 바로 여기에 있다고 생각합니다.

현장과 정책의 만남은 2010년부터 2013년까지 당시 제가 교육과학기술부 장관이던 시절부터 시작되었습니다. 당시에는 요즘과 같은 온라인 플랫폼이 발달하지 않아서, 전국을 돌아다니며 직접 학부모, 선생님들과 소통의 자리를 가졌습니다. 그때 이름 붙인 행사명이 '필통톡', 즉 진심과 올바른 마음은 반드시(必) 통(通)한다는 말에 이야기(Talk)를 덧붙여 「필통톡」이 탄생하였습니다. 그 당시 27회에 걸친 「필통톡」을 마무리하면서 그간의 이야기들을 묶어 2012년에 『필통톡:학부모 걱정에 답하다』를 발간하였습니다.

그리고 10년이 지난 2022년 11월, 다시 장관직을 맡게 되었습니다. 그 사이 교육정책들은 다양한 모습으로 변해 있었습니다. 처음 취지를 잘 반영하면서 시대에 따라 진화해 온 정책도 있었고, 도입 의도와 다르게 바뀌어 있거나 사회적 변화에 뒤처진 낡은 제도로 변해 버린 정책들도 있었습니다. 그것들을 찬찬히 돌이켜 생각해 보면서 저는 다시 한번 확신하게 되었습니다.

교육은 결국 사람의 마음을 움직이는 일이라는 사실을 말입니다. 선생님은 학생들의 마음을 움직여야 하고, 교육정책은 선생님과 학부모의 마음을 움직일 수 있을 때 비로소 성공할 수 있습니다.

미래를 대비하는 근본, 교육

지금 우리 사회는 인공지능으로 대표되는 디지털 대전환, 심각한 저출생과 지역 소멸 위기, 급변하는 글로벌 질서라는 커다란 전환의 시대를 마주하고 있습니다. 변화가 필요하다는 데에는 누구나 공감하지만, 막상 변화를 시작하면 거부감이 상당한 것이 현실입니다. 특히 교육정책은 그 성과가 매우 더디게 나타나기 때문에 국민의 뜻을 하나로 모아 변화를 끌어내기가 여간 힘든 일이 아닙니다. 그러나 교육이야말로 지금 우리가 겪는 여러 문제를 해결하는 힘이고, 우리 학생들이 살아갈 미래를 함께 만들어 가는 과정입니다. 미래를 대비하는 근본은 다음 세대들의 생각과 행동에 긍정적 영향을 주고, 그들이 새로운 미래를 만들어 가도록 지원하는 교육입니다.

교육부는 이 같은 인식을 바탕으로, 우리 사회 개개인과 공동체를 위해 더 이상 늦출 수 없는 꼭 필요한 변화를 위하여 '국가가 책임지는 교육과 돌봄', '디지털 대전환을 이끄는 인재 양성', '교육으로 지방 시대를 열고 글로벌 중추 국가로 도약'이라는 3대 전략을 세우고, 유보통합, 늘봄학교, 함께학교, 교실혁명, 대입개혁, 교육발전특구, 글로컬대학, 대학혁신 생태계, 교육부 대전환 등 9대 교육개혁 과제를 중심으로 대전환을 추진해 왔습니다.

앞서 말씀드렸듯, 교육정책은 정부가 발표한다고 완성되는 것이 아닙니다. 정책의 시작은 정부의 발표이지만, 정책의 완성은 현장의 공감과 참여, 변화된 실천에서 비롯됩니다. 그리고 그 시작은 늘 '경청과 소통'입니다.

「필통톡」은 그러한 소통을 위한 장이었습니다. 디지털 시대에 맞춰, 이번 시즌2는 온라인 영상 콘텐츠로 재탄생했습니다. 주요 교육 이슈를 주제로 현장 전문가와 토론하고, 새롭게 수립된 정책도 소개했습니다. 그 내용을 정리해 교육부 유튜브 채널에 공개하며, 국민 여러분과 다시 소통하고 제안을 듣고자 했습니다. 방송인 박경림 씨가 공동 진행을 맡아 딱딱할 수 있는 정책 이야기를 보다 친근하게 풀어 갈 수 있었습니다. 지금까지 총 17편의 「필통톡」 시즌2가 공개되었고, 43명의 전문가가 패널로 참여해 주셨습니다. 오늘 기준 누적 조회수는 약 870만 회에 달합니다. 특히 '0세부터 국가가 책임지는 유보통합' 편은 53.2만 뷰를 기록하며 가장 큰 관심을 받았습니다.

경청과 소통으로 함께 만드는 정책

이 책, 『함께 만든 교육정책 2025 : 이주호의 필통톡 시즌 2』는 지난 2년간의 소통을 더 많은 국민과 나누기 위해 영상 콘텐츠를 글로 정리한 결과물입니다. 교육개혁의 핵심 메시지를 간결하고 이해하기 쉽게 담아냈고, 방송에서 미처 담지 못한 전문가의 의견과 학부모의 목소리, 정책 변화의 과정과 담당자들의 회고까지 포함했습니다.

「필통톡」이외에도 현장과 소통하는 다른 플랫폼도 잠깐 소개해 드리고 싶습니다. 첫째는 '함께학교(www.togetherschool.go.kr)'입니다. 교사들이 직접 정책을 제안하고 수업자료를 공유할 수 있으며, 학생과 학부모도 궁금한 점을 묻고 다양한 지원을 받을 수 있는 온라인 공간입니다. 2023년 말에 개통되어 현재 14만 명의 회원들이 시간과 물리적 공간의 제약 없이 지금도 활발하게 소통하고 있습니다.

둘째는 '함께차담회'가 있습니다. 2023년 9월 15일, '현장 교사와의 간담회'라는 이름으로 처음 시작된 이 소통은, 이후 '함께차담회'라는 소통 브랜드로 자리 잡았습니다. 이 책이 출간을 앞둔 2025년 5월 초까지 현장 교사와의 간담회 10회, 함께차담회 76회로, 총 86회에 걸쳐 대면 소통을 꾸준히 이어 오고 있습니다. 함께차담회는 교육정책을 논의하기 위하여 교사, 학부모, 학생 그리고 교육부 장관이 함께 소통하는 자리입니다. 현장에서 정책을 제안해 주시고, 실행되고 있는 교육정책에 대한 냉철한 평가도 듣습니다. 지금까지 총 944명의 선생님, 학부모, 학생, 교육 관계자와 전문가분들을 만났습니다. 교육부 장관으로서 교육 현장에 계신 분들과 최소한 일주일에 한 번 이상은 소통하겠다는 약속을 지켜 나가고 있습니다.

우리는 2023년 여름, 교육 현장을 떠난 한 젊은 교사의 안타까운 비극에서 소통, 상호 배려와 존중의 의미를 다시 한번 깨닫게 되었습니다. 함께차담회, 함께학교가 생긴 이유이기도 합니다. 활발한

양방향 소통을 통해서 선생님의 못다 이룬 꿈이 교육 현장에서 활짝 피어나도록, 우리 모두가 함께 힘을 모아야 합니다.

　이 책이 나오기까지 애써 주신 모든 분들께 이 자리를 빌려 깊이 감사드립니다. 지난 2년간 저와 함께 「필통톡」을 진행해 준 박경림 씨를 비롯해, 프로그램 제작과 책 출간에 애써 주신 EBS 관계자 여러분, 교육부 대변인님과 디지털소통팀 직원 여러분의 열정 덕분에 이 책이 더욱 의미 있는 결실로 이어질 수 있었습니다. 진심으로 감사합니다.

　'마음이 두 개이면 한 명도 얻을 수 없지만, 한 가지 마음이면 백 사람을 얻을 수 있다(兩心不可得一人, 一心可得百人)'는 말이 있습니다. 지금 우리는 지식과 정보가 끊임없이 변화하고 새로운 기술이 하루가 멀다 하고 일상을 변화시키는 시대를 살고 있습니다. 이러한 시기일수록 자신의 마음가짐을 굳건히 하고, 겸손과 경청으로 다른 사람을 대하는 태도가 더욱 중요해지고 있습니다. 올바른 마음가짐으로 솔직하게 소통하면 반드시 서로 통한다고 생각합니다. 우리 모두 하나의 마음으로 대한민국의 교육과 미래를 함께 만들어 가기를 바랍니다.

부총리 겸 교육부 장관
이주호

차례

PART 1

국가 책임
교육·돌봄

국가가 보장하는 평등한 출발선

아이가 어디에 사는지, 어느 기관에 다니는지, 어떤 가정에서
태어났는지, 마주하는 세상이 다르다는 이유로 아이가 바라보는
미래까지 다를 수는 없습니다. 대한민국의 모든 아이가
평등하게 출발할 수 있도록 담장 아래에 디딤돌이 필요합니다.

어린이집과 유치원의 경계를 허물어 모든 아이가 양질의 돌봄과
교육을 받는 '유보통합', 초등학생 누구나 원하는 시간까지
안정적으로 있으면서 부모의 부담을 덜어 줄 '늘봄학교', 아이의 발달
단계에 맞는 놀이 시간으로 조화로운 배움을 설계하는 '유아 적기 교육',

교육과 돌봄은 더 이상 가정의 부담이 아닙니다. 출생부터 졸업까지,
국가가 책임지는 새로운 교육 패러다임이 시작됩니다.

1. 누구나 누리고
모두가 만족하는 늘봄학교

초등학교 학부모, 돌봄 절벽에 떠밀리다

"이제까지는 오후 5시에 데리러 갔는데, 1시까지? 아니 12시 40분까지 오라고요?"

'누가 데리러 갈 것인가?' 아이의 초등학교 입학은 학부모들이 마주할 수밖에 없는 '돌봄 절벽'입니다. 맞벌이 가정은 가능한 모든 수단과 방법을 동원해 이 돌봄 절벽을 건너려 애쓰고, 특히 직장 생활을 하는 엄마들의 95%가 이 시기에 퇴사를 고민해 보았다고 합니다.[1]

---

1 2019 한국 워킹맘 보고서, KB금융지주, 2019.

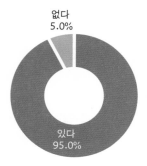

출처: KB금융지주, 2019.

아이의 하교부터 퇴근 시간까지 돌봄을 도와주실 부모님 댁 근처로 이사를 하거나, 하교한 아이를 퇴근 시간까지 '학원 뺑뺑이'를 돌리는 방법이 가장 흔하죠. 학원 순례를 시킨다고 해도 어디 안심이 되나요? 8살짜리 아이가 최대 6시간, 짧아도 4시간을 혼자 보내야 한다는데요. 아이가 최대한 짧은 거리만 이동하면서 안전하게 시간을 보낼 수 있도록, 한 건물 안에 있는 여러 학원 수업을 시간순으로 등록하는 것이 학부모들의 공식으로 자리 잡았을 정도입니다.

이렇다 보니 육아휴직을 아이가 태어나자마자 쓸 것인가, 아이가 초등학교 들어갔을 때 쓸 것인가는 초보 부모들이 밤잠을 설치며 고민하는 문제입니다. 초등학교 입학 후 최소 1-2년 동안 부모와 아이, 조부모 등 협력자가 사교육의 힘을 빌려 이 공백을 돌려막는 방법밖에 없는 걸까요. 학교라는 새로운 삶의 무대에 막 나와 모든 것

초등학교에 입학하자마자 아이들은
방과후 '학원 뺑뺑이'를 돌 수밖에 없는 현실에 처하게 됩니다.

이 낯설 아이를 그저 학원에 맡겨 두는 건 괜찮은 걸까요. 아이에게
해 줄 수 있는 것은 다 해 주고, 함께할 수 있는 것은 다 해 보고 싶
은 부모의 마음은 아쉬울 수밖에 없습니다.

3대가 덕을 쌓아야 받을 수 있었던 공교육 돌봄, 이제는 필요한 누구에게나

학원에 의존하는 방법으로라도 이 절벽을 건널 수 있다면 다행일
지도 모릅니다. '학원 뺑뺑이'를 유지할 사교육비를 감당하기 어려
운 가정은 어찌해야 할까요. 고민 끝에 퇴사를 택하거나 쌓아 온 커
리어를 포기할 수밖에 없는 학부모의 심정은 또 어떨까요. 모든 가
정이 돌봄 절벽 앞에서 저마다 다른 고민을 하고, 각자 다른 막막함

과 맞서게 됩니다. 그럼에도 불구하고 믿고 맡길 수 있는 돌봄 시설은 부족한 것이 현실입니다.

기존 초등 돌봄교실은 정규수업 후 오후 시간에 학교 공간을 활용하여 학생들을 케어하는 돌봄 서비스이고, 방과후학교는 마찬가지로 정규수업 후 오후 시간에 학생들에게 교과 또는 특기·적성 교육을 추가로 제공하는 교육 서비스입니다. 문제는 이 공적 지원을 원하는 사람은 많은 반면 받을 수 있는 인원은 제한되어 있었기 때문에 대부분의 부모들이 '당첨'되지 못할 경우를 대비할 수밖에 없다는 겁니다.

이처럼 원하는 누구나 돌봄교실을 이용할 수 있는 건 아니다 보니 학부모들 사이에서는 "3대가 덕을 쌓아야 이용할 수 있는 서비스"라며 자조 섞인 반응도 나오곤 합니다.

"2023년 3월 기준으로 살펴보면 초등 돌봄 대기자는 초등학교 1학년이 7,830명, 2학년이 7,182명으로 집계되어 약 1.5만 명에 달했습니다."

| 정재훈 |
사회복지학과 교수

이제는 돌봄을 넘어
늘봄학교로… 늘봄학교란?

'5.31. 교육개혁' 과제의 하나로 도입된 방과후학교와 돌봄교실은 정규 교과와는 별개의 수업을 원하는 학생과 학부모의 수요를 충족하는 한편 사교육 과열을 어느 정도 억제하는 기능도 해 왔다고 평가받았습니다.[2]

이른바 '뽑혀야만' 누릴 수 있었던 이전의 초등 돌봄교실, 이용자들은 얼마나 만족했을까요?

2022학년도 학부모 만족도 설문조사에 따르면 돌봄교실 만족도는 96%에 달했고, 만족했던 이유 1위는 "학생 관리가 다른 곳에 비해서 잘되고 있다"였습니다.[3] 이를 통해 학부모들은 맡겨진 시간 동안 아이가 '적절한 관리를 받을 수 있는 돌봄'을 원한다는 것을 엿볼 수 있습니다.

---

2 성균관대 사교육혁신교육연구소 분석 결과 방과후학교에 참여한 경우 초등학생 1인당 연간 45.7만 원의 절감 효과가 확인되었습니다.(2016년 초·중·고 사교육비 조사, 교육부, 2017.)

3 2022년 초등돌봄교실 만족도 조사, 교육부, 2022.

돌봄교실 만족도	
구분	긍정 응답(%)
전반적 만족도	96.1
정서적 안정에 도움	93.9
학부모의 사회 진출에 도움	96.8
향후 지속적 참여 의지	97.4
평균	96.05

가장 만족하는 서비스 영역		
순위	영역	응답 비율(%)
1순위	학생 관리	34.1
2순위	프로그램 운영	31.2
3순위	돌봄교실 환경	19.1
4순위	급식·간식	15.6

출처: 교육부, 2022.

이처럼 돌봄교실이 학부모의 요구에 부응하기는 했지만, 수요를 따라가지 못하는 공급만큼은 여전히 문제였습니다. 이에 정부는 이 초등 돌봄의 공백을 줄이기 위해 2024년 '늘봄학교'를 본격 도입했습니다.

늘봄학교란 '보육'의 개념에서 나아가 기존의 초등 방과후수업과 돌봄교실을 종합적으로 통합한 것입니다. 학교를 중심으로 지역사회와 연계하여 원하는 학생 모두에게 양질의 교육과 돌봄을 제공하는 것이 늘봄학교의 목표입니다.

늘봄학교는 기존의 방과후수업·돌봄교실과 다르게 희망하는 초등학생 '누구나 이용'할 수 있도록 지원합니다. 그간 초등 방과후수업과 돌봄교실은 별개의 서비스로 분리되었고, 정작 꼭 필요한 학생이 이용하지 못하는 경우가 발생하곤 했습니다. 학교 안에서 돌봄만을 위한 별도의 공간(돌봄교실)을 지속적으로 늘리는 데도 한계가 있었고요. 따라서 맞벌이·저소득층·한부모 가정 자녀 등을 대상으로 하여 제한적으로 운영될 수밖에 없었고, 자격을 갖추었더라도 희망자가 너무 많으면 추첨으로 대상자를 추려 내기도 했습니다.

이러한 수요 대비 공급의 한계 때문이었는지, 늘봄학교는 도입을 발표했을 때부터 국민들의 관심을 많이 받았습니다. 한국교육개발원이 실시한 '2023년 교육 여론조사'에서 '교육개혁 과제 중 가장 필요한 과제' 1위로 뽑힐 정도였으니까요.[4] 국민들의 요구에 부응해, 공공의 영역에서 원하는 학생 누구나 누릴 수 있도록 설계한 돌봄이 바로 '늘봄학교'입니다.

돌봄을 공공의 영역으로 가져오는 것은 세계적 추세입니다. 독일이 2026년부터 '돌봄받을 권리'를 법적으로 보장하는 방식을 도입한 데에서도 알 수 있듯, 선진국일수록 소득 수준에 관계없이, 보호자가 맞벌이인지 외벌이인지에 관계없이 모든 아동이 양질의 돌봄을 받을 수 있도록 정책을 마련하고 있습니다. 이러한 세계적 추세에 발맞춰 우리나라도 늘봄학교를 선도적으로 도입하는 것입니다.

---

4 2023년 교육 여론조사, 한국교육개발원, 2024.

"독일은 2026년부터 아예 '돌봄에 대한 법적 권리'를 보장하는 방식을 도입해 2029년까지 모든 초등학생이 오후 돌봄 서비스를 받을 수 있도록 제도를 정비하고 있습니다."

| 정재훈 |
사회복지학과 교수

늘봄학교, 이렇게 진행 중입니다

그렇게 2024년부터 늘봄학교가 시작되었습니다. 이렇게 빠르게 정책을 도입할 수 있었던 것은 기존 제도의 개선부터 시작한 덕분입니다. 기존의 돌봄교실과 방과후학교의 추첨 운영 방식을 바꿔, 희망하는 학생 누구든 신청만 하면 이용할 수 있도록 했습니다. 2024년 1학년을 대상으로 전국 모든 초등학교에 도입했고, 2025년에는 초등학교 2학년까지, 2026년에는 6학년까지 그 대상을 점차 확대할 예정입니다. 이전까지는 오후에 집중하였다면 이제는 참여 수요와 학교 상황에 따라 정규수업 전 아침 시간과 방과후 저녁 8시까지 운영시간을 연장합니다.

프로그램 면에서도 더 개선되고 확대됩니다. 교육부는 물론 전문기관, 대학, 기업 등이 개발과 운영에 참여하며 더 다양하고 우수한 프로그램을 제공합니다. 제일 기대되는 점이라면 기존 방과후학교 프로그램은 유료로 이용해야 했지만, 늘봄학교에서는 맞춤형 프로그램을 연중 매일 2시간까지 무상으로 이용할 수 있다는 것입니다.

"신청하는 초등학생 누구나 이용할 수 있고, 초등
학교 1-2학년은 희망하는 경우 정규수업 전후로
맞춤형 프로그램 2시간씩을 무상으로 참여할 수
있으며, 그 외에도 최대 오후 8시까지, 희망하는
시간 만큼 이용할 수 있습니다."

| 이주호 |
부총리

이러한 노력으로 늘봄학교는 2023년 3월부터 5개 교육청 산하
214개 학교에서 시범 운영을 거쳐 2024년 2학기에 전국 초등학교
(6,185개 초등학교, 178개 특수학교) 1학년을 대상으로 전면 도입되었
습니다. 전국 초등학교 1학년 약 35.4만 명 중 희망하는 29.6만 명
(83.4%) 모두가 돌봄 서비스를 이용할 수 있었습니다.[5]

정규수업 전 늘봄학교 아침 프로그램에 참여 중인
경기도 상현초등학교 어린이들. 왼쪽이 농구, 오른쪽이 코딩 수업.

ⓒ필통톡

---

5 교육부 · 시도교육청 자체 조사, 2024.

늘봄학교에서 달라진 점

	도입 전		늘봄학교
이용 대상	일부만 우선순위 추첨	➡	희망자 100%
이용 시간	오후만	➡	아침~희망 시간까지
프로그램	매번 비슷	➡	온 사회가 참여
프로그램 비용	유료	➡	2시간 무료

출처: 교육부, 2024.

　그렇지만 아직 가야 할 길은 많이 남아 있습니다. 무엇보다 희망하는 학생 누구에게나 양질의 교육과 돌봄을 제공하려면 충분한 예산과 다양한 공간을 확보할 필요가 있습니다. 이에 교육부는 늘봄교실, 특별실 등 학교 안 공간뿐만 아니라 지역 돌봄 기관, 대학 등 학교 밖 기관 및 지역과 연계하여 교육 공간을 확대해 나가는 중입니다.

　2024년에는 학교 내 다양한 공간을 활용하기 위해 아동친화적 교실 8,277실 및 교사 연구실 4,665실을 구축했습니다. '거점형 늘봄학교'와 대학 내 유휴 공간 등을 활용한 '늘봄 프로그램 위탁' 등의 방식으로 학교 밖 다양한 공간도 확보했습니다. 2025년에는 지역 돌봄 기관·공공기관 등과의 공간 연계도 더 늘려 나가고 있습니다.

　이 중 '거점형 늘봄학교'는 여러 학교의 돌봄 수요에 공동으로 대응하기 위해 한 공간에서 여러 학교 학생들이 늘봄학교 프로그램을 함께 이용하는 모델을 말합니다. 경기도 부천교육지원청에서 개설

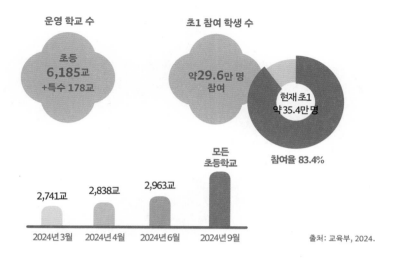

운영 학교 수

초등
6,185교
+특수 178교

초1 참여 학생 수

약29.6만 명
참여

현재 초1
약35.4만 명

참여율 83.4%

2,741교 — 2024년 3월
2,838교 — 2024년 4월
2,963교 — 2024년 6월
모든 초등학교 — 2024년 9월

출처: 교육부, 2024.

한 '상원 꿈나래 늘봄거점센터'를 살펴볼까요? 상원초등학교 안의 여유 공간을 활용한 '상원 꿈나래 늘봄거점센터'는 인근 학교(상일초, 상동초, 신도초) 학생 약 270명이 함께 이용하고 있습니다. 이동에 걸리는 시간은 걸어서 10-15분 정도로 비교적 가까운 거리이긴 하지만 학생들의 안전을 위해 지역의 일자리 사업을 통해 선발된 어르신들이 학생들을 인솔하고 있지요.

다양한 프로그램으로 가득한 늘봄학교

    늘봄학교는 단순 돌봄을 넘어 학생들에게 다양한 교육과 체험 기
회를 제공합니다. 정규수업이 끝난 후부터 원하는 시간까지 '학교'
라는 믿을 만한 기관에 아이를 맡길 수 있다는 것만으로도 안심이
됩니다. 하지만 꼼꼼한 요즘 부모님들은 학교에서 자녀가 즐겁고
교육적으로도 알찬 시간을 보내는 것이 무엇보다 중요할 것입니다.
    2024년 늘봄학교에 참여한 초1 학부모를 대상으로 시행한 설문조
사 결과를 보면, 정규수업에서 접하기 어려운 교육 프로그램이 늘
봄학교에서 제공되기를 가장 바랐고, 예비 초1 학생들도 체육, 문화
·예술, 디지털 등 체험활동이 가능한 프로그램을 선호하고 있었습

니다.[6] 현재 늘봄학교에서 초1–2학년 학생들은 양질의 맞춤형 프로그램을 연중 매일 2개 프로그램까지 무료로 이용할 수 있는데요, 실제로 2024년 경북의 금릉초등학교에서 운영되고 있는 늘봄학교의 프로그램을 살펴볼까요?

학기 중 늘봄학교 운영 사례(경북 금릉초등학교)

구분		월요일	화요일	수요일	목요일	금요일
아침 늘봄		만들기, 그리기	보드게임	책놀이	블록놀이	놀이체육
(정규수업)		(정규수업)	(정규수업)	(정규수업)	(정규수업)	(정규수업)
오후 늘봄	①	맞춤형 독서논술 바이올린 피아노	(정규수업)	맞춤형 과학실험 독서논술 바이올린 피아노	(정규수업)	(정규수업)
	②		맞춤형 로봇과학 오케스트라		맞춤형 로봇과학 오케스트라	맞춤형 과학실험
	③	선택형 교육 주산암산 컴퓨터 피아노 / 선택형 돌봄 십자수 키링만들기		선택형 교육 주산암산 배드민턴 컴퓨터 피아노 / 선택형 돌봄 뉴스포츠 요리		
	④		선택형 교육 영어 한자 미술 수학 축구 / 선택형 돌봄 만들기 빙고게임	선택형 교육 영어 한자 미술 수학 축구 / 선택형 돌봄 만들기 빙고게임	선택형 교육 영어 한자 미술 수학 축구 / 선택형 돌봄 그리기 독후활동	선택형 교육 배드민턴 컴퓨터 / 선택형 돌봄 놀이체육 퍼즐놀이
	⑤					
저녁 늘봄		블록놀이 등	만들기, 그리기	뉴스포츠 등	독후활동 등	놀이체육 등

정규수업 시간 이후 놀이체육, 창의 미술, 치어리딩, 펜싱, 그림책 놀이 등과 같은 체육 · 예술 프로그램과 기초학습 지원, 문해력,

---

6 늘봄학교에 관한 예비 초등학생 학부모 인식조사, 문화체육관광부, 2024.

대학, 지역 기관 등이 함께 참여하는 프로그램들이 늘봄학교에서 운영되고 있습니다.
왼쪽부터 순서대로 어린이 다도, 인명구조교육, SW코딩교육 프로그램.

놀이수학 등 교과형 프로그램이 제공되며 농장 체험, 생태교육, 인성교육 등 지역과 연계한 프로그램들까지 다채롭게 마련되어 있습니다. 예컨대, 2개의 돌봄 프로그램에 참여하게 되면 초등 1학년 학생들은 어린이집에 다닐 때와 같이 오후 3시에 하교하게 되어 학부모들은 돌봄 부담을 줄일 수 있습니다.

　2025년에는 2학년까지, 2026년에는 초등학교 전 학년이 늘봄학교를 이용하게 되면 초등학교에서의 돌봄 공백은 상당 부분 해소될 것이라고 내다볼 수 있습니다. 2025년부터는 늘봄학교를 이용하는 재학생들을 대상으로 수요 분야도 조사할 예정인데요, 앞으로 고학년까지 프로그램이 확대되는 만큼 학년 수준에 맞춰 신산업 분야, 진로·적성 탐색, 특색 교과 프로그램을 개발하여 제공할 계획입니다. 이 외에도 아이들이 즐기면서 프로그램에 참여할 수 있도록 정규수업 내에서의 예체능 프로그램과 예체능 동아리 활동을 늘봄학교에서도 연계하여 특기 교육을 지원할 계획이라고 하니 기대해 볼 만하겠습니다.

한편 늘어나는 늘봄교실의 행정 처리를 위해 교육부는 2024년 늘봄지원실을 새롭게 설치하는 등 늘봄전담체제를 운영하여 선생님들의 부담을 줄이고 있으며, 그 결과 2024년 늘봄학교 업무에 참여한 교원의 71.5%가 행정 업무가 줄어들어 부담을 덜었다고 응답했습니다.[7]

"학부모 부담은 줄지만 교사의 부담은 커질 수도 있으니까, 교사의 부담이 커지지 않도록 잘 운영되었으면 좋겠어요."

| 허민 |
학부모(코미디언)

늘봄학교는 늘 봅니다, 그리고 늘 봄입니다

늘봄학교는 단순한 돌봄 제공을 넘어, 초등교육의 패러다임을 변화시키는 중요한 정책입니다. 특히 초등 저학년 학생들이 방과후 시간을 안전하고 의미 있게 보낼 수 있도록 공교육이 적극적으로 역할을 확장했다는 점에서 의의가 큽니다.

늘봄학교의 핵심은 정규수업 전후로 학교 안팎과 연계한 교육과

---

7 교원·업무 담당자가 늘봄학교에 바라는 점, 한국교육개발원, 2024.

돌봄이 함께한다는 것입니다. 학교라는 공간에서 교육과 돌봄을 함께 제공한다면 학생들은 정규 교과 외에 창의력, 사회성, 신체 능력 등을 기르는 교육을 받을 수 있고, 동시에 부모들은 돌봄 지원을 실질적으로 보장받을 수 있습니다.

　실제 참여한 학생과 학부모의 만족도는 어땠을까요? 한국교육개발원에서 조사한 결과, 학생 87.4%, 학부모 85.7%가 만족했다고 응답해 늘봄학교에 높은 만족도를 보였는데요. 특히 학부모 86.1%가 늘봄학교로 자녀 양육과 돌봄 부담이 줄었다고 응답했습니다.[8]

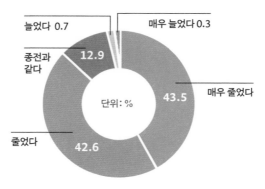

'늘봄학교로 양육 부담이 줄었다' 학부모 응답

늘었다 0.7
매우 늘었다 0.3
종전과 같다 12.9
단위: %
매우 줄었다 43.5
줄었다 42.6

출처: 한국교육개발원, 2024.

---

8 2024년 2학기 늘봄학교 만족도 조사 결과, 한국교육개발원, 2024.

교육부에서는 '초1 맞춤형 프로그램'과 돌봄 대기 인원이 없어지면서 사교육 의존이 줄었기 때문으로 풀이하고 있습니다. 이처럼 늘봄학교가 정착되면 학부모들은 경제적 여건과 무관하게 자녀의 안전한 돌봄 환경을 보장받을 수 있으며, 이는 궁극적으로 교육의 기회균등을 실현할 수 있는 하나의 중요한 방안이 될 것입니다.

늘봄학교는 단순히 기존의 방과후학교와 돌봄교실을 확대한 제도가 아닙니다. 이는 대한민국 모든 학부모와 아이들이 돌봄을 '혜택'이 아닌 '권리'로 누릴 수 있도록 하는 변화의 시작입니다. '돌봄 받을 권리'가 보장되는 학교는 아이가 안전하게 배우고 자랄 수 있도록 '늘 보는' 학교이자 따뜻한 교육 환경을 제공하는, '늘 봄' 같은 학교가 될 것입니다.

"늘봄학교 프로그램은 창의력, 상상력, 체력 등 여러 가지 인격적인 교육을 사교육이 아닌 학교 공교육을 통해서 하겠다는 것입니다."

| 정재훈 |
사회복지학과 교수

| 정책 담당자 한마디 |

"2023년 6월 「필통톡」 2회차 공개 당시, 교육부 방과후돌봄정책과에서 근무하며 늘봄학교 정책을 담당했던 교육연구관 문경진입니다. 늘봄학교 정책에 대한 이해관계자들의 의견 조율이 필요한 시점에 「필통톡」을 진행하게 되었고, 좋은 제안들을 들을 수 있었습니다. 특히 교사의 부담이 줄도록 지원이 강화되면 좋겠다는 의견에 따라 학교별 늘봄 실무 인력을 확충하는 등 늘봄지원실 모델을 구체화하는 계기로 삼을 수 있었습니다."

다음 QR 코드 링크를 통해 「이주호의 필통톡」 영상 및 관련 교육 정보를 만나실 수 있습니다.

● 필통톡 2-1
3대가 덕을 쌓지 않아도 갈 수 있다는 NEW 초등 돌봄 정책

● 필통톡 2-2
초등 학부모세요? 꼭 알아야 할 'OO학교'

● 필통톡 8-2
누구나 누리고 만족하는 '늘봄학교' 이렇게 달라집니다!

● 늘봄학교 온라인 플랫폼 '늘봄허브'

2. 유보통합, 세계 최고
에듀케어 서비스의 새로운 시작

워킹맘 지은 씨의 고민

'어린이집에 1년 더 보낼까, 아니면 이제 유치원에 보내도 될까?'

두 아이의 엄마이자 맞벌이를 하는 지은 씨는 고민에 빠졌습니다. 집 앞 어린이집에 다니던 작은아이가 3세가 되어 유치원에 갈 수 있게 되었기 때문입니다. 큰아이와 함께 유치원에 보낼까 생각 중이었는데 변수가 생겼습니다. 올해 지은 씨가 새로 이직한 회사의 직장 어린이집에 마침 빈자리가 생긴 겁니다. 반가운 기회이기는 했지만 직장 어린이집에 보내려면 지은 씨가 혼잡한 출퇴근 시간에 등하원을 도맡아야 하고, 왠지 교육적 커리큘럼이 부족할까 걱정이 됩니다. 한편 유치원을 보내자니 작은아이가 좀 내성적이고 예민한 데다 화장실 사용 등은 아직 돌봄이 좀 더 필요할 것 같습니다.

'그래도 유치원에 가면 적응하지 않을까? 애가 예민해서 걱정되긴 해. 이 어린이집 적응도 한참 걸렸는데…. 유치원은 걸어서 5분이면 되니까 확실히 등하원은 편하겠지. 그런데 직장 어린이집은 방학이 없어서 언제든 맡길 수 있잖아. 아, 그런데 10년 된 장롱면허로 어떻게 그 시간에 운전을 해?'

지은 씨가 하는 고민은 3세가 된 아이를 둔 부모가 흔히 하는 고민입니다. 모두가 각기 다른 상황 속에서, 어떤 것이 아이에게 가장 도움이 되는 선택일까, 머리를 싸매곤 합니다.

아이가 커 갈수록 부모님들의 걱정도 늘어 갑니다.
어린이집에 보내야 할지, 유치원에 보내야 할지부터 고민이 됩니다.

우리 아이, 언제부터 어린이집과 유치원에 보낼까?

학교에 입학하기 전 영유아가 가정이 아닌 외부에서 돌봄과 교육을 받고자 한다면 이용할 수 있는 기관은 크게 두 가지입니다. 0세부터 5세까지는 어린이집에, 3세부터 5세까지는 유치원에 들어갈 수 있습니다. 어린이집이나 유치원을 이용하는 영유아의 비율이 더 높아지고, 기관을 처음 이용하는 시기도 점점 빨라지는 추세입니다.[1] 그만큼 생애 초기부터 건강한 성장과 배움을 지원하기 위해 제공되는 영유아 교육·보육의 질이 중요합니다.

영유아 유치원·어린이집 이용률과 어린이집 최초 이용 월령

영유아(0~5세) 유치원·어린이집 이용률

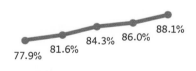

77.9%　81.6%　84.3%　86.0%　88.1%

2015　2017　2019　2021　2023

출처: 2015-2023 보육통계(보건복지부), 교육통계연보(교육부), 연령별 추계인구(통계청).

어린이집 최초 이용 월령

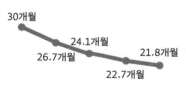

30개월　26.7개월　24.1개월　22.7개월　21.8개월

2009　2012　2015　2018　2021

출처: 보육실태조사(2009-2021년, 보건복지부).

---

1 유보통합 추진 방안, 교육부, 2023.

어린이집과 유치원의 선택에서 망설이는 이유

앞에서 만난 지은 씨도 아직 작은아이가 교육보다는 생활지도, 즉 보육이 필요하지 않나 싶어 고민을 합니다. 부모님들 사이에는 어린이집에서는 교육보다는 보육 중심의 서비스를 제공한다는 인식이 있기에, 유치원에 다닐 수 있는 3세가 되면 실제 기관 이동을 고민하게 되는 겁니다.

정말 그럴까요? 실제로 「영유아보육법」은 어린이집을 '영유아의 보육을 위하여 설립·운영되는 기관'이라고 정의하고 있습니다. 아이가 안전하고 건강하게 성장하는 것이 최우선 목표입니다. 반면에 유치원은 어떨까요? 「유아교육법」에서는 유치원을 '유아의 교육을 위하여 설립·운영되는 학교'로 규정하고, 아이를 건전하게 '교육'할 국가 책임을 강조하고 있습니다. 부모님들의 고민이 일리가 있는 셈이죠.

"어린이집을 1년 정도 더 보낼 것인가, 아니면 이제 유치원에 보낼 것인가 (…) 엄마들이 볼 때 어린이집은 '보육', 유치원은 '교육'이라는 생각이 있어서 고민을 하는 경우가 굉장히 많습니다."

| 허민 |
학부모(코미디언)

그렇지만 3세 아이의 부모님들이 모두 유치원으로 옮기는 결정을 하지는 않습니다. 한 아이에게 필요한 돌봄과 교육의 형태는 연령 대별로도 다를 수 있고, 가정의 사정이나 아이 개인의 발달 수준 등에 따라서도 다를 수 있기 때문입니다. 예민하고 내성적인 지은 씨의 작은아이 경우처럼요. 거기에 더해 각각의 어린이집과 유치원도 어떤 돌봄과 교육을 제공할 수 있는지가 제각기 다릅니다. 어린이집이나 유치원의 운영 형태, 교사의 자격 등 여러 조건에 따라 아이가 어떤 교육과 돌봄을 받을 수 있는지도 천차만별로 다를 수밖에 없습니다.

유치원과 어린이집 비교

	유치원	어린이집
교육·운영 일수	• 교육과정: 연간 수업일수 180일 이상 • 방과후 과정: 연중무휴(공휴일 제외)	• 연중무휴(공휴일 제외)
교육·운영 시간	• 교육과정: 1일 4–5시간 • 방과후 과정: 교육과정 포함 1일 8시간 이상	• 1일 12시간(07:30–19:30) –기본 보육 1일 7시간 –시간 연장 가능
교육·보육과정	• 3–5세 누리과정	• 0–2세 표준보육과정, 3–5세 누리과정
학급별 교사 1인당 학생 수	• 시도교육감이 결정 「유아교육법 시행령」 제16조	• 「영유아보육법 시행규칙」 제10조 별표2

3세	4–5세	5세
15명 내외	22명 내외	24명 내외

0세	1세	2세	3세	4–5세	장애아
3명	5명	7명	15명	20명	3명

출처: 차근차근 유보통합 준비하기, 교육부, 2023.

유보통합, 이래서 필요했고 드디어 시작됩니다

"유보통합을 통해 기존 유치원과 어린이집 양 기관의 장점을 살리면서도 부족한 점을 적극 보완하여 전체적인 질적 수준을 높이고, 학부모가 아이들을 어느 기관이든 안심하고 만족하며 보낼 수 있도록 하려고 합니다."

| 이주호 |
부총리

영유아기는 주변과 능동적으로 상호작용 하며 배워 가는 시기로, 취학 전 영유아에게 체계적이고 적절한 교육적 지원이 필요하다는 인식이 전 세계적으로 점차 높아지고 있습니다. 특히 OECD 국가 중 출생률 최하위 국가인 우리나라에서는 한 명 한 명의 아이가 소중하기에 모두가 건강하고 바르게 자랄 수 있도록 적합한 정책과 사회 분위기를 만들 필요가 있습니다.

유보통합에서 '유'는 유아교육을, '보'는 영유아 보육을 의미합니다. 모든 영유아에게 체계적이고 평등한 교육 및 보육을 제공하기 위해 교육과 보육의 내용을 통합하는 것이 유보통합의 핵심입니다. 혹시 이런 물음이 머릿속에 떠오르셨을지도 모르겠네요.

'왜 굳이 '통합'해야 한다고 하는 거지? 이미 어린이집이나 유치원이나 비슷하게 돌아가고 있는 거 아닌가?'

영유아를 돌보고 가르친다는 비슷한 역할을 수행하는 어린이집과 유치원은 2024년 6월 27일 이전까지 하나의 관리 체계 안에 있지 않았습니다. 어린이집은 보건복지부, 유치원은 교육부에서 각각 관할하고 있었으니까요. 3-5세 공통 교육·보육과정(이하 누리과정)을 운영하고 있었지만, 나누어진 관리 체계로 지원 수준이 다르다 보니 교육·돌봄 여건이 다르게 체감된다는 지적도 많았죠.

사립유치원과 어린이집의 학비, 급식비 비교		
	사립유치원	어린이집
학부모 추가 부담	전국 평균 15.9만 원(2024년도)	보육료 추가 부담 없음, 학부모 선택에 따른 경비 부담
급식비	일 2,730원-3,620원(2024년도)을 누리과정 지원금 외 교육청 별도 지원	일 최소 2,500원(2025년도 보육사업 안내)을 누리과정 지원금에 포함하여 지원하며, 일부 지자체 추가 지원 중

동일한 나이의 아이라도, 학부모가 부담해야 하는 추가적인 비용이나 급식비 등의 여건은 매우 달랐습니다. 어린이집에 다니는지 유치원에 다니는지, 유치원이면 공립유치원인지 사립유치원에 다니는지에 따라서도 다르고 말이죠. 아이 한 명, 한 명을 사회의 소중한 일원으로 키워 내려면 모든 영유아가 어느 기관에 다니더라도 질 높은 서비스를 보장받도록 영유아 교육·보육 체계를 정돈할 필

요가 있었습니다. 유보통합정책포럼과 한국유아교육복지학회에서 실시한 설문조사에 따르면, 유치원·어린이집 교사 및 학계 전문가들은 유보통합이 필요한 가장 큰 이유로 '영유아 교육 및 보육의 격차 해소(42.4%)'를 꼽았다고 합니다.[2]

그렇다면 세계적인 추세는 어떨까요? 유엔은 아동권리협약을 통해 생애 초기부터 모든 영유아가 동등한 교육적 지원을 받아야 한다고 강조했습니다. OECD는 2006년부터 유아교육과 보육을 통합해 ECEC(Early Childhood Education and Care)라고 지칭하면서, 영유아기의 교육과 돌봄의 중요성을 강조하였습니다.[3] 핀란드, 스웨덴, 뉴질랜드, 노르웨이와 같은 국가들 역시 초등학교 취학 전까지의 영유아 교육·보육을 통합 관리하는 정책을 통해 교육과 돌봄의 질을 높이는 데 집중하고 있습니다.

우리나라 역시 이미 30여 년 전부터 영유아 교육·보육이 이원적으로 운영되는 상황에 대한 문제를 인식하고 있었으며, 이를 해결하기 위해 지속적으로 노력해 왔습니다. 2012년부터는 3-5세를 위한 공통 교육·보육과정인 '누리과정'을 도입해 어린이집과 유치원의 교육 격차를 줄이고자 했습니다. 이와 함께 국무조정실도 2014년부터 단계적으로 유보통합을 추진하겠다고 발표하는 등, 당시에

---

2 고재욱, 새 정부 유보통합 정책 전문가 요구도 연구, 한국보육학회 학술대회자료집, 2022.

3 Starting Strong II: Early Childhood Education and Care, OECD, 2006.

	행정 체계 통합 여부	교육과정	통합법*	관리 체계 및 기관
한국(현재)	○ (2024.6.27. 시행)	0-2세: 표준보육과정 3-5세: 누리과정	X	중앙: 일원화 지방: 이원화 다양한 유형의 기관
핀란드	○	0-5세: 유아교육 6세: 초등 준비	○	교육부 관할 아래 연령 통합된 기관
스웨덴	○	1-5세: 유아교육 6세: 초등 준비	○	
노르웨이	○	0-5세: 유아교육	○	
덴마크	○	0-5세: 유아교육 6세: 초등 준비	○	교육부 관할 아래 다양한 유형의 기관
뉴질랜드	○	0-5세: 유아교육	○	
영국	○	0-4세: 유아교육	○	
일본	X	0-2세: 보육 3-5세: 교육+보육	○	행정부처 이원화, 연령별 기관 유형 분리

*통합법: 유아교육과 보육에 공통으로 적용되는 법체계의 유무
출처: 세계 최고 영유아교육·보육을 위한 유보통합 실행계획(안), 교육부, 2024.

는 유아 학비와 보육료 결제 카드를 하나로 통합하는 성과가 있었습니다. 그러나 여전히 유치원과 어린이집을 관할하는 부처는 교육부와 보건복지부로 나뉘어 있었습니다.

2022년 새 정부 출범과 함께 유보통합이 국정과제 중 하나로 포함되면서 본격적인 논의가 시작되었고, 2023년 12월에는 어린이집 관리 업무를 교육부로 이관하는 내용을 담은 「정부조직법」 개정안이 통과되었습니다. 이에 따라 한국의 모든 0-5세 어린이들이 교육

부라는 하나의 관할 부처 아래에서 질 높은 교육과 보육을 받을 수 있는 체계가 마련된 것입니다.

교육부라는 하나의 부처에서 유보통합의 추진 동력을 얻다

이제 막 시작된 유보통합, 어떻게 진행되고 있을까요? 교육부는 영유아 교육 · 보육의 질을 상향 평준화하고, 어린이집과 유치원을 다니는 영유아들이 격차 없이 고르게 지원을 받을 수 있도록 다양한 정책을 펼치기 시작했습니다. 우선, 표준보육과정(0-2세)을 개정하여 3-5세 누리과정과의 연계성을 보다 높이고, 유아가 초등학교에 원활하게 적응할 수 있도록 유치원에서만 진행되었던 '이음교육'이 2025년부터 어린이집에도 시작되었습니다.

2024년 9월 1일부터는 본격적인 유보통합 시범 운영인 '영유아학교 시범사업'도 시작했습니다. 유치원과 어린이집이 본격적으로 통합되기 전에 유보통합이 지향하는 영유아 교육 · 돌봄 서비스를 학부모와 교사들이 직접 체감할 수 있도록 하는 것이 목적이었는데요, 전국의 유치원 66개와 어린이집 84개 등 총 150개 기관을 '영유아학교 시범 운영기관'으로 선정했고, 그간 학부모와 기관이 요청해왔던 4가지 과제를 중점적으로 추진했습니다. 어떤 과제들인지 함

경기도 평택에 있는 영유아학교 시범유치원 시립팽성남산어린이집.

께 살펴볼까요?

첫 번째, 유치원이든 어린이집이든 희망하는 아동이라면 누구나 기본 운영시간(8시간)에 맞춤형 돌봄(4시간)까지 1일 12시간을 충분히 기관에 있을 수 있도록 하였습니다. 맞벌이 학부모님들은 퇴근이 늦어지더라도 아이들이 안전한 기관에서 돌봄을 제공받을 수 있어 보다 안심할 수 있습니다.

출처: 교육부

두 번째, 교사가 아이들 한 명 한 명을 더 세심하게 보살피고 교육할 수 있도록 교사 대 영유아 비율을 개선했습니다. 0세 반의 경우 1:3에서 1:2로 낮추고, 3-5세 반의 경우 3세 반은 1:13, 4세 반은 1:16, 5세 반은 1:18을 넘지 않도록 선생님을 배치했습니다.

세 번째는 교사의 전문성과 역량 강화를 통해 어린이집과 유치원에 다니는 아이들이 동질의 교육과 보육을 받을 수 있도록 하는 것입니다. 교육과정 실행, 성장·발달 지원, 정서·심리 지원, 특별한 요구가 있는 영유아 지원이라는 4대 분야 중심으로 교사 연수를 지원하여 질 높은 교육과 보육이 이루어지도록 할 계획입니다.

네 번째는 영유아가 연령별 특성에 맞는 교육적 지원을 받을 수 있도록 한다는 것입니다. 무엇보다 영아에서 유아, 초등학생으로 자연스럽게 성장해 나갈 수 있도록 이음교육 등 교육적 지원을 강화하고 정서·심리 지원 프로그램을 제공합니다. 특히 영유아의 특성에 맞는 교육과 돌봄이 무엇인지에 대한 고민이 필요하다고 고영미 유아교육과 교수는 지적합니다. 또한 장애영유아를 위한 특수교육 지원도 확충하여 장애영유아의 평등한 출발선을 보장하고자 합

"아이들에게는 놀이를 중심으로 한 교육, 즉 인지 중심의 교육이 아닌 놀이를 중심으로 한 교육이 제공되는 것이 전인 발달에도 훨씬 도움이 되는 교육체계라고 생각합니다."

| 고영미 |
유아교육과 교수

니다.

　실제 2024년 영유아학교 시범사업 운영기관의 학부모를 대상으로 만족도를 조사한 결과, 5점 만점 중 4.68점이라는 높은 만족도를 나타냈습니다. 2025년부터는 '충분한 이용 시간 보장' 등 만족도가 높았던 주요 과제를 중심으로 시범 사업을 더욱 확대해 나가는 한편, 시범 기관이 영유아 교육·보육을 위한 새로운 통합기관의 운영 모델로 자리 잡을 수 있도록 관련 법령을 정비하고 예산을 확보할 예정입니다.

연령별 특성화 프로그램으로 활동하는 어린이들. 왼쪽 위부터 시계 방향으로 초등 형님과의 만남, 이음교육, 숲체험, 일정과 규칙 익히기 활동.

ⓒ교육부

유보통합포털, 한눈에 확인하고 한 번에 신청하다

부모님들이 체감할 수 있는 또 하나의 변화, '유보통합포털'에 대해서도 살펴볼까요?

2024년 11월부터 개설된 유보통합포털 홈페이지에서는 각 기관에 대한 정보 검색과 유치원·어린이집의 입학·입소 신청을 원스톱으로 할 수 있습니다. 이전까지는 아이에게 적합한 교육과정과 일정이 있는 어린이집이나 유치원을 알아보기 위해 부모가 일일이 발품을 팔거나, 대기 순번을 알아보기 위해 전화를 돌려야 했습니다. 유치원은 '유치원 알리미', 어린이집은 '어린이집 정보공개포털' 등에서 검색을 통해 정보를 살펴본 다음, 입소 신청이나 입학 신청을 위해서는 다시금 어린이집은 '임신육아종합포털 아이사랑'을, 유치원은 '처음학교로'를 방문해야 했지요.

하지만 유보통합포털(https://enter.childinfo.go.kr/)에서는 한 번의 가입으로 어린이집 입소와 유치원 입학 신청이 모두 가능합니다. 또 시설 정보를 키워드로 상세 검색할 수 있어서 해당 기관의 통학차량, 특수교사, 놀이터 등의 유무까지 손쉽게 정보를 파악할 수 있습니다. 이를 통해 2025년 1월까지 22만여 명이 어린이집에, 19만여 명이 유치원에 편리하게 입학 신청을 할 수 있었습니다.

유보통합포털 홈페이지에서 어린이집과 유치원 모두 한 번에 신청할 수 있습니다.
https://enter.childinfo.go.kr/

부모가 자녀를 믿고 맡길 수 있는
영유아 교육·보육 환경을 꿈꾸다

지금이 저출생 반등의 마지막 골든타임이라고 흔히들 말합니다. 2024년 한국 합계 출생률은 0.74명이었습니다. 우리나라의 생산가능인구는 2020년 약 3,738만 명에서 2070년 약 1,737만 명으로 감소할 것으로 예상되고 있습니다.[4]

---

4 장래인구추계: 2020~2070년, 통계청, 2021.

영유아 교육과 보육에 있어 계속 어려움이 생긴다면, 이는 한 가정만의 문제가 아니라 사회 전반에 영향을 미치는 심각한 문제가 될 수 있습니다. 아이를 낳아도 돌볼 수 없다는 인식 속에서는 출산을 기피할 수밖에 없습니다. 직장 생활과 육아를 아무래도 병행할 수 없어 경제활동을 그만둬야 할 수도 있습니다. 이런 문제들이 쌓이고 쌓일수록 우리 사회가 저출생과 저성장이라는 터널에서 길을 잃을 가능성은 커집니다.

이 위기를 벗어나기 위해서는 유보통합이 반드시 자리를 잡아야 합니다. 아이를 가지고 싶은 사람들이 그 바람을 포기하지 않고 아이를 낳고 기르려면 사회가 양육을 지원해 줄 것이라는 확신을 얻을 수 있어야 합니다. 유치원과 어린이집의 격차를 줄이고, 부모들의 부담을 덜어 주는 것이야말로 저출생 문제를 해결하는 중요한 첫걸음입니다. 세상 어떤 것과도 바꿀 수 없는 자녀 양육의 기쁨과

영유아학교 시범유치원인 전남 광양중동초등학교 병설유치원에서는 0-2세 어린이들과 3-5세 어린이들이 이음교육 프로그램을 통해 서로 돕고 의지하며 함께 어울릴 수 있습니다.

ⓒ필통톡

행복을 더 많은 국민이 누릴 수 있어야 합니다.

30년의 기다림 끝에 시행된 유보통합은 비록 시작은 좀 늦었지만 차근차근 더 나은 방향으로 발걸음을 옮기고 있습니다. 유보통합을 통해 우리 사회가 저출생이라는 긴 터널에서 조금씩 벗어나 밝은 미래로 나아갈 수 있기를 기대합니다.

"유치원을 보낼지 어린이집을 보낼지, 국가가 보육과 교육을 통합하면 학부모가 그 고민을 할 필요가 없습니다. 그 통합은 결코 쉽지 않은 문제였지만, 마침내 시작되었습니다."

| 이주호 |
부총리

"2024년 4월 「필통톡」 8회차 공개 당시, 교육부 영유아교육·보육통합 추진단 전략기획과에서 근무하며 유보통합 정책을 담당했던 행정사무관 유희성입니다.

지난해 제작한 「필통톡」 방송은 유보통합의 필요성과 방향성을 쉽게 전달하기 위한 것으로, 정책 담당자들에게도 국민의 반응을 직접 확인할 기회가 되었습니다.

방송에서는 특히 유아교육과 보육의 분절된 운영 체계를 개선하고, 학부모의 선택권 확대와 교사 처우 개선을 목표로 한다는 점이 강조되었습니다. 방송을 통해 정책에 대한 이해도를 높이고 다양한 의견을 경청할 수 있었다는 점에서 의미가 컸습니다. 당시 정책 담당자로서 「필통톡」 방송을 계기로 교육부와 국민들의 의사소통이 더욱 활발해지고 궁극적으로는 모든 영유아가 균등한 교육과 돌봄을 받을 수 있는 날이 하루빨리 오기를 기대합니다."

다음 QR 코드 링크를 통해 「이주호의 필통톡」 영상 및 관련 교육 정보를 만나실 수 있습니다.

• 필통톡 8-1
0세부터 국가가 책임지는
교육과 보육 '유보통합' 교육

• 입소·입학 신청 사이트
유보통합포털 홈페이지

3. '성장' 대신 '불안'을 심는
영유아 사교육

제때 배운다는 것, 무엇을 어떻게 가르치는 걸까?

〈맹자〉의 진심장구(盡心章句) 상편에서는 군자가 사람을 가르치는 다섯 가지 방식을 소개합니다. 그중 첫 번째인 "유여시우화지자(有如時雨化之者)", "때맞춰 내리는 비처럼 자연스럽게 교화하는 것"이라는 구절에서 유래하여 '시우지화(時雨之化)', '제때 내리는 비에 만물이 생동한다'는 한자성어가 유래하게 되었습니다. 이 말은 임금의 은혜나 스승의 가르침이 세상에 고루 미치는 것을 의미하기도 하지만, 적절한 시기에 적합한 교육을 받아야 교육의 효과가 있다는 사실을 일깨울 때 주로 쓰입니다.

배움에 늦음은 없다지만, '공부에도 때가 있다'는 말에는 고개를 끄덕이게 됩니다. 언제 배우느냐에 따라 정보를 습득하는 속도도,

기억에 남는 정도도 다르다는 것을 살면서 체감하기 때문이겠지요. 어린 시절에 배운 것은 평생 잊히지 않으니까요. 2000년 노벨경제학상을 수상한 미국 시카고대학교의 경제학자 제임스 헤크먼(James Joseph Heckman)은 '사람에게 투자한다면 영유아 시기에 투자하는 것이 좋다'는 것을 실증적으로 입증해 냈습니다.

노벨경제학상 수상자인 제임스 헤크먼은 영유아 시기의 교육이 인생 전반에 걸쳐 영향을 미친다고 강조했습니다.

ⒸUBS

1960년대 미국 미시간주 입실렌티에서 저소득층 흑인 가정의 3-4세 어린이들을 대상으로 진행된 '페리 유치원 프로젝트(Perry Preschool Project)'는 양질의 유아교육을 받은 아이들이 성인이 되고 난 40여 년 후에도 비교군보다 고용, 연소득, 범죄율 등에서 월등히 나았다는 추적 조사 결과를 보여 주었습니다. 헤크먼의 연구는 이 '페리 유치원 프로젝트' 데이터를 활용해 유아교육 프로그램의 사회적 수익률이 연간 7-10%임을 산술적으로 분석해 냈다는 점에서 의미가 큽니다.[1] 그의 연구를 토대로 국가의 전폭적인 영유아 교육 투자가 단지 개인의 성공뿐만 아니라 사회적 불평등 해소에도 역할을 할 수 있다는 내용으로까지 나아가게 되었으니까요.[2] 당시 오바마 정부가 연방정부 예산을 만 4세까지의 유아교육에 적극 투입하는 데에도 그의 연구가 큰 영향을 끼쳤습니다.

우리나라는 어떨까요? 국민들의 유아교육에 대한 열의가 높고 국가 지원도 잘 이루어지고 있습니다. 어린이집이나 유치원에 다니는 만 0세-5세의 비율은 2015년 약 77.9%에서 2023년 약 88.1%로 취원율이 높아지는 추세입니다.[3] 어린이집이나 유치원이나 국가 표준 교육과정인 '누리과정'을 채택하고 있어 교육과정의 수준도 믿을 만합니다. 두 자녀를 둔 부부가 평균 소득 대비 보육 비용을 얼마나 지출하고 있는지 그 비율을 나타내는 OECD의 '순 보육비용' 지표를 살펴보면, 2021년 기준 한국은 5%로, OECD 평균인 14%보다 현저히 낮았습니다.[4] 이는 우리나라의 보육 지원 정책과 보조금 제도가 가계의 보육비용 부담을 줄이는 데 제대로 기여하고 있다는

---

1 Heckman, J. J. et al., The rate of return to the HighScope Perry Preschool Program, Journal of Public Economics, 2010.

2 Heckman, J. J., What Tests Miss: Hard Evidence on Soft Skills, 아산정책연구원, 2011.

3 2015-2023 보육통계(보건복지부), 교육통계연보(교육부), 연령별 추계인구(통계청).

4 순 보육비용(지표), OECD Journal on Budgeting, Volume 2023 Issue2, OECD, 2023.

사실을 알 수 있습니다.

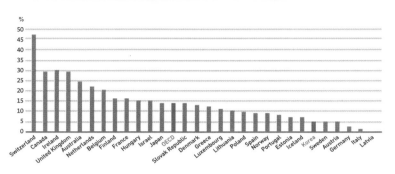

OECD '순 보육비용' 비율 (2021년)

출처: OECD(2023), 순 보육비용(지표), https://doi.org/10.1787/e328a9ee-en

  그렇지만 모든 일에는 명과 암이 있습니다. 우리나라에서 유아 공교육에 보이는 관심과 투자가 자랑스러워해도 좋을 정도로 높은 수준인 것에 비례해, 유아 사교육비 또한 계속 증가하고 있기 때문입니다. 부모들은 주변 가정의 이야기를 들으며 '내 아이만 뒤처지는 것이 아닐까' 하는 불안감에 유치원 하원 후에 영어 학원에 보내거나, 어린이집을 다니면서 한글 또는 수학 학습지 방문 선생님을 부르고 있었습니다.

  적정한 유아교육이란 어떤 것일까요? 그저 남들보다 일찍 더 많은 걸 가르치면 되는 걸까요? 무엇을 어떻게 가르쳐야 아이의 삶에 가장 도움이 되는 투자가 될 수 있을까요?

영어 유치원은 없다, 유아 영어 학원의 진실

유아 사교육을 대표하는 단어, 바로 '영어 유치원'입니다. 영어가 공용어도 아니고, 영어권 국가와 인접하지도 않은 한국에서 왜 유아의 영어 학습 광풍이 불어닥친 걸까요?

1990년대 후반부터 맞닥뜨린 '세계화'라는 거대한 흐름은 1997년 IMF 외환위기를 맞은 우리 사회의 인식을 크게 바꿔 놓았습니다. 우리나라와 같은 수출 주도 경제에서 개인의 국제경쟁력이 크게 강조되기 시작했고, 이내 유창한 영어 능력이 노동 시장에서 구직과 이직을 위해 갖춰야 할 주요 역량으로 자리 잡았습니다. 정부도 이에 발맞춰 1995년 '5.31. 교육개혁'을 통해 외국어 교육을 강화하고, 초등학교에서도 영어교육을 도입하기로 결정했습니다. 6차 교육과정 개정을 통해 1997년 영어가 초등학교 3학년부터 정규과목으로 도입되었고, 2022 개정 교육과정이 전면 실시된 현재에도 3학년부터 배우기 시작합니다.

소위 '영어 유치원'이라 불리는 학원은 2000년대 들어 등장합니다. 한때는 일부 부유층 학부모들의 허영이라 여겨지며 논란거리가 되었지만, 수요가 점차 늘어나는가 싶더니 2025년 현재 많은 부모들이 자녀를 이곳에 보내기 위해 비싼 학원비 지불을 불사하고 있습니다.

실제 한국교육개발원 교육통계서비스의 유아 대상 영어 학원 현황 통계에 따르면 2021년도부터 2024년도까지 유아 대상 영어 학원 수는 718개에서 866개로 20%가 넘게 늘어났습니다. 만 3-5세 유아의 수는 110만 8,509명에서 85만 7,368명으로 22.6% 줄었는데 말이지요.[5]

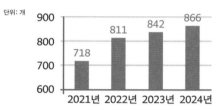

유아 대상 영어 학원 현황

단위: 개

출처: 한국교육개발원

정규 교과에서 영어를 배우는 시작 시기는 변하지 않았음에도, 더 많은 아이들이 더 어린 나이부터 영어를 배우는 이 현실은 무엇을 말해 주고 있는 걸까요? 영어 조기교육이란 것이 그렇게 꼭 필요한 것일까요?

"우리나라에 영어 '유치원'은 없습니다. '유아 대상 영어 학원'이라고 불러야 합니다."

| 이주호 |
부총리

---

5 주민등록인구현황, 국가통계포털, 2021-2024.

조기 영어교육이 정말 효과가 있느냐를 따지기 전에 짚어 보아야 할 것이 있습니다. 이 기관은 소위 '영어 유치원'이라고 불리지만, '유아 대상 영어 학원'이라고 정확히 고쳐 불러야 합니다. 이 학원들은 「유아교육법」에서 규정하고 있는 '유아교육을 위해 설립된 학교' 즉 '유치원'의 설립과 운영 규정을 적용받지 않기 때문이죠. 예를 들면, 유아 대상 영어 학원에서 아이들을 가르치는 강사는 법이 규정하는 유치원 교사 자격을 갖추지 않아도 됩니다. 또한 원어민 강사 자격도 특별한 규정이 없기 때문에, 아이들이 검증되지 않은 원어민 강사로부터 배우게 될까 봐 걱정하는 부모님도 있습니다. 즉, 이 영어 학원들이 공적으로 적절하게 관리되지 않는 사교육 업체라는 것이죠.

그런데도 부모들 사이에는 '아이가 초등학교 입학 전까지 이 정도는 미리 배워 둬야 한다'는 인식이 점차 퍼져 나가는 듯합니다.

"이러는 게 맞는지 모르겠지만, 영어 유치원에 다니는 다른 아이들이 막 유창하게 영어를 하는 걸 보면 조바심이 날 수밖에 없잖아요. 우리 아이도 시켜야겠다는 생각이 드는 건 어쩔 수 없는 거 같아요."

한 영유아 학부모가 「필통톡」 방송에서 털어놓은 심경입니다. 실제 자녀를 유아 대상 영어 학원에 보낸 경험이 있는 어머니들을 조사한 결과, 이들은 자녀를 유아 대상 영어 학원에 보내는 동기 중 하나로 '자녀가 또래 경쟁에서 뒤처질지 모른다는 생각에서 오는 두려움'을 꼽았습니다.[6] 다른 연구에서는 부모들이 자녀의 영어 능력 향상과 대학 입시를 위해 영어 학원을 보낸다고 응답하기도 했지요. 불안감뿐만 아니라 '대입에 대한 대비'도 조기교육 열풍의 이유가 되고 있습니다.[7]

외국어 교육, 정말 빠를수록 효과가 있을까?

이처럼 어쩐지 항상 불안한 자녀의 영어 교육. 그렇다면 과연 일찍 배울수록 효과가 더 좋은 게 사실이긴 할까요? 외국어만큼은 어릴 때 배우는 것이 유리하다는 부모님들의 인식으로 아이들은 취학 이전부터 적게든 많게든 영어와 접하고 있습니다. 하다못해 유튜브에서 영어 동요 영상이라도 틀어 주는 가정이 적지 않습니다.

그러나 많은 연구에서는 외국어 조기교육이 크게 효과가 있는 건 아니라고 말합니다. 육아정책연구소(2015)에 따르면 조기 외국어 학습에 소요되는 비용과 시간을 고려할 때 교육의 효과가 취학 전

---

6 이율이 외 1인, 자녀를 영어유치원에 보내는 어머니들의 경험에 대한 연구, 한국생활과학회지 제18권 5호, 2009.

7 김지하 외 6인, 학교교과교습 학원의 운영 실태 분석: 유아 대상 영어학원을 중심으로, 한국교육개발원, 2015.

유아의 경우에는 크지 않을 수 있다고 합니다.[8] 학습자의 나이가 많을수록 인지적으로 학습을 수행할 수 있는 준비가 되어 있으므로 언어학습의 효과가 더 좋다는 것이지요.

광주여대 유아교육과의 김경란 교수도 영어를 초등학교 3학년 때부터 시작하는 것은 늦지 않으며, 오히려 적절하다고 짚었습니다. 물론 이른 시기에 시작했을 때 발음이 좋아질 수는 있지만, 언어를 집중적으로 습득하는 만 9세에서 11세(결정적 시기: Critical Period)가 지나고 나면 영어 구사력에 큰 차이가 없다는 것이죠. 김경란 교수는 취학 전에 영어를 경험하지 않은 아이들과 영어를 집중적으로 배운 적 있는 아이들이 함께 있는 초등학교 1학년 학급을 관찰한 결과, 후반으로 갈수록 두 그룹 간에 큰 실력 차이가 없었다는 사실을 강조합니다.[9]

"처음에는 영어를 경험한 아이들이 조금 빠른 게 보였지만 후반으로 갈수록 영어를 경험하지 않은 아이들 역시 영어에 대한 태도나 실력이 큰 차이 없이 나타났습니다."

| 김경란 |
유아교육과 교수

---

8 이정림 외 5인, 유아 사교육 실태와 개선 방안: 조기 외국어 교육 효과를 중심으로, 육아정책연구소, 2015.

9 신동주, 유아기 영어 경험이 초등학교 1학년 영어 학습에 미치는 영향, 덕성여자대학교, 2007.

영어를 하는 동안 잃어버린 것들에 대하여

　그렇습니다. 외국어 학습에 영향을 미치는 요인은 다양하며 개인의 언어적 기질과 능력 차이, 언어 습득 환경, 학습자 동기 등 여러 요인들이 서로 상호작용 하고 있어 무조건 어릴수록 제2언어를 더 잘 배운다는 주장은 맞지 않습니다.[10]

　조기교육과 선행학습을 뇌의 발달과 연관 지어 바라볼 필요도 있습니다. 노규식 정신건강의학과 전문의는 유아기가 아직 뇌가 형성되는 시기이므로 지식을 습득하는 것보다는 다양한 활동으로 뇌를 조화롭게 발달시키는 것에 집중해야, 이후 본격적인 학습에 원활하게 적응할 수 있다고 강조합니다. 가령 수의 개념을 이해하는 전두엽과 두정엽을 발달시켜야 할 시기에 선행학습을 통해 영단어를 암기하는 데만 집중한다면 암기를 담당하는 측두엽만 더 발달하

"유아기의 뇌 발달은 건물의 골격을 세우는 과정이라고 할 수 있습니다. 나중에 지식들이 들어갈 공간의 기초가 탄탄해야만 배운 지식이 잘 자리 잡을 수 있죠."

| 노규식 |
정신건강의학과 전문의

---

10 박은혜 외 3인, 조기 사교육이 유아에게 미치는 영향 분석 및 대응과제, 육아정책연구소, 2023.

게 되는 셈이라 뇌가 균형 있게 발달하지 못할 수 있고, 향후 수학 학습에 어려움을 겪을 수 있다는 것입니다.

영어 학원에 다니는 유아들이 늘어나면서 최근 새로운 문제도 부각되기 시작했습니다. 영어 학원에 입학하기 위한 부모님들의 과열된 교육열이 아이들의 정신건강에 부정적 영향을 준다는 점입니다.[11] 실제 유아 대상 영어 학원에 입학하기 위해 소위 '4세 고시'라고 불리는 레벨 테스트를 치르면서 '시험 불안'을 경험하거나, 학원의 학습 과정에 적응하지 못해 우울감을 느끼는 아이들이 정신과를 찾는 경우도 있습니다.

"레벨 테스트에 합격한 아이도, 떨어진 아이도 심각한 시험 불안을 경험하는 경우가 너무 많습니다. 실제 만나 보면 이 친구들이 느끼는 심적 고통이 이루 말할 수가 없어요. 그런 고통을 겪더라도 너는 좋은 성적을 받고 좋은 대학을 가야 한다고 부모가 아이에게 이야기할 수 있을까요?"

| 노규식 |
정신건강의학과 전문의

서울대학교 소아청소년정신과 김붕년 교수의 의견도 그렇습니다. 특히 4세에서 7세 사이는 전두엽 내에서 특정 부위들 간의 연결망이 만들어지는 시기인데, 연결망에 문제가 생기면 아이들이 우울

---

11 박은혜 외 3인, 위의 책, 2023.

함이나 불안에 빠지거나 반동 형성으로 공격성이나 반항성이 나올 가능성이 높아진다는 것이죠.[12] 유아기에 심한 불안을 경험한 아이들은 청소년으로 성장한 후 '학습 번아웃'을 겪는 일로 이어지기도 합니다. 원어민 같은 발음을 익히고 하루에 수십 개의 단어를 외우는 동안 아이가 잃어버리는 것, 그것이 무엇인지 제대로 살펴야 하지 않을까요?

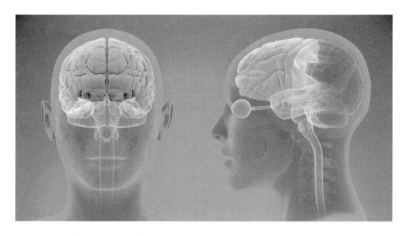

아이들의 뇌 발달 중 4-7세 시기에는 전두엽 내에서 특정 부위들 간의 연결망이 생성됩니다. 이때 심한 불안을 경험할 경우 '학습 번아웃' 증상을 겪을 수 있습니다.

ⒸEBS

---

12 김붕년 교수 인터뷰, 추적60분, KBS, 2025. 2. 14.

놀면서 배우는 유치원, 자기 주도성의 산실

그렇다면 유아기에는 어떤 교육 활동들이 아이들의 발달에 바람직할까요? 실제 공부하는 시간에 비해 학업성취도가 높기로 유명한 핀란드에서는 8세가 되어야 비로소 문자를 가르친다고 합니다. 문자를 쓰는 활동은 가위질이나 찰흙놀이 등을 통해 손의 소근육 발달이 충분히 이루어진 후에 시작해야 원활하게 배울 수 있으므로, 그전까지는 듣기와 말하기를 통해서 어휘력을 충분히 쌓는 것이 적합하다고 보는 것이죠. 우리나라 누리과정의 한글 교육 역시 본격적인 문자 교육이라기보다는 새로운 어휘를 익히고 글자와 친숙해지는 체험 중심으로 진행되고 있습니다.

놀이를 통해 아이들은 배움이라는 과정을 즐겁게 받아들이면서 자기주도적으로 학습하는 태도를 기르게 됩니다. '학생 주도성(Student Agency)'은 OECD 「Education 2030」에 제시된 21세기 핵심 역량 세 가지인 '긴장과 딜레마 해소하기, 책임감 가지기, 새로운 가

"유아에게 학습은 경험과 삶 속에서 이루어질 때 유의미합니다. 그렇기 때문에 놀이를 통해 배우는 것입니다."

| 차서연 |
유치원 교사

치 창조하기'를 해낼 수 있게 하는 핵심 요소로 꼽힙니다.[13]

김포시 달빛유치원의 차서연 교사는 '자기주도성'을 유아기 발달 단계에 맞는 놀이를 통해 효과적으로 습득할 수 있다고 강조합니다. 유아교육기관이 놀이에 적합한 환경을 제공하면서 아이가 보이는 관심에 호응해 주면, 처음에는 주체적 활동을 어려워하던 아이도 이내 주도성과 창의성을 보여 주기 시작한다고 합니다.

김포시 달빛유치원 전경과 놀이 중심 교육을 받는 아이들.

ⓒ필통톡

---

13 The Future of education and skill : Education 2030, OECD, 2018.

실제 달빛유치원에서는 AI를 활용해 그림과 이야기 만들기, 드론 날리기와 3D 프린터로 만들기, 놀이 공간 꾸미기 등 아이들이 흥미를 느끼는 분야를 직접 실천해 볼 수 있도록 하고 있습니다.

바로 이 놀이의 가치를 바탕으로 삼아, 교육부는 2024년 유아 발달 특성을 고려한 과학창의, 미술, 음악, 영어, 체육 5개 영역의 특성화 프로그램을 개발해 2025년부터 유치원 현장에서 이용하도록 하고 있습니다. 이는 인지 위주의 사교육보다 아이의 발달과 흥미, 관심을 고려해 자아를 바르게 세워 줄 수 있는 놀이 중심 교육이 공교육의 중심이 되게 하려는 노력이기도 합니다.

이때가 아니면 못 배울 것들
아이의 '놀이'에 투자하라

유아기 아이에게는 놀이가 곧 학습입니다. 인지 발달상 이 시기에는 눈으로 보고, 귀로 듣고, 손으로 만지는 활동을 통해 가장 잘 배울 수 있습니다. 부모들이 흔히 '정신 팔고 논다'고 표현하는, 놀이에 깊이 집중하는 행동이 바로 '몰입'입니다. 정신 팔고 노는 아이들은 고도의 집중과 몰입을 배우고 있는 셈입니다. 나중에 공부할 때 엉덩이를 붙이고 앉아 진득하게 집중하는 '엉덩이 힘', 즉 창의성, 자제력, 추진력을 길러 주는 근원이 결국 유아기의 놀이라는 것

"미래에 아이가 어떤 세상을 살아갈지 부모는 알 수 없습니다. 그러면 결국 가져야 할 능력은 '나는 괜찮은 사람이야' '뭔가 도전하면 할 수 있어' 같은 자신감과 또래 친구들에게 다가갈 수 있는 능력입니다."

| 김경란 |
유아교육과 교수

입니다.

다시 헤크먼의 이야기로 돌아가 볼까요? '가장 어린 시기에 투자하라'고 강조했던 제임스 헤크먼이 조기교육에서 특히 강조했던 것은 아이의 인지적 능력(cognitive skills)이 아니라 비인지적 능력(non-cognitive skills)을 키워 주는 것입니다.[14] 앞서 소개한 '페리 유치원 프로젝트' 연구만 보더라도, 조기교육을 받은 실험군의 IQ가 단기적으로 향상된 것으로 확인됐지만 초등학교 고학년 무렵부터 대조군과 크게 차이가 없어졌다고 합니다. 즉 인지능력 발달을 목적으로 하는 조기교육의 효과는 금세 사라진 셈이죠. 그러나 유아교육을 통해 획득한 성실성, 사교성과 같은 비인지적 능력의 효과는 40년 뒤의 추적 조사 결과를 통해 그 가치가 여실히 밝혀졌다고 헤크먼은 말합니다.[15]

어린 시절을 위한 가장 가치 있는 투자는 바로 아이의 놀이에 하

---

14 Heckman, J. J., op. cit., 2011.

15 Heckman, J. J. et al., op. cit., 2010.

는 투자가 아닐까요? 그 투자의 구체적인 방법은 아이가 마음껏 놀면서 세상을 경험할 수 있도록 믿고 지켜봐 주는 것입니다. 이제는 놀이의 힘과 가치를 제대로 볼 필요가 있습니다. 놀이가 아이들을 키운다는 것, 마음껏 놀았던 경험이 평생 꺼내 쓸 수 있는 힘이 된다는 것을요.

| 정책 담당자 한마디 |

"2023년 9월 「필통톡」 4회차 공개 당시, 교육부 영유아정책총괄과에서 근무하며 영유아 교육정책을 담당했던 교육연구관 최윤미입니다.

누구보다 오랫동안 유치원 현장 교사로 일하며 유아 적기 교육의 중요성을 마음 깊이 느끼고 있었습니다. 「필통톡」에 이어 학부모님들께서 궁금하신 내용을 중심으로 「유아클래스-e」(2024.~, EBS 1TV) 콘텐츠를 기획·방송하며 유아 적기 교육에 대한 학부모님과의 소통을 이어 가고 있습니다."

다음 **QR 코드** 링크를 통해 「이주호의 필통톡」 영상 및 관련 교육 정보를 만나실 수 있습니다.

| ● 필통톡 4-1 | ● 필통톡 4-2 |
| 영어교육, 빠를수록 좋다?! | 유아교육에서 가장 중요한 것은? |

PART 2

교실혁명

교육 현장의 담대한 변화

잠자는 교실이 깨어나고 있습니다.

인공지능의 빠른 발전은 학교에서 아이들이 익혀야 할 역량과
교실의 의미를 새롭게 정의하고 있습니다. 각각의 수준과 속도를
고려한 맞춤형 학습, 교사의 전문성과 학생의 창의성이 살아나는
수업까지, 교실은 더 이상 일방적인 지식 전달의 공간이 아닙니다.

패러다임에 발맞춘 시스템의 진화는 모두가 바라는 혁신을
가능하게 합니다. 사교육과 입시 부담을 덜어 주는 대입 제도,
한 명의 가능성도 소홀히 하지 않는 고교학점제는 새로운 공교육의
힘이 될 것입니다.

교실이 바뀌면 교육이 바뀌고,
교육이 바뀌면 우리나라의 미래도 달라집니다.
교실에서 시작되는 이 변화가, 대한민국 교육개혁의 중심입니다.

4. 챗GPT 시대, 우리 아이 어떻게 키울까?

디지털 대전환의 새로운 분기점, 챗GPT

어느새 인공지능(AI)이 우리 곁에 성큼 다가온 것 같습니다. '시리'에게 전화를 걸어 달라고 하거나 '빅스비'에게 음악을 틀어 달라고 하는 정도는 이제 신기하지도 않은 일이 되었고, 2022년 11월 공개되어 대중을 대상으로 서비스를 시작한 '챗GPT'는 알파고가 이세돌 9단을 꺾을 때와는 비교할 수 없는 충격을 우리에게 던져 주고 있으니까요.

메신저처럼 대화 형식으로 검색 서비스를 제공하는 챗GPT는 서비스를 시작한 지 40일 만에 1,000만 명의 사용자를 모았습니다. 서비스 시작 후 1,000만 명을 모으기까지 넷플릭스 9년, 페이스북 2년 4개월, 인스타그램이 11개월 걸린 것과 비교하면 얼마나 빠르게 이

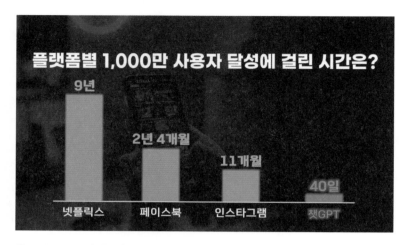

플랫폼별 1,000만 사용자 달성에 걸린 시간은?

9년 2년 4개월 11개월 40일

넷플릭스　페이스북　인스타그램　챗GPT

챗GPT는 1,000만 사용자 달성을 최단 시간에 기록하며 다른
플랫폼에 비해 압도적인 확산 속도를 보였습니다.

ⓒ 필통톡

인공지능 챗봇이 확산된 것인지 실감할 수 있습니다.[1]

　　챗GPT는 방대한 양의 텍스트로 언어 훈련을 하는 인공지능 알
고리즘을 바탕으로, 사람과 대화를 할 수 있습니다. 놀라운 점은 챗
GPT가 대화의 맥락을 파악하고, 사람의 질문을 이해해서 평생 보
아도 다 못 볼 방대한 양의 정보를 요약해 알려 준다는 점입니다. 이
런 기능을 활용해 에세이, 시, 소설, 보고서, 학술 논문을 쓸 수 있고
복잡한 계산도 할 수 있음은 물론 프로그래밍 코드까지 만들어 낼
수 있습니다. 챗GPT에 질문 하나 던지는 것만으로도 말이죠.

---

1 챗GPT, 40일 만에 사용자 1천만 명 돌파…두 번째 'AI 돌풍', 이데일리, 2023. 1. 29.

알파고와 이세돌 9단이 대국을 벌일 때만 해도, 인공지능이 우리의 질문에 대답할 날이
이렇게 빨리 올 줄은 몰랐습니다.

ⓒ연합뉴스

　그뿐만이 아닙니다. 이미 사람들은 정보 검색을 넘어 감정적인 교류를 하는 대화까지도 챗GPT와 나누고 있습니다. 이스라엘의 조하르 엘리요셉(Zohar Elyoseph) 박사 연구팀은 챗GPT가 모든 면에서 일반인보다 뛰어난 감정 인식 능력을 보여 주었다는 연구를 발표하기도 했습니다.[2] 우울하거나 마음이 힘든 사람들이 챗GPT에 심리 상담을 받으며 공감을 얻었다는 이야기도 어느새 낯설지 않게 되었습니다.

---

2 Z. Elyoseph et al., ChatGPT outperforms humans in emotional awareness evaluations, Frontiers in psychology, 2023.

한국은행에서 2023년 발표한 'AI와 노동시장 변화' 예측에서는 우리나라 취업자 중 약 341만 명(전체 취업자 수 대비 12%)이 AI 기술로 대체될 가능성이 높다고 합니다. 뜻밖에도 의사, 변호사, 회계사, 자산운용가 등 고소득 · 고학력자의 일자리가 더 대체 가능성이 크다고 나타났는데, 이는 인공지능이 비반복적 · 인지적 업무를 수행하는 데에 활용될 가능성이 크기 때문입니다. 한국은행은 AI에 더 많이 노출된 일자리일수록 고용이 줄고 임금 상승률도 낮아질 것으로 예상하면서도, AI라는 새로운 기술이 신규 일자리를 창출하기도 하고 기존 일자리의 업무 수행 방식을 바꾸어 또 다른 변화를 가져올 것으로 전망하고 있습니다.[3] 이 변화에 적응할 능력을 길러

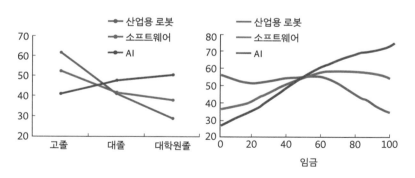

출처: 한국은행

---

3 한지우 & 오삼일, 제2023-30호; AI와 노동시장 변화, 한국은행, 2023.

주는 것은 오늘날 우리 교육이 마주한 큰 과제 중 하나입니다.

"디지털 대전환으로 장차 일자리도 일의 성격도
모두 바뀔 것인데, 우리 사회와 국가가 어떻게 준
비해야 아이들의 새로운 능력을 키워 줄 수 있을
지 고민해야 합니다."

| 이주호 |
부총리

패러다임의 대전환,
어떻게 그 폭풍우를 뚫고 나가는가

카이스트에서는 질문을 많이 하는 학생을 뽑아 '질문왕 상'을 주
는 제도를 운영 중이라고 하지요. 인공지능 전도사를 자처하고 있
는 이광형 카이스트 총장은 이제 '어떻게 답하느냐'가 아닌 '어떻게
질문하느냐'가 중요해졌다고 짚습니다. 학자들에게 가장 필요했던
'질문하는 힘'이 이제 일반 대중들에게도 요구되는 시대가 된 셈입
니다.

"똑같은 봇에게 답을 요구해도 질문을 어떻게 하느
냐에 따라 답이 달라진다는 것을 알게 되었습니
다. 이제는 교육의 패러다임이 크게 바뀝니다."

| 이광형 |
카이스트 총장

사고력, 창의력, 공감과 소통, 협업, 인문학적 소양 등 기계와 차
별화되는 '인간 고유'의 역량이 주목받고 있는 가운데, 뇌과학자 장
동선 박사는 지금처럼 인공지능이 모든 지식을 소싱(Sourcing)해 주
는 환경에서 인간에게 필요한 능력이 결국 두 가지라고 말합니다.
'기존의 지식을 활용해서 어떤 방식으로 새로운 영역을 개척할 것인
가?' 그리고 그것을 혼자 할 수는 없으니, '어떻게 다른 사람들과 공
감하고 소통할 것인가?'라는 질문에 답하는 능력입니다.

"이전까지는 물어봤을 때 그 사람이 답할 수 있으
면 '지식이 있다'고 쳐줬는데, 이제는 '실제로 뭔
가를 만들어 낼 수 있고, 실행할 수 있다'는 것이
능력의 잣대가 되는 시대입니다. 스스로 무언가
를 만들어 보는 활동이 더 중요해질 거라고 생각
합니다."

| 장동선 |
뇌과학자

새로운 것을 만들어 내기 위해서는 무엇보다도 '길을 헤매 보는
경험', 즉 폭넓은 체험이 중요하다고 전문가들은 강조합니다. 학교

에서의 표준화된 학습뿐만 아니라 비정형적인 경험까지 최대한 다양한 길을 다녀 보아야 자신이 원하는 게 무엇인지 더 잘 알 수 있고, 잘 알게 되면 좋은 질문을 던질 수 있고, 좋은 질문을 던져야 새로운 것을 창출할 수 있다는 것입니다.

하버드대학교 심리학과의 대니얼 샥터(Daniel L. Schacter) 교수 연구팀은 사람들이 미래에 있을 일을 상상할 때의 뇌와, 이미 알고 있는 어떤 사건들을 기억할 때의 뇌를 MRI로 비교 조사했습니다. 우리는 아주 다른 활동이라고 생각하지만, 두 경우 모두 놀랍게도 내측 전전두엽, 두정엽과 측두엽의 비슷한 부분이 일관되게 활성화되었고, 활성화되는 신경 경로도 비슷했습니다. 이 연구는 미래의 일을 잘 그려 내기 위해서는 과거에 저장된 에피소드에서 정보를 추

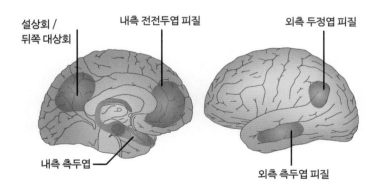

과거를 회상하거나 미래를 상상할 때 뇌는 정신적 시뮬레이션을
수행하면서 비슷한 부분을 활성화시킵니다.

출하고 재조합하는 것이 필수적이라는 사실을 알려 줍니다.[4] 아무리 새로운 미래를 상상한다고 해도 인간은 자신의 과거와 경험에 묶여 있을 수밖에 없다는 의미이지요.

다양한 상황과 환경에서 나와 다른 생각을 가진 사람을 만나며 경험의 폭을 가능한 한 넓혀 놓아야 한다는 것은 이 때문입니다. 생각이 다른 타인과 접하는 경험이 쌓이다 보면, 공감과 소통 능력도 자연히 커지게 됩니다. 이렇듯 체험은 창의성과 공감 · 소통 능력 양쪽을 다 키워 줄 수 있습니다. 물리적인 체험만이 효과가 있을 거라고 한정 지을 필요는 없습니다. 여행과 같은 직접 체험이든, 독서와 같은 간접 체험이든 폭을 넓혀 주는 경험의 힘은 인공지능 시대에 더욱 중요해질 것입니다.

AI 리터러시, 정보의 바다를 안내하는 길잡이

앱 분석 서비스 와이즈앱·리테일의 2025년 1월 조사에 따르면 한국인 챗GPT 주간 사용자는 493만 명[5]으로 나타나, 이제는 AI 정보 검색도 확실히 대중의 일상으로 자리 잡아 가는 것으로 보입니

---

4 Daniel L. Schacter et al., Remembering the past to imagine the future: the prospective brain, Article in Nature Reviews Neuroscience, 2007. 8.

5 딥시크 국내 주간 사용자 120만 명 돌파 … 챗GPT 이어 2위, 연합뉴스, 2025. 2. 4.

다. 그런데 AI를 이렇게 일상적으로 사용하게 된 우리가 AI를 올바르게 사용할 능력도 확실히 갖추고 있다고 말할 수 있을까요?

"인터넷이 시작되면서 '디지털 리터러시', 그러니까 '디지털 문해력'이라는 이야기를 많이 했잖아요. 이제는 'AI 리터러시'가 필요한 세상입니다."

| 장동선 |
뇌과학자

2023년 '세종대왕 맥북 던짐 사건'이라는 제목의 게시글이 인터넷에서 화제가 되었습니다. 챗GPT에게 "조선왕조실록에 기록된 세종대왕 맥북 프로 던짐 사건에 대해 알려줘"라는 터무니없는 질문을 던졌는데, 챗GPT가 천연덕스럽게도 "세종대왕의 맥북 프로 던짐 사건은 조선왕조실록에 기록된 일화로, 15세기 세종대왕이 새로 개발한 훈민정음의 초고를 작성하던 중 문서 작성 중단에 대해 담당자에게 분노해 맥북 프로와 함께 그를 방으로 던진 사건입니다."라고 시작되는 장문의 답변을 했던 것입니다. 어려운 질문에 척척 응답하던 인공지능의 기계적(?) 면모라며 각종 온라인 커뮤니티는 해당 에피소드를 즐겁게 공유했지만, 생각할수록 등골이 서늘하다는 댓글이 줄을 이뤘습니다. 만약 사용자가 자신이 전혀 모르는 분야에 대해 질문을 했는데 인공지능이 이런 답변을 한다면 과연 어디까지 믿어야 하는 걸까요?

이처럼 인공지능이 사실이 아닌 정보를 그럴싸한 사실처럼 생성하는 현상을 할루시네이션(Hallucination)이라고 합니다. 이 같은 인공지능의 환각이나 기망에 대응하기 위해 'AI 리터러시'는 우리 현대인이 꼭 갖추어야 할 능력으로 빠르게 떠오르고 있습니다.

AI 리터러시는 인공지능이 생성하는 정보의 사실 여부를 구분하고 인공지능을 비판적으로 평가하는 능력이라 할 수 있습니다. 구체적으로 어떤 능력들을 의미할까요? 우선 온라인으로 소통을 할 때 상대가 사람인지 AI인지 구분할 줄 알아야 할 것이고, AI를 통해 얻은 정보에 할루시네이션은 없는지 사실적 검증을 해 볼 수 있어야 할 것입니다. 그 외에도 AI 리터러시를 활용해야 할 범위는 넓습니다. 챗GPT와 같은 생성형 AI가 대중화되고 있기 때문에 전문가들은 인공지능 사용에서 '윤리성'이 앞으로 더 중요해질 것이라 전망합니다. 생성한 정보를 활용할 때 남의 권리를 침해하는 것은 아닌지, 잘못된 정보가 유포되면 피해를 보는 사람은 없을지 미리 살필 줄 알아야 한다는 것입니다. 바다를 항해하려면 나침반이 필요하듯, 생성형 AI 시대를 잘 헤쳐 나가려면 활용 능력, 비판 능력, 윤리성이 어우러진 AI 리터러시 교육이 학교에서 충분히 이루어져야 하는 이유입니다.

인공지능 적응 시대, 학교는 변신 중

필요한 질문을 던지고 공감과 소통으로 새로운 것을 만들어 내는 사람, AI 정보의 홍수 속에서 진실된 정보를 판별하고 올바르게 사용할 줄 아는 사람. 학교는 그런 인재를 기를 준비가 되어 있을까요?

1만 2,000여 개 학교, 51만여 명의 선생님이 있는 공교육의 '몸집'은 거대합니다. 급격한 사회의 변화를 따라가며 우리나라 학생들을 인공지능 시대에 걸맞은 인재로 기르기 위해서는, 쉽지 않겠지만 이 거대한 체제가 획일적인 지식 전달 중심 교육에서 벗어나는 것이 가장 시급할 것입니다. 그러기 위해서는 교육 전반을 디지털로 전환하여 모든 학생이 자신의 수준과 속도에 맞춰 배울 수 있어야 하고, 토의·토론 수업, 프로젝트 학습 등 교사와 학생, 학생과 학생 사이에 상호작용이 활발한 수업이 늘어나야 합니다. 그런 학교에서 학생들은 자기 역량을 최대로 끌어내고, 인공지능이 대체할 수 없는 창의성과 협업 능력을 기르게 될 것입니다.

이를 위해서는 우선 교사들이 학생들의 다양한 수업 경험을 기획할 수 있는 역량을 갖춰야 합니다. 흔히 교육의 질은 교사의 질을 능가할 수 없다고 하지요. 시대에 걸맞은 학교의 모습을 실현하려면 모든 교사의 디지털 활용 능력과 학생과의 상호작용 능력을 일정 수준 이상으로 끌어올릴 필요가 있습니다. 이런 점을 고려해 교육부는 '교사가 이끄는 교실혁명'이 실현되도록 최선을 다해 지원하고 있습니다. 교사들이 수업 혁신에 AI를 비롯한 디지털 인프라를 효과적으로 활용해 감동적인 배움이 일어날 수 있도록 '하이터치 하이테크(High Touch, High Tech)'를 지향하는 연수도 대규모로 실시합니다.

교실혁명 선도교사 양성 연수는 일반적인 디지털 기술 연수가 아닙니다. 교사가 첨단 기술을 활용해 '학생별 맞춤 교육'을 제공하고 (하이테크), 참여 중심의 핵심역량 교육 및 사회적·정서적 교육을 지원하는 것(하이터치)을 최종 목표로 한다는 점에서 단순한 기술 연수와는 크게 차이가 있습니다. 교사들이 자발적으로 자신의 수업을 디지털 기반으로 혁신하고, 이를 통해 학교의 암기 위주 교육을 질문과 토론을 통한 탐구 수업으로 전환하는 것이 연수의 궁극적인 목표입니다.

"새로운 교육 방식으로 에듀테크를 활용하고 아이들의 정서적인 부분과 멘토링 등 인간적인 부분에서 교사들의 역할에 전환이 필요하기 때문입니다."

| 이주호 |
부총리

교육부는 '교사가 이끄는 교실혁명'이 시작된 2024년부터 3,818억 원을 투입했습니다. '교실혁명'을 통해 3년 동안 선도 교사 3만 4,000명을 양성하고, 모든 교사에게 맞춤 연수를 제공할 계획입니다. 다른 나라에서 유례를 찾기 어려운 대규모 혁신입니다.

학생별 맞춤 교육, 질문과 토론을 통한 탐구 수업으로 교실을 바꾸기 위해
'교실혁명 선도교사 양성연수'에 교사들이 참여하고 있습니다.

ⓒ교육부

　아울러 교사가 교실 수업을 변화시켜야 할 필요성을 스스로 깊이
인식할 수 있도록 교육부는 함께학교 '수업의 숲' 서비스 개통, 올해
의 수업 혁신 교사상 신설, 수업혁신사례연구대회 활성화, 교사연
구회 지원 등 다양한 정책을 통해 지원하고 있습니다. 2024년 9월
개통된 '수업의 숲'에는 선생님들이 수업에 활용할 수 있는 콘텐츠
가 6개월 만에 3,557건 게시되었고,[6] 수업혁신사례연구대회 참가자
가 예년에 비해 크게 늘어나는 등[7] 현장에서도 적극적인 호응이 일
어나고 있습니다.

<hr>

[6] 함께학교 디지털소통 플랫폼, 2025. 3. 2. 기준, togetherschool.go.kr.

[7] 2023년: 1,329편 → 2024년: 1,750편

모두가 함께 고민할 때 길이 보입니다

빌 게이츠는 2023년 미국 샌디에이고에서 열린 에듀테크 콘퍼런스 'ASU+GSV Summit' 기조 연설에서 인공지능이 "사람만큼 좋은 교사가 될 것(as good a tutor as any human)"이라 말했습니다. 또 인공지능이 아이들의 읽기와 쓰기 능력을 키우는 데 중요한 역할을 할 것이며, 더 적은 비용으로 학업성취도를 높일 수 있을 것이라고 강조했습니다.[8]

인공지능을 교육에 적극 활용하려는 세계적 추세에 발맞추어, 교육부도 인공지능을 제대로 알고 활용하기 위해 여러 가지 활동을 진행 중입니다. 교육부 직원 500여 명을 대상으로 2023년 2월 챗GPT에 대한 '디지털 게릴라 포럼'을 처음 개최하자마자 120여 명의 직원들이 몰렸고, 이후 600명이 넘는 직원들이 후속 포럼에 참가해 인공지능 기반 교육에 뜨거운 관심을 보여 주었습니다. 네이버 AI랩 하정우 소장을 초빙해 공개 토론회를 열고, 연이어 학계, 기업, 학교 등 다양한 전문가가 참여하는 디지털 교육 학술회의를 개최하는 등 AI가 우리 곁에 가까이 다가오자마자 교육으로의 포용과 교육에서의 효과를 고민하는 일을 그 누구보다 교육부가 진심으로 하고 있습니다.

---

8 Todd Bishop, Bill Gates: AI will be 'as good a tutor as any human, GeekWire, 2023.

정부도, 교육 현장도, 학생도, 학부모도 모두가 인공지능과 만난 지 얼마 되지 않았습니다. 그러나 인공지능은 정말 빠른 속도로 우리 삶 속에서 자리를 잡아 가고 있지요. 이런 변화라면 스스로 뛰어들어 적응하는 것도 하나의 선택입니다. 방종임 교육전문기자는 직접 인공지능을 체험하며 알아 가는 것이 가장 필요한 방법이라고 말합니다.

| 방종임 |
교육전문기자

"아이에게 방법을 알려 주는 것보다 더 중요한 것은 본인이 스스로 변화를 체감하게 하는 거라고 생각해요. 챗GPT가 유행한다고 하면 앞으로 시대가 어떻게 변할지, 한번 같이 검색을 해 보거나 직접 사용해 보거나, 미래 전망 리포트를 같이 읽는 등의 활동이 어떤 말보다 효과적일 것입니다."

열린 마음으로 받아들인다면 인공지능 시대로의 대전환은 아이들의 가장 '인간적인' 능력을 발달시키는 새로운 기회가 될 수 있습니다. 모든 아이들이 그 능력을 갈고닦을 기회를 누릴 수 있도록 부모와 교사, 정책 입안자 모두가 함께 배우고 고민하고 실천해야 할 때입니다.

다음 QR 코드 링크를 통해「이주호의 필통톡」영상 및 관련 교육 정보를 만나실 수 있습니다.

● 필통톡 1-1
챗GPT 시대, 우리 아이
어떻게 키울까요?

● 필통톡 1-2
챗GPT 시대, 우리 아이에게
진짜로 필요한 역량은?

● 필통톡 1-3
챗GPT 시대, 놓치면
후회하는 자녀 교육 꿀팁

5. 디지털 시대, 교육과 과학이 만나다

칸 아카데미에서 칸미고까지, 교육과 과학의 만남

    2006년, 헤지 펀드 분석가로 일하던 살만 칸(Salman Khan)은 멀리 사는 사촌에게 수학을 가르쳐 주기 위해 직접 영상 강의를 찍어 유튜브에 공개했습니다. 이후 그의 영상 강의는 엄청난 조회 수를 기록하며 구독자를 끌어모았고, 살만 칸의 목표는 수준 높은 수업을 원하는 누구에게나 무료로 제공하는 '칸 아카데미(Khan Academy)'라는 비영리 교육기관을 설립하는 데까지 나아갑니다. 초·중·고교 수준의 수학, 화학, 물리학부터 컴퓨터 공학, 금융, 역사, 예술까지 다양한 분야의 동영상 강의를 제공하면서 구글과 빌앤멜린다게이츠 재단을 비롯해 세계 유명 투자자들로부터 후원을 받게 된 칸

아카데미는 2022년 전 세계 1억 명이 넘는 사용자가 이용하는 서비스가 되었습니다. 칸 아카데미가 한 단계 더 도약한 것은 2023년입니다. 그해 칸 아카데미는 챗GPT를 개선한 인공지능, GPT-4o를 기반으로 만든 '칸미고(Khanmigo)' 서비스를 발표했습니다. 칸미고는 대화형 경험을 제공하는 가상 AI 튜터로, 실시간 피드백을 토대로 교사, 학생, 학부모 모두가 학습과 관련된 도움을 받을 수 있다고 합니다.[1]

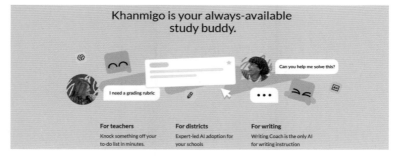

유튜브 강의에서 시작해 가상 AI 튜터 서비스로 발전한 '칸미고(Khanmigo)'의 홈페이지.

ⓒKhanmigo

유튜브에서 시작된 무료 영상 강의부터 대화형 AI 튜터까지, 살만 칸과 칸 아카데미의 이야기는 과학기술의 진보와 그에 맞춰 빠르게 변화하는 교육의 모습을 한눈에 보여 주는 것 같습니다. 기술

---

1 칸미고 홈페이지 참고(http://www.khanmigo.ai).

을 통해 물리적·시간적 한계를 뛰어넘어 전 세계 수많은 사용자를 배움으로 이끈 칸 아카데미의 수업 혁신은 오늘날 최신 기술을 제대로 활용하는 것이 학습 기법을 얼마나 효과적으로 바꿀 수 있을지 가늠하게 합니다. 우리 교육계도 과학기술의 변화, 특히 인공지능의 발전을 적절히 공교육에 활용하기 위해 다양한 노력을 하고 있습니다. 구체적으로는 어떤 부분에서 기술과 만나고 있고, 또 앞으로 어떻게 함께 갈 예정일까요? 이 질문에 답하기 위해 교육 현장에서 인공지능 활용을 중심으로 일어나고 있는 '디지털 대전환'을 살펴보려 합니다.

"인공지능으로 인한 변화를 우리가 오지 않게 막을 수는 없어요. 이미 오도록 정해져 있습니다. 찰스 다윈은 '결국 살아남는 종은 강한 종도 아니고 똑똑한 종도 아니다. 오직 변화에 빠르게 적응하는 종이다.'라는 말을 했는데요. 우리가 살아남으려면 변화에 적응을 해야 됩니다. 그 적응을 시켜 주는 게 뭘까요? 바로 교육 아니겠습니까."

| 궤도 |
과학 커뮤니케이터

미래 교육의 골든타임에
시작되는 디지털 대전환

　미래학자이자 구글 엔지니어링의 이사인 레이 커즈와일(Ray Kurzweil)은 AI가 2029년까지 인간 수준의 지능을 갖추고, 2045년 경에는 인간보다 뛰어난 지능을 갖추는 기술적 특이점(Singularity) 에 도달할 것이라고 주장했습니다.[2] 일부에서 이 예측이 과장되었다 고 비판하기도 하지만, 어떤 언어로 물어봐도 척척 대답하는 요즘의 AI 모델들이 보여 주는 발전 속도를 감안한다면 아주 허황돼 보이 지는 않는 예측입니다.

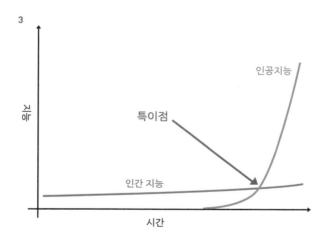

---

2 레이 커즈와일, 특이점이 온다, 김영사, 2007.

3 레이 커즈와일, 위의 책, 2007.

세계의 교육 현장도 대전환의 시기를 맞이하고 있습니다. 한국과학기술정보연구원에 따르면 교육(Education)과 기술(Technology)의 합성어인 '에듀테크(Edutech)'는 인공지능(AI), 빅데이터, 가상현실(VR), 증강현실(AR) 등 정보통신기술(ICT)을 활용한 차세대 교육을 의미합니다.[4] 과학기술의 비약적 발전으로, 에듀테크 또한 눈이 어지러울 정도로 빠르게 발전하고 있습니다. 그간 교육 분야에서는 타 분야보다 디지털로의 전환이 더딘 편이었지만, 미국 교육시장 조사기관 홀론아이큐(Holon IQ)의 예측에 따르면 세계 에듀테크 시장 규모는 2020년 2,270억 달러(약 332조 원)에서 2025년 4,040억 달러(약 590조 원)로 연평균 12.2%의 높은 성장률을 보이고 있다고 합니다.[5] 에듀테크를 활용하면 기존 학교에서 개설할 수 없었던 창의적이고 독특한 과목들을 개설하여 온라인 강의를 진행하거나, 네트워크를 통해 다른 학교 학습자들과의 그룹 활동을 가능하게 할 수 있습니다. AI나 빅데이터를 활용한 맞춤형 교육으로 학생 개개인의 학업성취도를 향상하고 학생의 성향이나 개별적 동기를 분석해서 그에 맞는 학습 솔루션을 제시할 수도 있고요.[6]

정말 그럴까요? 에듀테크의 가능성을 파악하기 위해, 2024년과 2025년에 교육부는 학교에서 디지털 수업 혁신을 주도한 선도

4 구영덕, 에듀테크 산업 동향 및 전망, ASTI Market Insight, 2022.
5 Global EdTech market to reach $404B by 2025 – 16.3% CAGR, Holon IQ, 2020. 8. 6.
6 구영덕, 앞의 책, 2022.

교사 278명을 영국, 미국, 싱가포르 등지로 파견해 세계 각국의 디지털 교육혁신을 배우도록 지원했습니다. 특히 세계 최대의 에듀테크 박람회 '벳쇼(BETT UK 2025: British Educational Training and Technology)'에서 최신 기술을 체험한 교사들은 입을 모아 놀라움을 표했습니다. 영국의 AI 문학교육 프로그램 '올렉스 AI(Olex.AI)'는 학생 30명의 문학 에세이를 단 2분 만에 첨삭해 주고, 손으로 쓴 문서를 휴대폰으로 촬영해 업로드하면 자료의 사회적·역사적 배경까지 분석해 1,000자 분량의 첨삭과 제안을 내놓습니다. 마이크로소프트(MS)의 'AI 스파크(AI Spark)'는 보통 며칠이 걸리는 교사의 강의 PPT를 AI를 이용해 깔끔하게 몇 초 내로 만들어 냅니다.[7] 우리나라도 이런 놀라운 기술들이 학교 현장에 도입된다면 '디지털 대전환'을 통해 선생님들은 학생이 더 심도 있게 배울 수 있도록 도와주면서 학생의 사회적·정서적 역량을 키우는 데에 더 힘을 쏟을 수 있겠지요.

지금이야말로 '미래 교육의 골든타임'이라 할 수 있는 상황에서, 벳쇼에서 발표된 것과 같은 다양한 기술 혁신이 수업으로 들어오려면 먼저 다양한 에듀테크를 활용할 수 있게 하는 디지털 인프라가 교육 현장에 갖춰질 필요가 있었습니다. 2020년과 2021년, 팬데믹 상황에 대응하기 위해 사회 전반적으로 디지털 인프라가 정착된 것

---

[7] 학생 30명의 에세이, AI가 2분 만에 평가…"이렇게 써야" 조언도, 조선일보, 2025. 2. 1.

벳쇼에서 교육부 교실혁명 선도교사들이 시연에 참여하고 있는 모습.

©교육부

이 기회였습니다. 코로나19 기간 중에도 원격 수업 등을 통해 교사와 학생, 학부모가 기술에 적응하는 시간을 가져왔고, 서울시교육청의 스마트기기 '디벗' 보급 사업처럼 각 교육청에서도 꾸준히 학생마다 수업용 기기를 제공하는 '1인 1디바이스' 환경을 조성해 왔습니다.

거기에, 새로 도입된 2022 개정 교육과정도 그 비전과 내용이 디지털 대전환의 취지와 상통합니다. 교육부가 발표한 2022 개정 교육과정은 학생들이 포용성과 창의성을 갖춘 주도적인 사람으로 성장할 수 있도록 총 네 가지의 과제를 제시하는데요, 특히 첫 번째, 미래 사회가 요구하는 역량 함양이 가능한 교육과정과 두 번째, 학습자의 삶과 성장을 지원하는 맞춤형 교육과정을 설계하는 것,[8] 이두 가지 목표는 디지털과 인공지능을 수업에 잘 활용했을 때 보다

---

8 '2022 개정 교육과정' 총론 주요사항, 교육부, 2021.

효과적으로 달성할 수 있습니다.

　구슬이 서 말이라도 꿰어야 보배라고 하죠. 교육부는 수업 전문가인 교사가 '구슬을 꿰는' 역량을 최대화해 수업을 자유롭게 혁신할 수 있도록 우선 지원하고 있습니다. 아무리 좋은 인프라가 있다 해도 교육의 질은 교사의 질을 넘어설 수 없기 때문에 '교사가 이끄는 교실 혁명'이 무엇보다 중요합니다.

| 이주호 |
부총리

"2022년도에 개정된 교육과정의 주요 목표는 학생의 자기주도성과 창의력을 키워 주는 개별 맞춤형 교육, 인간적인 성장 등입니다. 이 이상을 어떻게 실현하느냐가 숙제였는데 바로 AI 기술이 답을 해준 거죠. 그렇지만 기술은 수단이고 결국 중요한 건 사람입니다. 교사들의 역량이 정말로 중요하기 때문에 교사들이 기술을 잘 활용할 수 있도록 지원하는 프로그램을 실시하고 있습니다."

　선생님들이 바꿔 나갈 우리 교육의 미래는 구체적으로 어떤 모습일까요? 과학기술과 교육의 결합은 학교 현장에서 어떻게 이루어질까요? 크게 보면 이 결합은 두 유형으로 나눌 수 있을 겁니다. '과학기술을 활용한 교육', 즉 디지털과 인공지능을 수업에 활용하는 것과 '과학기술에 대한 교육', 즉 정규 교과목 내에서 관련된 내용을 배우는 학년을 낮추고 학습 수준을 높이는 것입니다.

인공지능(AI) 디지털교과서, 교실 안으로 들어오다

우선 과학기술을 활용한 교육은 어떻게 이루어지고 있는지, 특히 미래 교육의 열쇠가 될 인공지능은 수업에 어떻게 쓰이고 있는지 살펴볼까요. 여러 명의 학생을 교사 한 명이 가르칠 수밖에 없다는 것이 전통적인 학교 교실의 가장 큰 한계점이었습니다. 학생마다 배우는 속도도, 습득하고 있는 지식 수준도 다를 수밖에 없는데, 그처럼 제각각 다른 학생 한 명 한 명의 학습 상태를 파악하기란 어려운 일이었으니까요. 그런데 지금의 AI는 학생들의 맞춤형 교육을 구현하는 데에 가장 도움이 되는 '보조 교사'의 역할을 놀랍도록 잘 해낸다는 사실에 무엇보다 주목할 필요가 있습니다. '벳쇼'의 사례에서 살펴보았듯 개별 학생의 정보를 빠르게 처리해 학생이 모르는 부분을 배울 수 있도록 돕는 것이지요.

AI 기술을 우리 공교육에도 활용하여 모든 학생이 교실에서 맞춤형 교육을 받을 수 있도록 하는 것, 바로 'AI 디지털교과서'입니다.

교육부는 지난 2년간 공교육 현장에서 AI를 활용하여 수업을 혁신할 수 있도록 AI 디지털교과서 개발을 지원하고, 교원의 역량 강화와 수업 혁신 사례 확산에도 힘썼습니다. 작년 11월, 76종의 AI 디지털교과서를 선보였고 2025년 3월부터 초3·4, 중1, 고1 〈수학〉, 〈영어〉, 〈정보〉 과목에 이 교과서를 활용할 수 있게 했습니다. 올해는 각 학교가 자율적으로 AI 디지털교과서를 도입하도록 했는데, 2025학년도 1학기 기준으로 전국 학교의 약 1/3이 AI 디지털교과서를 채택하여 사용하고 있으며, 중·고등학교보다 초등학교에서 채택률이 높았습니다.[9]

2024년 4월 발표한 「디지털 기반 교육혁신 역량 강화 지원방안」은 교육부가 가려고 하는 미래 교육의 방향성을 보여 줍니다. 이제까지는 영어 시간에 '자신이 좋아하는 과목'을 배울 때 관련한 단어와 문장을 암기하고 읽기 위주로 수업했다면, 앞으로는 AI를 활용해서 자유롭게 발화하며 발음과 문장의 정확도, 여러 가지 표현을 탐색할 수 있습니다. 기존 수학 시간에는 '그래프'에 대한 문제 풀이 수업을 중심으로 했다면, 앞으로는 실생활을 소재로 한 다양한 그래프를 조사하여 의미를 해석하는 도구로서의 수업을 할 수 있게 됩니다. '개념 기반 탐구수업'이 가능해지는 것이지요.

무엇보다 AI 디지털교과서는 '모두에게 평등하게 제공되어야 한다'는 우리 '교육'이 가진 기본 가치를 실현하는 열쇠라는 점에서 중요합니다. 교육으로 들어온 기술이 공교육을 통하지 않고 학교 밖에서 이루어진다면 지금처럼 경제적·사회적 배경에 따라 학생들 사이에서 발생하는 학습 격차가 심해질 수도 있지만 공교육 안에서 인공지능을 활용해서 수업을 한다면 학습 격차를 줄일 수 있습니다.

---

9 인공지능(AI) 디지털교과서 선정 현황(2025. 2. 17. 기준), 교육부, 2025. 2. 20.

특히 교사는 학생별 학습 수준과 속도를 진단하고, 이에 따라 맞춤형 콘텐츠와 피드백을 제공하는 '학습 기획자'로서의 역할을 하게 됩니다. 학생들은 개념 기반 탐구학습에 주도적으로 참여하며 에듀테크를 자신의 니즈에 따라 탐구와 협업의 생산 도구로써 사용해 창의성과 문제해결력을 기를 수 있습니다. AI가 실제로 어떻게 학습을 돕고 있는지 한 초등학교 교실에서 살펴볼까요?

서울 언남초등학교의 수학 시간. 선생님의 설명을 들은 학생들이 태블릿 PC를 꺼내 수학 문제를 풀기 시작합니다. 모든 학생이 각자의 스마트기기로 수학 문제를 풀면, AI가 채점을 거쳐 학생들의 정답률과 문제 풀이 과정을 교사에게 실시간으로 전달합니다. 학생들 간의 협업 도구로 태블릿 PC가 활용되기도 합니다. 수업에 활용되고 있는 것은 'AI 코스웨어'. 코스웨어(courseware)는 교육과정을 뜻하는 코스(course)와 소프트웨어(software)의 합성어로, 인공지능을 접목해서 학생들에게 맞춤형 교육을 할 수 있도록 제작된 교육용 소프트웨어를 가리킵니다.

국어 수업에도 AI 코스웨어를 활용하고 있습니다. 학생들이 주제에 대해 자유롭게 글을 쓰면 AI 코스웨어가 맞춤법 체크는 물론, 객관적 기준을 바탕으로 글을 빠르게 분석해 종합적 평가를 내립니다. 이 평가를 교사가 확인하고 피드백을 보완해 각각의 학생들에게 지도해 줄 수 있습니다.

서울 언남초등학교에서 스마트기기를 활용하여 수업하는 모습.

©필통톡

"자기 수준에 맞게 공부할 수 있어서 좋아요."

"선생님이랑 제 문제 풀이가 공유되니까
선생님이 더 빠르게 확인할 수 있어서
좋은 것 같아요."

　AI 코스웨어가 수업에 도입된 뒤 학생들이 느낀 소감입니다. 이유림 교사는 학생들이 교과 수업에 매우 크게 흥미를 느낀다는 것을 인공지능 도입의 장점으로 꼽았습니다. 그렇지만 학생들의 사회 정서적 발달을 돕는 것과 학생들의 전인적 성장에 대한 평가는 교사만이 할 수 있기 때문에 앞으로 교사의 역할이 그런 측면에서 더 중요해질 것이라고 예상했습니다.

"아이들은 한 문제씩 자신의 수준에 맞는 문제를 풀며 성취감을 느낄 수 있습니다. 교사의 입장에서는 일일이 채점해 주는 시간이 단축되다 보니까 아이들과의 상호작용이 오히려 늘어난 것 같습니다." | 이유림 |
언남초 교사

고학년들은 보다 발전된 형태의 인공지능을 수업에 활용할 수도 있습니다. 경기도 남양주시 다산가람초등학교 5학년 학생들이 「필통톡」에서 보여 준 'PBL 수업 인체 탐험 지도 만들기'에는 챗GPT를 활용했습니다. PBL은 프로젝트 학습(project-based learning) 또는 문제해결학습(problem-based learning)이라는 뜻으로, 해결하는 과정에서 학생 스스로 관련된 지식을 학습하도록 설계된 수업입니다. 아이들은 조별로 '인체 탐험 지도 그리기'라는 과제를 받고 챗GPT를 자연스럽게 활용해 문제를 해결합니다. 과제에 필요한 기초적인 정보를 찾은 뒤, 자신이 잘 모르는 부분이나 더 궁금한 점에 대해 챗GPT에게 질문을 던지고, 정보를 직접 정리하면서 AI를 주도적으로 활용하는 법을 익히고 있었습니다. 이를테면 학교 도서관에서 어떤 신체 기관의 탐험 지도를 만들 것인지 찾아보고, 친구들과 발표 자료를 만든 뒤, 챗GPT에게는 자료를 만드는 과정에서 '폐가 건강하지 않을 때 나타나는 증상은 무엇인지' 구체적으로 물어보는 식입니다.

경기도 남양주시 다산가람초등학교 어린이들이 PBL 수업에 참여하는 모습.

ⓒ필통톡

학생들이 더 원활하게 AI 기술을 활용할 수 있도록 디지털 인프라도 빠르게 개선되고 있습니다. 교육부는 과학기술정보통신부와 협업해 학생들이 어디서나 AI에 접속할 수 있고 더 저비용으로 사용할 수 있도록 국내 반도체 기술로 개발한 저전력 클라우드 서비스인 K–클라우드를 초·중·고등학교 AI 활용의 기반이 될 수 있도록 지원하고 있습니다. 학교 현장에서는 K–클라우드를 통해 학생별 학습 데이터를 수집, 분석해서 수준에 맞는 학습 내용을 제공하고, 학생들은 수업에 필요한 자료들도 쉽게 내려받을 수 있습니다.

여기에 더해 모든 학생이 디지털 수업 등에 스마트기기를 활용할 수 있도록 하는 1인 1디바이스 사업도 전국 대부분의 지역에서 완료되었다고 하네요.

정보기술을 더 가까이, 인공지능을 더 가까이

'과학기술에 대한 교육'도 '과학기술을 활용한 교육' 못지않게 중요합니다. 인공지능이 선택 아닌 필수인 사회에서 인공지능을 더 정확히 알고 사용하기 위해 그 과학적인 원리와 구조를 알 필요가 있습니다. 이를 위해 학교 교육과정에서는 인공지능을 비롯한 정보통신기술에 대한 교육을 더 강화하고, 이 분야를 이끌 인재를 활발히 양성하기 위해 노력하고 있습니다. 특히 2022 개정 교육과정에서는 중고등학교의 정보 관련 과목을 신설하거나 강화해 학생들이 정보기술에 대한 지식을 더 많이 접할 수 있게 되었습니다. 구체적으로 어떤 변화들이 있을까요?

초등학교 5-6학년 〈실과〉 교과를 17시간에서 34시간 이상으로 늘리면서, '디지털 사회와 인공지능' 영역을 추가하고 중학교 〈정보〉 교과와 연결되도록 구성했습니다. 중학교에서는 〈정보〉 교과 이수 시간을 34시간에서 68시간 이상으로 늘려서 컴퓨팅 시스템, 데이터, 알고리즘과 프로그래밍, 인공지능, 디지털 문화 등 정보의 5가지 영역에서 종합적으로 관련 내용을 배울 수 있게 되었습니다. 처음으로 정규 교육과정 내에서 전국의 모든 중학생들이 인공지능을 배우게 된 것입니다. 초등학교와 중학교에서는 학생의 발달단계에 맞춰 놀이·체험 활동을 하거나 실생활에서의 문제해결 과정을 프로그래밍 하는 등 〈정보〉 교과를 학습 부담 없이 쉽고 재미있게 배우는 것에 중점을 두었다고 합니다.

고등학교 〈정보〉 교과는 학생의 진로와 연계하여 다양한 선택과목을 개설한 부분이 포인트입니다. 일반 선택과목인 〈정보〉 외에도 진로 선택과목인 〈인공지능 기초〉, 〈데이터 과학〉, 〈정보과학〉과 융합 선택 과목인 〈소프트웨어와 생활〉이 추가되었습니다. 〈정보〉 교과뿐만 아니라 〈국어〉, 〈과학〉, 〈사회〉, 〈기술·가정〉, 〈예술〉 등 다양한 교과에도 그 특성에 맞춰 디지털 기초 소양과 관련한 내용을 추가하거나 선택과목을 신설했습니다.[10]

2022 교육과정 〈정보〉 교과

2022 개정 교육과정							
교과	초등학교	중학교	고등학교				
			보통 교과				
			일반고			특수목적고
		공통	공통	선택 중심 교육과정			
				일반 선택	진로 선택	융합 선택	진로 선택
정보	실과 (17시수 → 34시수 이상)	정보 (34시수 → 68시수 이상)	–	정보	인공지능 기초 데이터 과학*	소프트웨어와 생활*	(과학 계열) 정보과학

*신설 과목

---

10 2022 개정 초 · 중등학교 및 특수교육 교육과정 확정 · 발표, 교육부, 2022.

교육과정 개편 외에도 교육부는 과학기술정보통신부와 같은 여러 정부 부처와 협업해, 2022년부터 2026년까지 '100만 디지털 인재 양성'을 목표로 하는 다양한 사업들을 추진하고 있습니다. 2022년부터 교육부와 17개 시도교육청, 한국과학창의재단이 함께 시행하고 있는 '디지털 새싹' 사업은 방과후 시간 등을 활용해 전국의 초·중·고 학생들에게 디지털 역량을 키울 기회를 제공합니다. 대학과 기업 등에서 초빙한 디지털 교육 전문가에게 인공지능과 데이터, 융합형 문제해결 등 최신 기술을 배우고, 디지털 사회의 쟁점을 반영한 주제를 공부해 학생들이 컴퓨팅 사고력, 자기주도성, 협업 능력 등을 기를 수 있도록 합니다. 디지털 새싹 프로그램은 2022년에 시작된 이후 2024년까지 총 66.4만여 명의 학생들이 경험했고, 체계적인 디지털 교육에 목말랐던 현장에서 큰 호응을 얻고 있습니다.

대학과 산업계도 전문 인재를 양성하기 위해 분주하게 움직이고 있습니다. 대학에서는 첨단 분야 학과를 신설하거나 AI 융합전공 정원을 늘리는 추세입니다. 교육부는 관련 규제를 완화하여 2025학년도 수도권 4년제 대학 12곳과 비수도권 대학 10곳이 첨단 분야 학과의 정원을 총 1,145명을 늘리도록 승인했습니다.[11] 앞으로도 대학들이 유연하게 디지털 기술 관련 인재를 양성할 수 있도록 계약정원제나 전공자율선택제를 활용하도록 하는 등 다양한 정책을 시

---

11 AI · 사이버 보안… 수도권 대학 '첨단 학과' 569명 늘린다, 조선일보, 2024. 6. 10.

디지털 새싹 프로그램에 참여하는 다양한 연령대의 학생들.

ⓒ교육부

행하고 있습니다.

학생들이 디지털 기술을 안전하고 책임감 있게 활용하도록 지도하는 것 또한 중요합니다. 2023년 9월 과학기술정보통신부는 '디지털 권리장전'을 발표해 디지털 시대 국가 차원의 원칙과 기준을 제시했고, 교육부에서도 2024년 7월 '디지털 교육 규범'을 통해 교육에 특화된 디지털 시대의 가치와 원칙을 정립한 바 있습니다.

또한 교육부는 2025년 2월에는 영유아부터 성인까지 모든 국민이 필수 소양으로 디지털 역량을 갖추도록 '모두를 위한 디지털 역량 교육 추진방안'을 마련하였는데요, 이를 통해 영유아기에는 발달

단계의 특성을 고려해 안전하고 올바른 디지털 활용법에 대한 권고
사항을 제시했으며, 학령기에는 정보교육이 강화되는 만큼 디지털
기초 소양 교육을 통해 학생들이 디지털 환경 속에서 자율성과 책
임감을 갖출 수 있도록 도울 계획입니다. 또한 지역사회, 대학과도
협력하여 성인 대상으로 맞춤형 디지털 역량 교육을 제공하면서,
다양한 디지털 역량 교육자료를 교육 체계(프레임워크)에 따라 분류
하여 '함께학교' 누리집에서 종합적으로 안내할 계획입니다.

이처럼 강화된 교육과정과 정책들을 바탕으로, 학생들은 뛰어난
디지털 역량은 물론 윤리성을 갖춘 '디지털 네이티브'로 성장해 나갈
수 있을 것입니다.

AI라는 친구와 함께 맞춤형 학습의 미래로

인공지능을 교육에 도입하는 문제를 두고 사회 각층에서는 우려
와 경계심을 보입니다. "숙제를 AI가 다 해 준다"부터 "결국은 교사
가 AI로 대체될 것이다"까지, 새로운 과학기술의 도입을 두고 다양
한 논란이 있는 것은 당연한 일입니다. 하지만 논란을 거듭하는 그
순간에도 발전을 멈추지 않는 AI는 이미 우리 삶에 들어와 있고, 아
이들이 살아갈 미래에는 더더욱 그러할 것입니다. 역설적이지만,
이 변화에 빠르게 적응하는 교육체제만이 미래에 우리를 AI로부터

자유롭게 해 줄 수 있을 것입니다. AI 튜터 '칸미고'를 발표한 살만 칸도 AI가 교사를 대체하는 것이 결코 아니며, 기술과의 결합을 통해 개인 맞춤형 교육이 가능한 수준 높은 교육의 시대가 온 것이라고 강조합니다. 교사가 학생들의 창의력과 인간성 함양을 지도하는 데 집중할 수 있도록 AI가 훌륭한 조력자가 되어 줄 수 있다는 것이 살만 칸의 전망입니다.[12]

이미 교육의 많은 부분을 바꾸어 놓은 과학기술은 앞으로 또 어떤 변화를 가져올까요? 이종호 전 과학기술정보통신부 장관은 AI 기술과 로봇 공학의 융합으로 미래의 학교 현장에 '로봇 도우미', '로봇 친구'가 등장할 것이라는 예측을 내놓습니다.

"전에는 휴대폰이나 기능이 단순한 컴퓨터로 공부하다가, 이제 K-클라우드에 접속해 AI 교육의 위력을 실감하고… 그리고 앞으로는 '내 친구 로봇'이 있겠죠. AI와 로봇이 융합되면서 또 새로운 교육의 패러다임을 만들어 낼 수 있을 겁니다."

| 이종호 |
前 과학기술정보통신부 장관

미국 CTA(Consumer Technology Assosiation, 소비자기술협회)가 주관한 CES 2025에서의 화두는 '휴머노이드'였다고 하지요. 단순히 움

---

12 살만 칸, 나는 AI와 공부한다, 알에이치코리아, 2025.

직이기만 했던 로봇들이 AI와 결합하면서 얼굴 표정에서부터 움직임까지 인간과 자연스러운 소통과 협업이 가능한 수준으로 빠르게 진화하고 있습니다. 아이들과 함께 운동도 하고 정서적 상호작용도 하는 로봇 친구가 등장한다면 앞으로 맞춤형 교육의 지평이 더욱 넓어질 것이라 예측해 볼 수 있겠습니다.

AI 기술은 UN 교육 정책이 지향해 온 목표, '모두를 위한 교육(Education For All)'을 실현할 새로운 길을 열어 주었습니다. '모두를 위한 교육'이라는 이 오래된 이상은 학생 한 명 한 명의 상황과 수준에 적합한 맞춤형 교육을 제공하는 것에서부터 실현되기 시작할 것입니다.

CES 2025에서 로봇과 소통하고 있는 관람객.

ⓒ연합뉴스

"2024년 7월 「필통톡」 11회차 공개 당시, 교육부 교육콘텐츠 정책과에서 근무하며 AI 디지털교과서 정책을 담당했던 사무관 홍기욱입니다. 중앙부처의 정책 홍보는 소위 말하는 '노잼'이 될 수밖에 없다는 게 정책 담당자의 고민이었습니다. 이종호 前 과학기술통신부 장관님과 과학 크리에이터 궤도님과 함께하는 「필통톡」을 준비하며 조금은 '유잼'인 정책 홍보를 시도할 수 있는 계기가 되었고, 실제 이를 통해 디지털 기반 교육 혁신에 대한 다양한 취지와 가능성을 학생과 학부모, 교원분들께 전달드릴 수 있는 기회가 되었습니다. 「필통톡」 그리고 '함께학교'가 앞으로도 더욱 다양한 방식과 모습으로 국민과 교육부가 소통할 수 있는 플랫폼이 되었으면 합니다!"

다음 QR 코드 링크를 통해 「이주호의 필통톡」 영상 및 관련 교육 정보를 만나실 수 있습니다.

● 필통톡 11-1
교육과 과학의 만남! AI 디지털 시대, 어떤 인재가 필요할까?

● 필통톡 11-2
AI 디지털 시대, 교육이 나아가야 할 방향

● 필통톡 11-3
디지털 기반 교육 혁신 환경이 필요한 이유

6. 학생의 가능성을 극대화하는 고교학점제

더 일찍 나만의 시간표를 짤 수 있었다면

대학교에 다닌 경험이 있으신 분들, 혹시 새내기 시절이 생각나시나요? 고등학생 때와 가장 다른 점이 있다면 스스로 자기 시간표를 짜야 한다는 것이었겠지요. 처음에는 낯설고 어떤 과목을 택해야 할지도 잘 모르겠지만, 관심 가는 과목들로 나만의 일주일 시간표를 채우고, 치열한 수강신청 과정도 통과합니다. 고학년으로 올라가면 같은 학과 학생이라도 준비하는 진로에 따라 경영학 복수전공 과목을 듣기도 하고, 공학수학 같은 심화 과목을 듣기도 합니다. 이렇게 시작된 학기 초에는 들어가는 강의마다 얼마나 흥미로워 보였는지요. '고등학교 때에도 이런 재미있는 과목들이 있었다면 훨씬 즐겁게 공부할 수 있지 않았을까?' 생각했던 경험이 누구나 한 번쯤

은 있을 겁니다. 대입 원서를 넣을 때 나름대로 고심해서 택했던 전
공이 자기 적성과 다르다는 사실을 알아차린 분들도 비슷한 생각을
하게 됩니다. '고등학교 때에 다양한 과목들을 미리 들어 봤다면 내
적성에 잘 맞는 전공을 선택할 수 있었을 텐데.'

　다행히도 2025학년도부터 입학하는 고등학교 신입생들은 대학에
가서 이런 아쉬움을 덜 느끼게 될 것입니다. 자신의 기초 소양과 기
본 학력을 바탕으로 진로와 적성에 맞는 과목을 선택하고, 기준에
맞춰 과목들을 이수해 총 3년간 192학점을 취득하면 고등학교를 졸
업하게 되는 '고교학점제'가 실시되기 때문입니다.

　2021년 통계청의 예측에 따르면 우리나라의 고등학생 인구(15-17
세)는 2020년 139만 명에
서 2040년 70만 명, 2070년
62만 명까지 감소할 것이라
고 합니다.[1] 고등학교의 학급
당 학생 수도 2017년 28.2명
에서 2022년 22.6명으로 꾸
준히 감소하고 있지만, 국가
가 초·중·고등학생들에게
지출하는 1인당 공교육비는

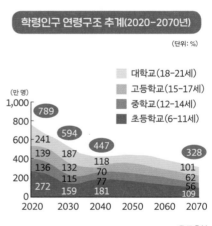

학령인구 연령구조 추계(2020-2070년)

(단위: %)

　대학교(18-21세)
　고등학교(15-17세)
　중학교(12-14세)
　초등학교(6-11세)

ⓒ교육부

---

1 장래인구추계: 2020-2070년, 통계청, 2021.

2019년 OECD 평균의 142%인 1만 5,200달러에 이르러 계속 증가 추세입니다. 질 높은 공교육을 실현할 여건이 점차 조성되고 있는 것이지요.

그럼에도 불구하고 우리 고등학교가 여전히 지식 전달 위주의 수업에서 쉽사리 벗어나지 못하고 있는 현실은 무척 아쉽습니다. 상급학교로 올라갈수록 학생들은 수업에 흥미를 잃고 있습니다. 2024년 통계청이 발표한 「국민 삶의 질 2024」 보고서에 따르면 학생들의 학교생활 만족도는 코로나19의 영향을 받았던 2022년 51.1%로 급격히 감소했다가 2024년 57.3%까지 회복했지만, '교육 내용'(56.2%)과 '교육 방법'(50.3%) 항목은 여전히 평균 이하에 머무르고 있었습니다. 2023년 고등학생 4명 중 1명은 '같은 반 친구들이 수업 시간에 자는 편이라고 생각한다'고 답한 교육부의 실태조사도 있었습니다.[2]

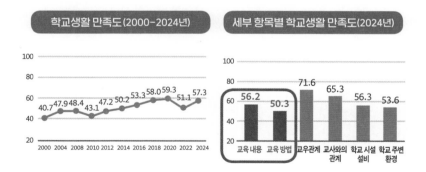

─────────

2 교실 수업 혁신을 위한 고등학교 수업 유형별 학생 참여 실태조사, 교육부, 2024.

잠자고 있는 교실을 깨우기 위해 공교육은 모든 학생이 능동적으로 다양한 분야를 탐색하고 참여할 수 있도록, 학생 각자의 수준에 맞는 맞춤 교육을 제공할 수 있어야 합니다. 또 급격한 기술 진보와 함께 직업 사회가 다변화되고 있는 만큼, 학생 한 명 한 명의 교육 기회를 소질과 적성에 따라 제대로 보장해 주어야 할 것입니다. 이런 사회적 공감대를 바탕으로 시작된 고교학점제는 단순한 교육정책의 변화가 아닙니다. 학생들에게 더 넓은 선택권을 제공하고, 자신의 진로를 보다 체계적으로 설계할 수 있도록 돕는 학교라는 플랫폼의 혁신입니다.

차근차근 준비해 온 고교학점제, 이제 출발선에

2017년 처음 시행을 예고한 고교학점제는 연구학교를 비롯한 각종 시범 사업과 교육계 내에서의 수십 차례 협의를 거쳐 2021년 세부 계획을 완성했습니다. 2020년 마이스터고, 2022년 특성화고, 2023년 일반고와 특목고까지 학점제 일부 요소를 적용하여 단계적으로 도입해 왔고, 드디어 2025년 모든 고등학교에 전면 도입하게 되었습니다. 모든 고등학생들이 자기 진로와 적성에 맞는 과목을 직접 골라서 공부하는 시대가 열린 것입니다.

그간 학교가 정해 놓은 과목들을 학교가 정해 놓은 시간표대로 공부해서는 미래 사회가 요구하는 창의성과 같은 역량을 모두가 기르기는 어려웠습니다. 하지만 공부할 과목을 학생이 직접 선택할 수 있게 되면 본인이 진로와 연계해 과목들을 탐색해 볼 기회가 다양해지면서 자연스레 학업에 대한 관심과 열정이 커질 수 있습니다. 스스로 목표를 정해 학습 계획을 짜는 과정에서는 자기주도성을 성장시킬 수도 있습니다. 이런 경험들은 졸업 이후에도 '인생의 징검다리'가 됩니다. 대학 진학자는 주도적으로 수준 높은 학업을 이어 갈 역량이 생길 것이고, 직업 세계에 진입한 사람도 보다 깊이 있는 배경지식을 갖추고 자신의 일을 성공적으로 수행할 수 있을 것입니다.

교육부는 「공교육 경쟁력 제고 방안」(2023)에서 '학교의 과목 개설 부담을 완화하면서도 학생의 과목 선택권을 확대'하는 방향으로 고교학점제를 시행하겠다고 밝혔는데요. 그러면 구체적으로 고등학교의 수업 방식이 2025년에 어떻게 바뀌는지부터 알아볼까요?

"지금 우리나라 교육체계를 전반적으로 개혁하는 큰 취지는 평생학습자를 길러 내는 데 있고, 고교학점제도 그런 면에서 의미가 있는 제도입니다. 시험 성적을 높이는 것보다 평생을 공부하는 역량, 또 자기를 알아 가는 역량을 갖추는 것이 중요합니다."

| 이주호 |
부총리

시간표를 짜는 설렘과 공강의
즐거움을 이제는 고교 시절부터

고교학점제하에서는 고등학생이 자기 진로와 적성에 맞는 과목을 이수해 총 3년간 192학점을 취득하면 졸업하게 됩니다. 수업 횟수의 2/3 이상 출석하고, 학업성취율이 40% 이상일 때, 해당 과목을 이수하여 학점을 취득한 것으로 인정됩니다.

2025년에 고등학교에 입학한 1학년 우철이를 한번 떠올려 볼까요? 우선 학년에 따라 필수로 들어야 하는 공통과목들과 일반 선택, 진로 선택, 융합 선택 중에서 듣고 싶은 과목을 골라 온·오프라인을 통해 신청하게 됩니다. 〈문학〉, 〈정보〉와 같은 일반 선택과목은 학문 영역 안에서 중점적으로 배워야 할 내용을 탐구하기 위한 과목입니다. 〈인공지능 수학〉, 〈중국어 회화〉와 같은 진로 선택과목은 교과별로 심화하거나 진로와 관련된 내용으로 학생이 적성과 미래를 고려하여 택할 수 있습니다. 융합 선택과목은 교과 내/교과 간 주제를 융합해서 실생활에서 체험하거나 응용해 보는 과목입니다. 〈역사로 탐구하는 현대 세계〉나 〈기후변화와 환경생태〉 같은 과목명을 보면 어떤 내용인지 짐작할 수 있습니다. 만일 우철이가 데이터 사이언티스트가 되고 싶다면 고시된 과목은 아니지만 시도교육감이 승인한 〈AI와 미래〉와 같은 과목을 들을 수도 있을 것입니다.

고교학점제 과목 이수 및 졸업 기준

진로에 따라 다양한 과목 **선택**	→	**이수 기준 충족 시** 과목 이수	→	3년간 192학점 이상 **취득 시 졸업 인정**

과목 이수 기준

과목 수업 횟수의 **2/3 이상 출석**	학업성취율 **40% 이상**

2022 개정 교육과정 고등학교 보통교과(교육부 고시)[3]

교과(군)	공통과목	선택과목		
		일반 선택	진로 선택	융합 선택
국어	공통국어1 공통국어2	화법과 언어, 독서와 작문, 문학	주제 탐구 독서, 문학과 영상, 직무 의사소통	독서 토론과 글쓰기, 매체 의사소통, 언어생활 탐구
수학	공통수학1 공통수학2 기본수학1 기본수학2	대수, 미적분 I, 확률과 통계	기하, 미적분 II, 경제 수학, 인공지능 수학, 직무 수학	수학과 문화, 실용 통계, 수학 과제 탐구
영어	공통영어1 공통영어2 기본영어1 기본영어2	영어 I, 영어 II, 영어 독해와 작문	영미 문학 읽기, 영어 발표와 토론, 심화 영어, 심화 영어 독해와 작문, 직무 영어	실생활 영어 회화, 미디어 영어, 세계 문화와 영어
사회(역사/ 도덕 포함)	한국사1 한국사2 통합사회1 통합사회2	세계시민과 지리, 세계사, 사회와 문화, 현대사회와 윤리	한국지리 탐구, 도시의 미래 탐구, 동아시아 역사 기행, 정치, 법과 사회, 경제, 윤리와 사상, 인문학과 윤리, 국제 관계의 이해	여행지리, 역사로 탐구하는 현대 세계, 사회문제 탐구, 금융과 경제생활, 윤리 문제 탐구, 기후변화와 지속 가능한 세계
과학	통합과학1 통합과학2 과학탐구실험1 과학탐구실험2	물리학, 화학, 생명과학, 지구과학	역학과 에너지, 전자기와 양자, 물질과 에너지, 화학 반응의 세계, 세포와 물질대사, 생물의 유전, 지구시스템과학, 행성우주과학	과학의 역사와 문화, 기후변화와 환경생태, 융합과학 탐구

체육	체육1, 체육2	운동과 건강, 스포츠 문화, 스포츠 과학	스포츠 생활1, 스포츠 생활2
예술	음악, 미술, 연극	음악 연주와 창작, 음악 감상과 비평, 미술 창작, 미술 감상과 비평	음악과 미디어, 미술과 매체
기술·가정 /정보	기술·가정	로봇과 공학세계, 생활과학 탐구	창의공학 설계, 지식 재산 일반, 생애 설계와 자립, 아동발달과 부모
	정보	인공지능 기초, 데이터 과학	소프트웨어와 생활
제2외국어/ 한문	독일어, 프랑스어, 스페인어, 중국어, 일본어, 러시아어, 아랍어, 베트남어	독일어 회화, 프랑스어 회화, 스페인어 회화, 중국어 회화, 일본어 회화, 러시아어 회화, 아랍어 회화, 베트남어 회화, 심화 독일어, 심화 프랑스어, 심화 스페인어, 심화 중국어, 심화 일본어, 심화 러시아어, 심화 아랍어, 심화 베트남어	독일어권 문화, 프랑스어권 문화, 스페인어권 문화, 중국 문화, 일본 문화, 러시아 문화, 아랍 문화, 베트남 문화
	한문	한문 고전 읽기	언어생활과 한자
교양	진로와 직업, 생태와 환경	인간과 철학, 논리와 사고, 인간과 심리, 교육의 이해, 삶과 종교, 보건	인간과 경제활동, 논술

우철이는 설명회를 듣고 어떤 과목을 선택할지 담임선생님, 진로 진학 전담 선생님, 교과담당 선생님과 상담해 조언을 듣기도 합니다. 그런 후에 직접 시간표를 짜서 학교에서 정한 기간에 맞추어 수강 신청을 하게 됩니다.

다음은 「필통톡」에 공개된 인천 인화여자고등학교 2학년 현아 학

---

3 2022 개정 교육과정 총론, 교육부, 2022.

생의 2022학년도 시간표입니다. 인화여자고등학교는 2019년부터 고교학점제 연구학교로서 시범 운영을 해 왔다고 하지요.

인화여자고등학교 2학년 현아 학생 시간표

	월	화	수	목	금
1 (08:50)	공강	생활과 과학	가정과학	영어 II	독서
2 (09:50)	영어 II	생활과 과학	가정과학	생활과 과학	정치와 법
3 (10:50)	지구과학 I	수학 II	공강	생활과 과학	공강
4 (12:40)	독서	독서	정치와 법	정치와 법	지구과학 I
5 (13:40)	가정과학	정치와 법	스포츠 생활	공강	수학 II
6 (14:40)	가정과학	영어 II	수학 II	수학 II	공강
7 (15:40)		지구과학 I	지구과학 I	독서	영어 II

*분홍색 표시는 학생이 직접 선택한 과목

현아 학생은 다양한 과학 과목들을 신청한 것을 보니 이공계열 대학에 진학하거나 관련 직종에 지원할 계획을 세운 모양이네요. 대학생의 시간표처럼 중간중간 공강 시간도 볼 수 있습니다. 공강 시간을 이용해 과제를 하거나, 선생님과 상담을 하거나, 독서 활동 을 하는 등 한결 자유롭고 효율적으로 학교 생활을 꾸려 나갈 수 있게 되었다는 것을 알 수 있습니다.

고교학점제를 시행 중인 인화여자고등학교에서는 학생들이 자신이 원하는 시간표에
따라 자유롭게 수업받으며 다양한 학교생활을 경험하고 있습니다.

ⓒ 필통톡

　인화여자고등학교 학생들은 학점제를 경험해 본 소회를 「필통톡」
에 이렇게 전해 왔습니다.

> "제 진로를 준비하는 데에도 굉장히 큰 도움이 되었고
> 고등학교에서 했던 경험들이 좋은 경험으로 남을 것
> 같다는 생각이 들었습니다."

> "밖에서 경험해 보지 못했던
> 과목들을 경험할 수 있어서 좋아요."

> "승무원이 꿈이었는데, 다양한 언어를
> 알게 되면서 더 글로벌한 직업 의식을
> 갖출 수 있게 된 거 같아요."

인화여자고등학교에서 학점제를 지도해 온 서형진 교사는 학점제 덕분에 학생들의 학습 동기가 향상된 것은 물론 만족도도 커졌다고 말합니다. 다만 교사로서 심도 있는 교과 수업을 준비해야 한다는 부담이 커지고, 수강 신청, 과목 설명회 등과 같은 부가적인 업무도 많아졌기 때문에 충분한 교원 수 확보에 더 많은 국가 지원이 필요할 것이라고 보았습니다.

학생이 원하는 과목이 신청자 수 부족으로 개설이 되지 않거나 해당 과목을 가르칠 교사가 없는 경우는 어떻게 해야 할까요? 학생들이 다른 학교에 가서 수업을 듣거나 온라인으로 공동 교육과정을 개설해 학교의 과목 개설 부담을 덜고 있습니다. 2024년 기준으로 전국에 총 4,723개 과정이 운영 중이라고 하는데요. 특히 일반 학교에서 개설하기 어려운 신산업 분야의 과목들은 2025년 9월까지 전국 17개 시도에서 모두 개교하는 온라인 학교를 통해 이수할 수 있도록 지원하고, 대학 등 지역사회 기관과 연계한 학교 밖 교육도 확대하는 등 다양한 지원 계획을 세우고 있습니다.

학교 공간을 고교학점제에 맞춰 개선하기 위한 노력도 활발히 이루어지고 있습니다. 과목 특성에 맞는 강의실을 만들거나 학생들이 공강 시간을 보내며 활동할 수 있도록 학생 전용 휴식 공간인 '홈베이스'를 조성하고, 도서관을 개조하거나 스터디카페를 만드는 등 학점제형 공간을 조성하는 학교도 있습니다.

왼쪽 마산내서여자고등학교 도서실 혜윰마루, 오른쪽 경덕여자고등학교
하랑아카데미 자기주도학습 카페.

평가와 입시는 어떻게?

　새로운 제도가 도입되는 변화의 현장에는 기대만큼의 우려도 있기 마련입니다. 수업 방식도 과목도 달라지는 만큼 평가는 어떻게 되는 것인지, 그에 따라 입시 전략은 어떻게 세워야 할지 학부모들은 궁금할 수밖에 없습니다. 교사들은 학습이 부진한 학생을 어떻게 지도해 학점을 이수시켜야 할지가 걱정입니다. 이 부분에는 어떤 변화가 있고 또 어떻게 대응해야 할까요.

　먼저 가장 큰 변화는 고교학점제에 맞춰 내신에 '성취평가제'가 도입된다는 것입니다. 성취평가제란 학생 간에 상대적 서열을 매기지 않고, 과목 성취도를 A·B·C·D·E까지 5단계로 절대평가 하는 방식입니다. 이와 함께 학교생활기록부에 기재되는 대부분 과목들의 내신 등급은 9등급이 아닌 5등급으로 바뀌게 됩니다. 결국 대부분의 과목에 성취평가 5단계(A-E)와 상대평가 5등급(1-5등급)이 2028 대학입시부터 제공되게 됩니다. 이 체제하에서는 학업성취율이 40% 미만이거나 과목 출석률이 수업 횟수의 2/3 미만인 경우 과목 이수 기준에 '미도달'하게 됩니다. 기준 미도달이라니, 고등학교도 졸업하지 못하게 되는 건 아닌지 벌써 마음 한구석이 불편한 학생도 있을 것 같네요.

2028 대입제도 개편안 – 5등급제의 등급별 분포비율					
등급	1등급	2등급	3등급	4등급	5등급
백분율	10%	24% (누적 34%)	32% (누적 66%)	24% (누적 90%)	10% (누적 100%)

*체육·예술·교양 교과(군), 과학탐구실험 과목은 성취도(절대평가)만 기재

다행히도 이런 미도달 학생들이 학점을 받아 졸업할 수 있도록 학교에서는 '최소 성취수준 보장지도'라는 과정을 제공합니다. 이 과정은 크게 '예방지도'와 '보충지도' 두 가지 유형으로 나뉘는데요, 예방지도는 학기 초에 기초학력 진단검사나 교과 및 담임교사의 추천을 통해 학업성취율 미도달이 우려되는 학생을 학교가 먼저 파악하고 이 중 희망하는 학생을 대상으로 학기 동안 학업성취를 관리해 주는 활동입니다.

여러 노력에도 불구하고 이수 기준에 미도달할 것으로 예상되는 학생은 해당 학기말과 방학에 보충지도까지 이수하면 최종적으로 과목의 성취 수준에 도달한 것으로 보아 학점을 취득할 수 있습니다. 학업성취율은 충족했지만 출석률을 충족하지 못한 학생에게는 '추가학습'을 통해 학점 취득 기회를 제공합니다. 보충지도와 추가학습은 1학점당 5시수(1시수: 50분)로 운영되며, 총 운영 시수의 2/3 이상에 참여하면 이수로 인정됩니다. 이때 담당교사는 대면지도뿐만 아니라 온라인 콘텐츠 제공, 보충과제 부여, 학습 멘토링 등 다양한 방법을 활용할 수 있습니다.

| 윤윤구 |
한양대 사대부고 교사

"고교학점제의 중요한 포커스 중 하나는 이전과 다르게 '책임 교육을 구현하겠다'는 것입니다. 실제로 학업 역량을 충족하여 졸업시킨다는 이야기를 하는 거니까 공교육의 책임성을 강화한다는 측면에서 매우 중요합니다. 또 학생들이 자기의 진로와 적성에 맞는 과목들을 선택해서 공부하기 때문에 이전에 흔히 말하는 '수포자', '난 공부 포기할 거야'라고 하는 학생들의 학업적인 열패감도 해소시킬 수 있을 것입니다."

달라진 과목 선택 방식을 대학은 어떻게 바라보고 있을까요? 송주빈 경희대 입학처장은 "고교학점제는 고등학교와 대학의 공부를 자연스럽게 연결하는 징검다리"라고 말합니다. "진로와 희망에 따라 원하는 과목을 선택해서 관련 분야를 탐구하고 온 학생들이 입학 후 전공 공부도 잘하고 사회 진출도 잘할 것으로 예상하기 때문"입니다. 또 9등급제가 5등급제로 변화하면서 전체적으로 학생들의 성취도가 상향 평준화되는 상황을 대학들도 충분히 인지하고 있기 때문에 변별을 위한 방안을 준비 중이라고 설명했습니다.

특히 고교학점제 전면 도입에 따른 첫 졸업자가 배출되는 2028학년도부터 각 대학들은 입학 사정을 할 때 학생들이 단편적으로 관련 과목을 이수했는지보다, 지원하려는 전공과 관련해 이수한 과목들을 학생들이 실제로 잘 이해하고 있는지 파악할 것이라고 합니다. 대학 교육을 수학할 역량이 충분한지를 확인하기 위해 대학들은 학생부의 '교과학습발달사항'을 더 많이 보게 될 것이므로, 입시를 고려할 때 학생들의 수강 과목 선택에 대해 다음처럼 조언을 건넸습니다.

"아무 과목이나 듣는 것보다 자신이 진로를 찾아가는 노력의 히스토리를 대학에 보여 줄 수 있다면 좋지 않을까 싶네요. 주도적인 자기 선택과목 학습과 전공 분야에 대한 깊이 있는 탐구 같은 것들도 좀 보여 주면 좋을 것 같습니다."

| 송주빈 |
경희대 입학처장

이주호 부총리는 「필통톡」에서 고교학점제와 내신 5등급제가 도입되면 극심한 학업 경쟁을 완화시킬 수 있으므로, 학생부 또한 학생들의 실제 역량을 과거보다 더 다채롭게 기록할 수 있을 것이라고 기대를 표했습니다. 교과목을 다양하게 선택할 수 있는 데에 더해 논·서술형 평가가 확대되며, 프로젝트 기반 학습도가 증가할 것으로 예상되고, 토론과 실험 등 능동적인 수업과 평가를 통해 학생들이 더 다양한 역량을 보여 줄 수 있기 때문입니다.

"대입에서 학생부를 어떻게 활용할지는 대학의 자율에 많이 맡기게 될 것입니다."

| 이주호 |
부총리

모두가 해야만 하는 공부가 아닌 나만의 공부

고교학점제 도입 논의를 시작하던 2018년, OECD에서는 'OECD 교육 2030 : 미래 교육과 역량(OECD Education 2030 : The Future of Education and Skills)' 이라는 어젠다가 논의 중이었습니다. 2030년 무렵 필요할 것으로 예상되는 미래의 핵심 역량이 무엇일지를 예측하고, 학생이 이 역량을 어떻게 배울 수 있도록 교육해야 할지를 제시하는 프로젝트입니다. OECD는 미래에는 학생 주도성(Student agency)과 변혁적 역량(Transformative competencies)이 중요해진다고 제시했습니다. 많은 국가가 이 프로젝트를 참고했고, 우리나라의 고교학점제도 학생들이 이 역량을 함양할 수 있도록 정책적으로 준비해 왔습니다.[4]

OECD 학습 나침반(Learning Compass) 2030)

ⓒOECD, 2019.

OECD가 위의 그림에서 나침반을 들고 있는 학생으로 표현한 '학생 주도성'은 스스로 자신의 미래에 대한 방향을 찾고 해결하는 힘

---

4 고교학점제 운영 안내서, 교육부/한국교육과정평가원, 2024.

을 기르는 것이 '학습'이라고 봅니다. 윤윤구 교사가 자기주도적인 학생들을 수없이 만나며 얻은 통찰에 '학생 주도성'에 대한 힌트가 있습니다.

| 윤윤구 |
한양대 사대부고 교사

"제가 학생들을 만나며 깨달은 점이 하나 있습니다. 자기주도적인 하는 학생들의 공통점은 자존감이 뛰어나게 높다는 것입니다. 부모가 존중해 주는 아이들은 반드시 자존감이 높고 자기주도성이 강합니다. 자녀의 이야기와 자녀의 꿈에 인정과 지지를 보내지 않으면 아이는 자기 선택과 결정에 대한 효능감을 가질 수 없고, 효능감이 없으면 '난 아무것도 할 수 없는 존재인데' 같은 생각을 하게 됩니다."

자녀가 공부할 과목을 직접 선택한다고 하면 제대로 할 수 있을까 부모로서는 걱정도 될 것입니다. 하지만 바로 이런 기회에 자녀들의 선택을 믿어 주고 지지해 준다면, 우리 아이들은 진정으로 존중받은 그 경험을 자기주도성으로 꽃피울 수 있을 겁니다. 그리고 인생의 고비마다 자기 손으로 세운 든든한 징검다리를 건너게 될 것입니다.

"2024년 11월 「필통톡」 14회차 공개 당시 교육부 2022 개정 교육과정지원팀에서 근무하며 고교학점제 정책을 담당했던 교육연구사 유진곤입니다. 「필통톡」을 통해 고교학점제의 변화와 방향을 조명하고, 현장의 다양한 목소리를 듣는 과정이 의미 깊었습니다. 교사·학생·학부모마다 기대와 우려가 공존하는 가운데, 고교학점제가 나아가야 할 방향에 대한 시사점을 얻을 수 있었습니다. 특히 학생 개개인의 성장과 선택을 존중하는 체제 구축이 필요하다는 점, 그리고 이를 뒷받침할 교육 환경과 지원이 필수라는 공감대를 확인할 수 있었습니다. 앞으로도 지속적인 논의를 통해 모두가 함께 만들어 가는 고교학점제가 되길 응원합니다!"

다음 QR 코드 링크를 통해 「이주호의 필통톡」 영상 및 관련 교육 정보를 만나실 수 있습니다.

● 필통톡 14-1
2025년 전면 도입 고교학점제!
이것이 궁금해요!

● 필통톡 14-2
2025년 전면 도입 고교학점제,
이렇게 변화합니다!

7. 공교육으로
대입 준비가 된다고?

"공교육만으로 입시에 성공했어요"

"중고등학교 6년 동안 거의 공교육을 통해 자기주도학습으로 공부했는데 선생님께 질문도 많이 드렸고, 또 저 스스로 해결하려는 노력을 많이 했던 것 같아요. 저는 과목별로 핵심 노트를 한 권씩 만들었는데요, 거기에 개념이나 팁 같은 걸 정리해 놓으면 나중에 다시 보기 편하고 어려운 질문 같은 것도 숙지하기 편했습니다. 가장 중요한 건 꾸준히 하는 거라고 생각합니다. 끝까지 열심히 하시고 꼭 목표 이루시기 바랍니다."

―이현우(서울대 역사학부)

가정 형편상 학원 같은 곳을 다니기는 어려워서 사교육을 받은 적은 없고요. 수학을 제일 못해서 수학 성적을 올리려고 가장 많은 노력을 기울였는데요, 평가원 기출문제를 대여섯 번씩 풀면서 풀이를 다 외웠습니다. 대응력을 높이기 위해서는 EBS 문제 추천 AI인 '단추'를 활용했어요. 지금 내가 하고 싶은 것, 나의 꿈과 비전에 대해서 고민해 보고 목표를 설정한 뒤에 공부하는 것을 추천드립니다. 남은 시간도 자신을 잃지 않고 승리하셨으면 좋겠습니다.

－송하민(건국대 교육공학과)

제가 다녔던 학교는 모두 시골에 있어서 학기 중에 학원을 갈 상황은 아니었어요. 그리고 무엇보다 스스로 계획을 세우고 달성하면서 성장하는 데에서 재미를 느꼈는데, 학원에 가면 자유롭게 공부할 수 없으니까 그건 저랑은 별로 안 맞는다고 생각했습니다. 학교 수업 시간에는 교과서에 선생님 말씀을 모두 다 받아 적었고 조금이라도 이해가 안 되는 부분이 있으면 수업이 끝난 후에 꼭 선생님께 질문을 했습니다. 내가 뭔가 잘했을 때나 하려고 했던 걸 이뤘을 때 "역시 난 천재야" 이런 식으로 자기 자신을 많이 '부둥부둥' 해 주시면, 멘털 관리에 많은 도움이 될 것 같습니다.

－오이든샘(서울교대 초등교육과)

EBS 강의를 듣고 나면 책을 덮고, 백지를 한 장 앞에 두고 저 자신이 윤혜정 선생님 혹은 최태성 선생님이 된 것처럼 스스로를 가르

쳐 보는 학습법을 활용했습니다. 공부는 스스로의 패턴을 습관화
하는 것이 핵심이라고 생각합니다. 자신만의 패턴을 생활화한다
면, 분명히 좋은 결과가 있을 거라고 장담합니다.

－김민혜(서울교대 초등교육과)

불안을 키우는 사교육 드라마

"저를 전적으로 믿으셔야 합니다."

이렇게까지 확신에 찬 말을 하는 사람은 누구일까요? 바로 사교
육 전문가, '입시 코디네이터'입니다. 우리나라의 뜨거운 교육열과
이를 부채질하는 사교육의 현실은 드라마나 영화와 같은 대중문화
콘텐츠에서도 종종 드러나곤 합니다. 그중 2018년 방영된 「SKY(스
카이) 캐슬」은 상류층 가정을 중심으로 벌어지는 사건들과 치열
한 대학입시 경쟁을 극단적으로 그려 낸 드라마로, 당시 시청률
23.8%를 기록할만큼 큰 반향을 일으켰습니다.

이 드라마의 핵심 등장인물인 김주영은 상류층만을 상대하는 '입
시 코디네이터'로, 1년에 단 두 명의 학생만 선택해 무조건 서울대
에 입학시킨다는 사교육 전문가입니다. 김주영은 학생의 상황에 맞
게 대학입시 전략을 설계하고 학생의 생활은 물론 학부모까지도 통

제하고 훈련시키며 전문가로서의 카리스마를 뽐냈고, "후회하지 않을 자신 있으시냐고 물었습니다, 어머니"와 같은 대사를 유행시키기도 했죠. 이 드라마가 시청자의 몰입을 끌어낼 수 있었던 비결은 고도로 전문화된 고액 사교육의 양상이 그저 드라마 속의 허구가 아니라 비틀린 교육 현실을 반영하고 있었기 때문인지도 모릅니다.

한국의 사교육 형태는 다채롭기 그지없고 시장 규모 또한 어마어마합니다. 개인 과외로 시작됐던 사교육은 종합 학원과 단과 학원부터 온라인 강의, 입시 컨설팅이나 코디네이터까지 다종다양한 서비스로 진화하며 번성해 왔습니다. 통계청의 조사에 따르면 2024년 한국의 사교육 시장 규모는 약 29.2조 원에 달하며, 초·중·고등학생의 80% 이상이 사교육을 받고 있었습니다.[1]

사교육이 이렇게 성행하게 된 가장 큰 원인은 역시 진학 경쟁일 것입니다. 진학에 대비한 사교육이라면 주로 중·고등학생을 대상으로 한 학원을 떠올리겠지만, 이제는 초등학생 때부터 상급학교를 염두에 두고 사교육 계획을 세우는 학부모들도 적지 않습니다. 2024년 자사고나 과학고·영재학교, 외고·국제고를 희망하는 초등학생의 사교육 참여율은 약 94% 수준으로 일반고 진학을 희망하는 초등학생의 참여율인 87%를 훨씬 웃돌았습니다. 또한 자사고 진학을 희망하는 초등학생의 월평균 사교육비는 66만 7,000원으로 일반

---

1 2024 초·중·고 사교육비 조사, 통계청, 2025.

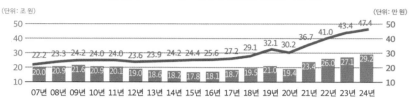

총 사교육비 시장 규모와 학생 1인당 월평균 사교육비(2007년~2024년)

■ 총액   ─●─ 전체 학생 1인당 월평균 사교육비

(단위: 조 원)

(단위: 만 원)

전체 학생 1인당 월평균 사교육비: 22.2, 23.3, 24.2, 24.0, 24.0, 23.6, 23.9, 24.2, 24.4, 25.6, 27.2, 29.1, 32.1, 30.2, 36.7, 41.0, 43.4, 47.4

총액: 20.0, 20.9, 21.6, 20.9, 20.1, 19.0, 18.6, 18.2, 17.8, 18.1, 18.7, 19.5, 21.0, 19.4, 23.4, 26.0, 27.1, 29.2

07년 08년 09년 10년 11년 12년 13년 14년 15년 16년 17년 18년 19년 20년 21년 22년 23년 24년

고를 희망하는 초등학생 월평균 사교육비 39만 5,000원의 약 1.7배의 금액을 지출하고 있었습니다.[2] 상위권 대학에 들어가는 것을 사회적 성공의 관문으로 인식하는 우리 사회에서 부모들은 자녀를 더 좋은 대학에 보내기 위해 가능한 한 더 일찍 사교육을 시키는 것으로 우위를 확보하려 합니다.

학원에서 수능 준비에 여념이 없는 학생들의 모습.

©뉴스1

---

2 통계청, 위의 조사, 2025.

미국 코넬대학교의 경제학자 로버트 프랭크(Robert Harris Frank)가 이야기한 개념으로 '위치재(positional goods)'라는 것이 있습니다. 위치재는 다른 사람이 소비한 것과의 상대적인 차이로 그 가치가 결정되는 재화나 서비스인데요, 많은 이들은 우리나라의 사교육 서비스를 전형적인 위치재로 정의하고는 합니다. 서울대학교 경제학과 이준구 명예교수는 이에 대해 "모두가 사교육을 받지 않는 상황에서 어떤 학생이 15등을 차지했다고 하자. 어느 날 그가 어떤 이름난 학원에서 과외 지도를 받기 시작하면서 석차가 7등으로 껑충 뛰었다고 한다. 이것을 보고 그 반의 모든 학생이 그 학원에 다니기 시작하면 그의 석차는 다시 15등 정도로 떨어지게 된다"라고 설명합니다.[3] 주변에서 사교육을 받을수록 '공교육만으로는 경쟁에서 뒤처질 수도 있겠다'는 불안감에 점점 더 많은 학생들이 동참하게 되지만, 내신 등수나 수능 표준점수를 올리는 것이 사교육의 목적이라면 그 목적이 진정으로 달성될지는 미지수인 셈이지요. 이런 식으로 대학입시에서 경쟁과 불안감이 결합하는 가운데 사교육 시장은 계속 확대되어 왔습니다.

3 이준구 외 1인, 미시경제학, 문우사, 2024.

킬러 문항과 대학입시의 공정성

'공교육만으로는 뒤처질 수 있다'는 불안심리가 해소되지 않는다면 사교육의 영향력에도 변화는 없을 것입니다. 이 불안심리가 생겨난 근원으로 거슬러 올라가 보면 여러 가지 이유가 있겠지만, 소위 '킬러 문항'도 한몫을 차지하고 있습니다. 킬러 문항이란 '공교육 과정에서 다루지 않는 내용으로 사교육에서 문제 풀이 기술을 익히고 반복 훈련한 학생들에게 유리한 문항'을 가리킵니다. 이럴 경우 학생들은 어려운 문제들을 반복적으로 훈련하기 위해 비싼 학원에 가야만 하는 상황이 발생합니다.[4] 가정 형편상 학원에 가기 어려운 학생은 수능이 '과연 공정한 경쟁인가'에서부터 의문을 제기할 수밖에 없습니다. 소위 킬러 문항이 출제되는 경향이 지속된다면 학생과 학부모의 심리를 이용해 경제적인 이득을 취하는 일부 대형 입시학원의 불안 마케팅도 계속되게 됩니다.

이에 2023년 6월 교육부는 「사교육 경감대책」을 발표하며 앞으로 수능의 변별력은 갖추되 공교육 과정에서 다루지 않는 내용은 출제를 배제하여 수험생의 불안을 최소화하겠다고 밝혔습니다.[5] 발표와 함께 교육부는 최근 3년간 수능과 평가원 모의고사 등에서 출제된 킬러 문항 사례를 공개했습니다. 킬러 문항은 단순히 어렵기

---

4 학원들 '킬러 문항 마케팅'…문제집 만들어 月 100만원씩 받아, 조선일보, 2023. 6. 20.
5 사교육 경감대책, 교육부, 2023.

때문에 문제가 되는 것이 아니라, 학교에서 배운 내용만으로는 해결이 어렵기 때문에 문제가 됩니다. 언어 영역에서 고등학생 수준에서 이해하기 어려운 전문용어를 사용한 문항이 국어 능력이 뛰어난 학생을 더 잘 변별한다고 말할 수는 없습니다. 수능의 목적은 학교 교육을 통해 갖춰야 할 역량과 성취 수준을 확인하는 데 있고요. 2024학년도 수능 9월 모의평가 이후로는 소위 킬러 문항이 배제되어 대형 입시학원 도움 없이도 수능 준비가 가능할 것입니다.

실제로 2025학년도 수능이 끝난 후, 킬러 문항은 없었지만 적정 난이도의 문항이 출제되어 변별력을 확보하였다는 주요 언론의 평가도 있었습니다.[6]

"정말 듣도 보도 못한 문제에서 만드는 것이 아니라, 우리가 배운 교육과정 범위 안에서 질적으로 타당도 있는 문항을 출제하는 방향으로 가야 한다고 생각합니다."

| 최서희 |
중동고 교사

공정하면서도 변별력 있는 출제가 이루어지기 위해서는 정책적인 지원이 뒷받침되어야 합니다. 서울 중동고등학교 교사이자 EBS 국어 강사인 최서희 교사는 학교 현장에서 교사들이 서로 시험범위

---

6 "홀가분해요" 2025 수능 끝…"킬러문항 없어", KBS, 2024. 11. 14.

를 정하고 범위에 맞게 문항을 만들면서 매우 긴 시간을 투자해 협의를 거친다는 점을 강조합니다. 수능 출제 과정에서도 더욱 많은 검토와 협의가 있다면 공교육 범위 내에서도 충분히 학생들의 실력을 정확하게 평가하는 문제를 낼 수 있을 것이라는 뜻입니다. 교육부와 한국교육과정평가원 역시 같은 인식에서 출발해, 2024학년도 수능 9월 모의평가부터 교육과정 이해도가 높은 현장 교사 등으로 구성된 출제점검위원회와 평가자문위원회를 운영해 왔습니다.

출제점검위원회는 수능 출제 단계에서부터 각 문항을 점검하여 킬러 문항과 '사교육 유사 문항'의 출제를 방지하는 역할을 하고 있으며, 평가자문위원회는 시험 전후에 문항 출제 방향과 개선 방안에 대한 자문 역할을 수행하고 있습니다.

이러한 노력의 결과 2024학년도 수능부터는 킬러 문항이 사라졌다는 평가를 받고 있습니다.[7] 공정한 수능에 대한 대중의 인식과 신뢰가 확대되면서 학생과 학부모들의 과도한 사교육 의존도 역시 점차 완화될 것으로 기대됩니다.

---

7 킬러 문항 없이도 변별력 잡았다, 서울신문, 2023. 9. 7.

직접 알아볼수록 사라지는 대입 불안감

  학부모나 학생들 사이에서는 대학이나 공부에 대한 '정보'를 구할
수 없어 사교육 서비스를 찾는다는 의견도 많습니다. 이에 대해 서
울 대진고 교사이자 한국대학교육협의회[8](이하 대교협) 대입상담센
터에 파견되어 상담업무를 담당했던 안성환 선생님은 "'수험생들은
정보가 없다'는 얘기를 흔히 하지만, 그 행간을 읽어 보면 정보 자체
가 부족한 게 아니라 '내가 듣고 싶은 정보가 없다'라는 의미인 경우
가 많다"고 말합니다. 제공되는 정보는 많지만, 어떻게 각자에게 적
합한 부분을 찾아내 활용해야 할지 잘 모르기 때문에 많은 입시생
들이 사교육 업체에서 솔깃해 보이도록 가공한 정보에 의존하는 경
향이 생긴다는 것입니다.

  그러나 교육부와 대교협이 제공하는 플랫폼을 통해 신뢰할 수 있
는 대입 정보를 누구나 생각보다 아주 쉽게 무료로 이용할 수 있습
니다. 바로 대입정보포털(https://www.adiga.kr/) 사이트입니다. '대
학 어디가'라고도 불리는 이 포털은 대교협에서 운영하는 공식적인
대학입시 정보 제공 사이트인데요. 대학별로 어떤 전형과 모집단위
를 운영하고 있는지, 모집단위별 경쟁률이 어떠하고 최종 등록자들
의 대략적인 성적이 어떠한지 등의 정보를 수험생과 학부모에게 제

---

8 한국대학교육협의회는 전국 4년제 대학들이 회원으로 참여하는 협의체로서, 대학 간
  협력을 통해 입시제도 운영 및 대학 입학 정보 제공 등 다양한 활동을 수행하고 있음.

공함으로써 합리적이고 효율적으로 대학 진학을 준비할 수 있도록 돕기 위해 만들어졌습니다.

대입정보포털 '대학 어디가'의 OO대학 간호학과 대입 정보

'대학 어디가'에서는 가고 싶은 대학의 수시, 정시의 입시 결과와 전형 유형별 학생 분포도, 모집 인원 등 다양한 대입 정보를 확인할 수 있습니다.

구체적으로 대입정보포털의 각 대학별 페이지에 접속하면, 수시 와 정시 등 전형별 모집인원, 전년도 경쟁률, 내신 및 수능의 환산점

수(또는 등급) 컷과 같은 구체적인 입시 결과가 제공됩니다. 또한 대학들의 전형별 요구사항을 확인할 수 있는데, 이는 각 대학들이 직접 제공한 것으로 가장 정확하고 신뢰할 수 있는 정보입니다. 뿐만 아니라 회원 가입 후 '대입 상담' 탭을 열고 자신의 상담 요청 내용, 내신 성적과 수능 점수, 관심 대학 등을 입력하면, 풍부한 경력을 보유한 500명의 대입 상담 교사단으로부터 진학 상담을 받을 수 있습니다.

아울러 온라인 답변으로 부족한 경우, 포털 메인화면 하단에 안내하고 있는 '대입상담전화(1600-1615)'를 통해 양질의 전화 상담 서비스도 받을 수 있습니다. 앞으로도 교육부와 한국대학교육협의회는 공공 영역에서의 입시 정보 제공 확대를 위해 지속적으로 노력해 나갈 예정이라고 합니다. 최서희 교사는 각 학교에서 자체적으로 개설하는 학부모 교실에서도 실제로 유용한 정보를 제공하고

서울특별시교육청에서 주최한 '2024 대입 정시모집 대비 설명회'.

있으니 활용해 볼 수 있다고 소개했습니다. 이처럼 정확한 입시 정보를 무료로 이용할 수 있는데, 막연히 '돈을 내면 더 좋은 정보가 있을 것이다'라는 생각은 이제 바꿔야 할 때가 아닐까요.

"사교육에 자기 재화를 지불했기 때문에 더 신뢰해 버리는 오류에 빠질 수 있고, 이것이 결국 사교육 마케팅의 출발선이 됩니다. 공교육에서의 기본적인 프로그램이나 교육부가 지원하는 다양한 사이트들을 이용해 보며 스스로 정보를 활용하는 체력을 기를 필요가 있습니다."

| 안성환 |
대진고 교사

그렇습니다. '(내가 듣고 싶은) 정보가 없다'며 사교육에 의존하기보다는, 실제로 입학하고자 하는 대학교가 제공하는 정확한 정보, 수능을 출제하는 기관의 공신력을 믿고 스스로 정보를 활용하는 방법을 터득할 필요가 있습니다. 그럴 때에 비로소 학원의 불안 마케팅에서 자유로워질 수 있고, 학생들은 대입 성공으로 이어지는 진정한 역량을 기르는 데 집중할 수 있을 것입니다.

스스로 대입 공부, EBS 200% 활용하기

대학별 입시와 관련해서는 '정보가 없다'는 막연한 느낌을 받는 반면, 고등학교의 내신과 수능 준비에 대해서는 '정보가 많아도 너무 많다' 싶어 혼란스러울 정도죠. 넘치는 정보 속에서 최서희 교사는 고교 공부를 잘하기 위해 누구나 다 알고 있으면서 바로 시작할 수 있는 실용적인 방안 하나를 제시합니다.

바로 EBS 인터넷 강의를 적극 활용하는 것입니다. EBS의 무엇보다 큰 장점은 고품질 강의를 비용 부담 없이 들을 수 있다는 점입니다. EBS 강의는 매년 학년별로 연간 교육과정에 맞춰 커리큘럼이 구성되고 그 시기에 꼭 배워야 할 내용이 제작되니, 당장 무엇을 공부해야 할지 막연한 학생이라면 큰 도움을 받을 수 있습니다. 강의는 기초, 기본, 심화 및 발전 단계로 나뉘어 있어 본인의 수준에 맞춰 선택할 수 있습니다. 예를 들어 개념이 부족하면 기초 강의를, 어느 정도 이해하고 있다면 기본 강의를, 심화된 학습이 필요하면 발전 강의를 들으면 효과적으로 실력을 쌓을 수 있습니다.

여기에 더해 EBS 사이트의 기능을 활용하면 보다 체계적으로 공부할 수 있습니다. 수강 후기 게시판을 적극적으로 활용하면 학습 효과를 높일 수 있는데요, 이 공간에서는 학생들이 강의에서 나온 문제를 풀어 인증하거나 궁금한 점을 질문할 수 있습니다.

EBS 강사들이 직접 질문에 답변을 해 주기 때문에 실제로 친밀감을 가지고 선생님과 함께 공부하는 느낌을 갖게 됩니다. 최서희 교사는 사이트의 여러 기능을 알차게 활용한 어느 '랜선 학생'의 사례를 「필통톡」에서 소개했습니다. 고1-고2 때 성적이 만년 6등급이었다던 이 학생은 최서희 교사의 강의가 끝날 때마다 후기 게시판에 학습 내용을 정리하고 궁금한 점을 질문하며 소통했고, 그 덕분에 3학년 때에는 3등급까지 성적을 올렸다고 하네요. 수능과의 연계율이 약 50%에 이르는 EBS의 강의이니 열심히만 따라가면 당연히 실력이 늘 수밖에 없겠지요.

EBS 사이트는 AI 기능도 도입하고 있습니다. 혹시 'EBS 단추 플러스 시스템'[9]을 들어 보셨나요? '단추'는 '단계별 추천 학습'의 준말인데, 딥러닝 알고리즘을 활용하여 학생 개인별로 맞춤형 서비스를 제공해 줍니다. 수학과 국어, 영어 과목에서 학습 수준을 분석해 학생에게 알맞은 강의를 추천해 주기도 하고, 약한 부분을 집중적으로 연습할 수 있도록 예상 문제를 만들어 주기도 합니다. 특히 2025년 3월부터는 학습 상황을 AI가 면밀히 분석해 주는 대시보드를 제공해, 학생이 직접 설정한 학습 목표를 어떻게 달성하고 있는지 성취도와 자신의 취약점 등 진단 결과를 한눈에 파악할 수 있도록 했다고 하네요. 앞으로는 화상 튜터링 서비스도 강화할 예정이라고 하니, 수험생과 학부모님들은 눈여겨봐야겠습니다.

중학생의 경우에도 기존에는 유료로 제공되던 EBS 중학프리미엄[10] 강의를 교육부가 지원하여 기초, 수행평가 대비, 서술형 특강 등 1,300여 개 강좌를 2023년 7월부터 무료로 들을 수 있게 되었습니

---

9 EBS AI 단추 플러스, https://ai-plus.ebs.co.kr

10 EBS 중학프리미엄, https://mid.ebs.co.kr

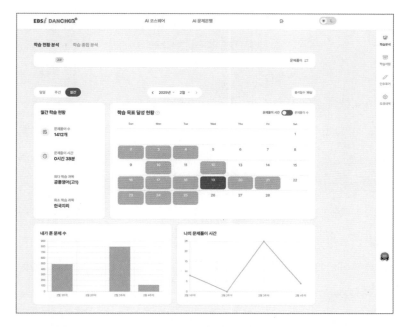

EBS AI 단추 플러스로는 딥러닝 알고리즘을 활용하여 학생 개인별 코스웨어와 같은
맞춤형 서비스를 받을 수 있습니다.

다. 과목별로 체계적으로 구성되어 있고, 학생 본인의 학습 수준에
맞게 접근할 수 있어 맞춤형 학습의 효과를 극대화할 수 있습니다.
EBS를 이용해 중학생 때부터 자기주도학습 습관을 형성할 수 있는
기회를 만들고, 이를 고등학교 과정까지 자연스럽게 이어 나가기를
기대해 볼 수 있겠네요.

이제는 '가성비'를 내려놓고
자기주도학습으로

EBS 강의로 공부하는 방식을 사교육의 대안으로 추천하는 것은, 결국 이 과정이 '스스로 공부하는 법'을 깨우치게 해 주기 때문입니다. 스스로 공부하는 법, 즉 자기주도학습의 방식을 터득한다면 학생은 그 어떤 고액 사교육보다도 강한 자기만의 무기를 장착하게 됩니다. 학생들은 스스로 학습 목표를 세우고 이를 구체적으로 실천하는 과정에서 깊은 자기 효능감을 얻을 수 있고, 이는 단순히 학습뿐만 아니라 긍정적인 인성과 자아를 형성하는 데에 영향을 미쳐 학교에서뿐만 아니라 사회에서도 계속 자신의 길을 찾아가는 데에 효과를 발휘할 것입니다.

학생들은 자신이 어떤 사람인지, 어떤 과목이나 분야에 흥미를 느끼며 어떤 학습 환경에서 가장 능률적인지 충분히 탐색하고 고민해 볼 메타인지적 시간이 필요합니다. 그러나 현실적으로 학생들은 가정의 은근한 압력이나 사회적 기대 아래 입시 목표를 정하면서, 자신을 깊이 성찰해 볼 기회를 놓치곤 합니다. 최서희 교사는 이와 관련해 부모들에게 "교육에서만큼은 '가성비'를 내려놓으시라"고 하며, 학생이 자기를 사랑하고 돌아볼 기회를 부모님들이 만들고 지지해 주기 바랐습니다.

"어릴 때 자전거 타기 연습시키던 걸 떠올리시면 쉬울 것 같습니다. 처음에는 네발자전거, 필요하다 싶을 때 세발자전거를 사 주는 거죠. 밀어 주는 척하다가 '될 것 같은데' 싶으면 손을 살짝 놨다가, 또 아이가 넘어지는 것도 경험하게 하고, 넘어졌을 때 손을 살짝 내밀고… 이런 '밀당'이 중요한데 어렵잖아요. 그런데 그걸 부모님이 해 주셔야 됩니다."

| 최서희 |
중동고 교사

안성환 교사 역시 부모들이 자녀에게 피드백을 할 때 인내심을 갖는 연습이 필요하다고 짚으며, 학생 스스로가 이제까지 해 온 학습이나 해결한 문제를 반추할 기회를 갖도록 해 주는 것이 중요하다고 강조합니다. 또 학생이 자기 효능감을 키우기 위해서는 성적표를 볼 때 자신이 어떤 난이도와 영역에서 강점과 약점이 있는지 살펴보고, 이를 개선하기 위해 AI 기반 문제 만들기 등의 디지털 도구를 활용하여 방식을 써 보라고도 제안합니다.

자녀가 자기 효능감을 바탕으로 스스로 공부할 수 있다면 학부모도 불안에 떨며 「SKY 캐슬」의 '입시 코디네이터' 같은 사교육을 찾을 필요는 없어지겠죠. 오히려 학생 스스로가 누구보다 믿을 만한 '셀프 입시 코디네이터'가 되어 대입에서 원하는 결과를 얻어 낼 것입니다.

"2023년 7월 「필통톡」 3회차 공개 당시, 교육부 사교육대책팀에서 근무하며 사교육 부담 경감 정책을 담당했던 사무관 우성헌입니다. 교육정책 담당자로서 늘 느껴 온 것은 정책이 아무리 좋은 의도로 만들어져도 국민의 삶에 닿지 못하면 그 의미를 잃는다는 점이었습니다. 사교육 부담 경감을 위해 대책을 수립하고 「필통톡」을 기획하면서, 학생과 학부모님의 현실적인 고민과 목소리를 들었던 경험은 정책을 더욱 깊이 고민하게 만드는 계기가 되었습니다. 앞으로도 이런 소통이 계속되기를 기대합니다."

다음 QR 코드 링크를 통해 「이주호의 필통톡」 영상 및 관련 교육 정보를 만나실 수 있습니다.

● 필통톡 3-1
공교육만으로도 대입 준비
가능하다고요?!

● 필통톡 3-2
사교육 없이 대입 준비하는 법
알려드립니다

● 대입정보포털
'대학 어디가'

● 개인별 맞춤형 서비스를
제공하는 'EBS AI 단추 플러스'

● 맞춤형 학습 효과를 극대화
할 수 있는 'EBS 중학프리미엄'

8. 2028학년도 대입, 이렇게 바뀝니다

한국인 일생일대의 시험, 더 공정하게

한국에서는 1년에 한 번, 약 30분간 전국에서 비행기의 이착륙이 금지됩니다. 바로 대학수학능력시험의 영어 듣기 평가 시간입니다. 소음 때문에 수험생들이 방송되는 내용을 놓치기라도 하면 큰일이기 때문입니다. 하늘을 오가던 비행기들만 숨을 죽이고 시험 시간이 지나가기를 기다리는 것은 아닙니다. 이른 아침에 수험생, 학부모, 감독관들이 시험장으로 빠르게 이동할 수 있도록 관공서와 기업체가 출근 시간을 오전 10시 이후로 늦추고, 은행까지도 오전 9시부터 오후 4시였던 업무 시간을 오전 10시부터 오후 5시로 변경합니다. 한편 시험이 끝나면 수고한 학생들을 위해 도처에서 다양한 이벤트가 기다리고 있습니다. 이날만큼은 사회 전체가 수험생들이 시험을 무사히 치를 수 있도록 배려하고 좋은 성적을 거두도록 응원합니다. 대부분의 한국인들에게 수능은 본인이든 자녀에게든 통과의례와도 같은 '일생일대의 시험'으로 여겨지니까요. 이렇듯 수능날 하루의 풍경만 보아도 우리나라에서 대학 입시가 가진 무게감을 충분히 알 수 있습니다.

대입 제도는 수월성과 형평성이라는 두 가치를 기반으로 해서 학력을 종합적으로 판단한다는 상징성을 지니고 있습니다. 또한 대입은 교육과정이나 학사 구조에 변화를 불러올 수 있기에 이제껏 우

2025학년도 대학수학능력시험일, 학생들이 시험장으로 들어가고 있습니다.
일생일대의 시험에 임하는 수험생들의 어깨가 무겁습니다.

ⓒ연합뉴스

리나라 교육 정책의 핵심으로 여겨져 왔습니다. 뿐만 아니라 사교육비나 부동산 가격에까지 영향을 미치는 경제적 파급력이 있어서, 학생과 학부모는 물론 전문가들이 가장 주목하는 우리 사회의 대형 이슈라 할 수 있습니다. 그럼에도 불구하고 "우리나라 국민 대부분이 대학 입시제도에 만족하고 있는가?"라고 묻는다면 선뜻 그렇다고 대답하기는 쉽지 않을 것입니다. 지난 수십 년간 대학의 선발 기준은 대체로 '성적' 하나로 획일적이었고, 그렇기에 경쟁은 이루 말할 수 없이 치열했습니다. 많은 학생과 학부모들의 불안한 마음은 학원이라는 사교육으로 향했습니다. 학생 1인당 월평균 사교육비는 2007년 국가 차원의 조사가 시작된 이래, 2010-2012년을 제외하면

학교급별 학생 1인당 월평균 사교육비

(단위: 만 원)

출처: 국가통계포털

계속해서 늘어 가고 있습니다.[1]

　치열한 경쟁에서 학생들을 빠르게 평가하기 위한 객관식 중심의 시험 제도는 도식화된 지식을 일방향으로 전달하는 강의식 교수법을 고착시켰습니다. 그저 단편적인 지식을 암기하고 문제 풀이를 반복하는 학습이 광범위하게 확산되면서, 깊이 있게 성찰하고 협력 능력을 키울 기회는 차단되고 말았습니다.[2]

　이에 창의성과 잠재력 같은 중요한 역량들은 제대로 평가받기 어려웠지요. 여기에 더해 학력이 높을수록 상승하는 임금과 우리 사회의 오래된 문제들은 대입 경쟁을 격화시키는 원인이 되어 왔습니다.

우리나라의 교육 단계별 상대적 임금(2022년)

(단위: %)

고등학교	전문대학	대학	대학원
100	109.2	132.5	176.0

*고등학교 졸업자 평균 임금을 100으로 하여 환산(만 25-64세 성인 인구)

출처: Education at a Glance, OECD, 2024.

---

1 학교급별 학생 1인당 월평균 사교육비, 국가통계포털, 2024.

2 미래지향적 대입제도 개선 방안 연구, 한국교육개발원, 2017.

그럼에도 대입 제도가 우리나라 교육정책의 근간이 되어 온 것만은 분명한 사실입니다. 더 많은 사람들이 납득하고 지지할 수 있도록 바로잡을 수 있다면, 대입을 둘러싼 수많은 논쟁을 조금은 미래지향적으로 바꿀 수 있을 것입니다. 이 변화는 더 창의적인 인재를 필요로 하게 된 시대의 흐름에 발맞추는 것이기도 합니다. 어쩌면 앞으로의 인생에 중요한 변화를 가져올 수 있는 시험인 만큼 응시하는 학생들이 더 공정하고 타당하게 본인의 역량을 평가받을 수 있어야 한다는 점도 중요합니다. 이를 위해 정부는 2028 대입 개편을 시작했습니다. 이제 대입은 획일적인 '한 줄 세우기'의 입시에서 역량을 중심으로 한 '여러 줄 만들기'의 입시로 본격적으로 바뀌고 있습니다.

"대학 입시는 이상과 현실이 잘 조화되어야 합니다. 지금은 21세기에 필요한 역량을 키울 수 있는 대입을 설계해야 할 때입니다."

| 이주호 |
부총리

대입에 부는 세 가지 변화의 바람

2025년 고교학점제의 전면 도입에 맞춰 교육계는 2022년부터 '융합적 미래인재 양성'을 목표로 수십 차례에 걸쳐 각계각층의 의견을 꼼꼼히 경청했고, 2023년 12월 '2028 대입 개편안'을 확정했습니다.[3] 가장 중점을 둔 부분은 평가의 기본 가치인 '공정성'입니다. 한국교육개발원(2022)이 실시한 표집조사에 따르면[4] 국민들은 향후 지속적으로 강조되어야 할 고등교육 정책 1순위로 '대입제도 공정성 강화'(25.0%)를 꼽았습니다.

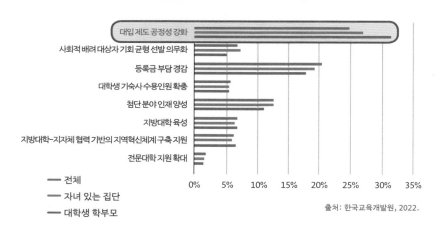

출처: 한국교육개발원, 2022.

따라서 개편안의 주된 내용은 대입의 핵심인 수능시험과 고교 내신이라는 두 축이 공정성을 갖출 수 있도록 설계하는 것으로 했습니다. 미래 역량을 키워 주고, 잠들어 있는 교실을 깨우는 변화를 추

---

3 미래 사회를 대비하는 2028 대학입시제도 개편 확정안, 교육부, 2023.

4 한국교육개발원 교육여론조사, 2022.

구하면서도 우리나라의 과중한 입시 현실을 감안하여 현장을 급격하게 변화시키기보다는 학생과 학부모의 예측 가능성을 담보하고자 했다는데요. 확정된 개편안에 따르면 2028학년도 대학 입시부터는 크게 세 가지가 달라지게 됩니다. 그럼 구체적으로 어떤 변화들이 있는지 살펴볼까요?

2028 대학입시제도 개편 확정안 의견수렴 경과		
내용	시기	비고
고교학점제 점검 TF 운영	22.7.-22.11.	총5회
대입정책자문회의 운영	22.8.-23.10	총5회
고교학점제 정책 포럼 및 토론회	22.8.-22.10.	총3회
성취평가제 운영 내실화를 위한 현장의견 수렴	23.2-23.6.	총3회
대입제도 개편 시안 개발 정책연구	22.10.-23.7.	
대입 개편 전문가 포럼	22.10.-23.2.	총4회
대입정책에 관한 의견조사	22.11.-23.2.	총8,808명
내신 공통과목 점수체제 정책연구	23.4.-23.5.	
학부모 대상 FGI 및 사전 설문조사	23.9.-23.10.	
2028 대학입시제도 개편 시안 발표	23.10.10.	
찾아가는 학부모 설명회	23.10.-23.11.	총5회
시안에 대한 학부모 대상 설문조사	23.10.	총1,294명
2028 대학입시제도 개편 시안 공청회	23.11.20	
국가교육위원회 '대학입시제도 개편 특위' 논의	23.10.-23.12.	총5회
국가교육위원회 온라인 토론회 및 종합토론회	23.11.-23.12.	총4회
국가교육위원회 시안 심의	23.10.-23.12.	총7회
국가교육위원회 시안 의결	23.12.22.	

출처: 교육부

다양한 분야의 폭넓은 학습, 융합을 추구하는 수능

혹시 뉴스에서 '문과 침공'이라는 말을 들어 보셨나요. 원점수가 동일함에도, 표준점수 체계를 바탕으로 높은 점수를 받은 이과생이 인문계열에 교차 지원하는 현상을 빗댄 말입니다. 표준점수 체계를 이용한 '문과 침공' 현상이 증가하면서 과목 선택에 대한 수험생과 학부모님들의 걱정이 커졌습니다. 이 틈을 노린 사교육 업체의 불안 마케팅도 기승을 부리고 있습니다.

'문과 침공' 같은 현상이 일어나는 원인들 중 국어, 수학, 탐구영역의 '선택과목'이 차지하는 비중은 상당히 큽니다. 본디 취지는 학생마다 적성에 맞는 과목을 선택해 시험을 치르도록 하는 것이었지만 문항의 난이도, 응시 학생의 규모와 성적에 따라 선택과목의 표준점수가 달라져 유불리가 발생할 수 있었던 것입니다. 이에 대해 개선을 요구하는 목소리가 꾸준히 이어져 왔기에, 2028 대입 개편안에서는 수능 과목 체계를 통합형·융합형으로 바꾸어 선택과목에 따른 유불리를 해소하고자 했습니다. 모든 학생들을 같은 기준으로 공정하게 평가하겠다는 것이 바로 이번 대입 개편에서의 가장 큰 첫 번째 변화입니다.

교육부가 발표한 개편안에 따르면 모든 학생이 동일한 기준과 내용으로 시험을 치릅니다. 특히 2022 개정 교육과정 과목인 '통합사

2028학년도 수능 개편 확정안(요약)

영역		현행(~2027 수능)	개편안(2028 수능~)
국어		공통 + 2과목 중 택 1 • 공통: 독서, 문학 • 선택: 화법과 작문, 언어와 매체	공통 (화법과 언어, 독서와 작문, 문학)
수학		공통 + 3과목 중 택 1 • 공통: 수학 Ⅰ, 수학 Ⅱ • 선택: 확률과 통계, 미적분, 기하	공통 (대수, 미적분 Ⅰ, 확률과 통계)
영어		공통 (영어 Ⅰ, 영어 Ⅱ)	공통 (영어 Ⅰ, 영어 Ⅱ)
한국사		공통 (한국사)	공통 (한국사)
탐구	사회·과학	17과목 중 최대 택 2 • 사회: 9과목 한국지리, 세계지리, 세계사, 동아시아사, 경제, 정치와 법, 사회·문화, 생활과 윤리, 윤리와 사상 • 과학: 8과목 물리학 Ⅰ, 화학 Ⅰ, 생명과학 Ⅰ, 지구과학 Ⅰ, 물리학 Ⅱ, 화학 Ⅱ, 생명과학 Ⅱ, 지구과학 Ⅱ	• 사회: 공통 (통합사회) • 과학: 공통 (통합과학)
	직업	1과목: 5과목 중 택 1 2과목: 공통 + [1과목] • 공통: 성공적인 직업생활 • 선택: 농업 기초 기술, 공업 일반, 상업 경제, 수산·해운 산업 기초, 인간 발달	• 직업: 공통 (성공적인 직업생활)
제2외국어/ 한문		9과목 중 택1 • 제2외국어/한문 독일어 Ⅰ, 프랑스어 Ⅰ, 스페인어 Ⅰ, 중국어 Ⅰ, 일본어 Ⅰ, 러시아어 Ⅰ, 아랍어 Ⅰ, 베트남어 Ⅰ, 한문 Ⅰ	9과목 중 택1 • 제2외국어/한문 독일어, 프랑스어, 스페인어, 중국어, 일본어, 러시아어, 아랍어, 베트남어, 한문

*음영 표기는 '절대평가' 적용 영역

출처: 교육부

회'와 '통합과학' 두 과목을 모든 응시자가 동일하게 응시하게 됩니다.[5] 2024년 9월에는 새롭게 출제될 통합사회, 통합과학의 예시 문항도 공개하는 등 후속 작업도 착실히 진행되고 있습니다. 교육 전문가들은 이번 제도 개편이 그간 지적되어 온 선택과목 간의 불평등을 해소함과 동시에 수능을 치지 않는 과목들에 대해서 학생들이 학교 수업에 집중하지 않았던 문제를 어느 정도 해결할 수 있을 것이라고 전망합니다. 학생들이 문·이과 구분 없이 사회·과학 분야의 기초 소양을 쌓을 수 있게 된 것이지요. 이화여대 교육학과 정제영 교수는 대입 개편을 통해 진정한 의미의 융합적 인재를 키울 수 있을 것이라고 기대했습니다.

"과거에는 '한 우물을 파자'라는 이야기를 했지만 이제는 '한 우물 위에 다양한 기반이 있어야 된다'고 말합니다. T자형 인재라고도 하죠. 여러 분야의 소양을 갖추고 이걸 융합해서 창의적으로 문제를 해결할 수 있어야 하는 세상이 되었기 때문입니다."

| 정제영 |
교육학과 교수

한양대 사대부고 윤윤구 교사도 기존 수능에서 특정 과목의 문제들이 지나치게 세분화되고 심화되어 있던 점을 지적했습니다. 이른

---

5 미래 사회를 대비하는 2028 대학입시제도 개편 확정안, 교육부, 2023.

바 '킬러 문항'으로, 전문가들 사이에서도 정답이 갈리는 문제를 풀기 위해 학생들은 시간을 허비하곤 했습니다. 윤윤구 교사는 수능 과목 개편으로 이런 문제를 해결하는 동시에, 지식을 문과/이과라는 임의의 개념으로 나누어 생각하는 사회적 경향을 해소할 수 있을 거라 내다보았습니다.

"통합교육으로 학생들이 서로를 이해할 수 있는 사회적 분위기를 만들어 주는 게 중요하다고 생각합니다."

| 윤윤구 |
한양대 사대부고 교사

경쟁의 부담을 덜고
적성을 탐색하는 내신 5등급제

대입에서의 두 번째 변화는 고등학교 수업에서 극심한 경쟁을 야기한 내신 9등급제를 5등급제로 개편하는 것입니다. 고교학점제와 함께 '성취평가제'가 도입되면서 보통교과[6] 과목의 평가 결과는 절대평가(A-E)와 상대평가 등급(1-5등급)을 함께 기재합니다. 다만,

---

6 '보통교과'란 이 책 '6. 학생의 가능성을 극대화하는 고교학점제' 121-122쪽에 있는 「2022 개정 교육과정 고등학교 보통교과(교육부 고시)」에 포함된 공통과목/일반 선택 과목/진로 선택과목/융합 선택과목 일체를 뜻함.

보통교과 중에서도 사회·과학 융합선택 교과(9개 과목)는 상대평가 석차 등급을 기재하지 않으며, 체육 · 예술/과학탐구실험 과목은 절대평가 성취도만 기재합니다. 교양 과목은 Pass/Fail로 이수 여부를 가릅니다.

내신 등급을 9개까지 나누는 것은 우리나라만의 독특한 관례입니다. 세계 주요 선진국에서는 거의 4, 5, 6등급으로 내신 성적을 나누며 평가 방식도 상대평가보다는 절대평가가 지배적입니다. 미국, 일본, 프랑스, 호주, 홍콩도 A부터 E까지 5등급 체계로 운영하고 있습니다. 영국은 A+부터 E까지 6등급, 독일은 A부터 F까지 6등급입니다. 모두 절대평가 방식을 채택하고 있고요.

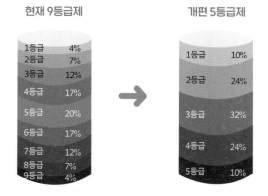

고교 내신 5등급제 구별 기준(2025년부터 도입)

현재 9등급제		개편 5등급제	
1등급	4%	1등급	10%
2등급	7%		
3등급	12%	2등급	24%
4등급	17%		
5등급	20%	3등급	32%
6등급	17%		
7등급	12%	4등급	24%
8등급	7%		
9등급	4%	5등급	10%

출처: 교육부

급간이 세밀했던 9등급을 5등급으로 바꾸게 되면 등급의 수가 줄어들기 때문에 같은 등급을 받는 학생들의 비율이 커지게 됩니다. 성취 수준이 높은 학생들이 많은 학교라면 성취평가제 아래에서 소모적인 경쟁을 해야 할 필요도 많이 줄어들겠지요. 결국 내신 경쟁이 완화되어 학생들은 다양한 과목을 고교학점제 취지에 맞게 고민 없이 선택할 수 있습니다.

구분	절대평가		상대평가	통계정보			
	원점수	성취도	석차 등급	성취도별	과목 평균	수강자 수	표준편차
보통교과	O	A·B·C·D·E	5등급	O	O	O	−
사회·과학 융합 선택	O	A·B·C·D·E	−	O	O	O	−
체육·예술/ 과학탐구실험	−	A·B·C	−	−	−	−	−
교양	−	P	−	−	−	−	−
전문교과	O	A·B·C·D·E	5등급	O	O	O	−

2022 개정 교육과정(2025학년도 이후 입학생)

출처: 교육부

절대평가와 상대평가 점수를 병기함으로써 대학이 학생 변별에 활용할 수 있는 정보를 다양화하는 효과도 얻을 수 있습니다. 모든 과목을 절대 등급으로만 표기했을 때보다 '이 과목에서 얼마나 많은 학생들이 A를 받았는지' 그 분포를 대학이 함께 확인할 수 있게 하면 입시에서의 혼란을 방지할 수 있습니다. 각 대학은 '정말 이 학생이 해당 과목의 성취 목표를 우수하게 달성했는지' 다각도로 살펴보고 판단할 수 있는 자율성을 갖게 됩니다.

상대평가	절대평가

한 집단 내의 다른 구성원들과 비교한 상대적 위치로써 개인의 학력을 평가하는 일	학습자의 학업성취도를 절대적인 기준에 따라 평가하는 일

절대평가에 대한 신뢰도를 제고하기 위해 정부는 단위학교-시도교육청-교육부까지 3단계에 걸친 성취평가 모니터링 체계를 2024학년도 2학기부터 운영하고 있습니다. 이를 통해 '성적 부풀리기'가 없는지 살피거나 성취평가 운영 전반에서의 공정성을 점검하고, 지원이 필요한 학교에 대해 국가와 교육청이 컨설팅을 제공 중입니다. 또 고등학교 성취평가 선도교원 3,000명을 2024년에 양성하여, 평가를 관리하는 전문교사를 고등학교당 1명 이상씩 배치했습니다.

"학교 교실에서 학생들의 협업이 많아져야 하는데 9등급 체제에서는 서로가 경쟁을 할 수밖에 없습니다. 9등급제에서 5급등제로, 상대평가에서 절대평가로 변화하는 것은 글로벌 스탠더드로 가는 과정입니다."

| 이주호 |
부총리

논·서술형 평가에는 학원보다 독서를

내신에서 논·서술형 평가가 강화된다는 점이 세 번째 변화입니다. 내신 평가에서 일반적이었던 지식 암기 위주의 5지선다형 평가에서 벗어나 미래에 필요한 사고력, 문제해결력 등의 역량을 기르

과목별 서·논술형 평가도구 개발의 방법과 사례

출처: 학생평가지원포털(https://stas.moe.go.kr/)

는 데에 그 목적이 있습니다. 교육부는 학교 지필평가에서 논·서술형 문제만을 100% 출제할 수 있도록 '2024학년도 학교생활기록부 기재요령'의 개정을 마쳤고, 논·서술형에 대한 예시 평가도구도 제작해 학교에 전달하고 있습니다.

"다양한 분야의 책을 읽는 것이 굉장히 중요합니다. 한 관점으로만 보는 것이 아니라 다양한 시각에서 주제 탐구를 하고 경험하게 되면 융합형 인재로서 성장할 수 있다고 생각합니다."

| 정재영 |
교육학과 교수

　논·서술형 평가로의 변화에 미리 어떻게 대비해 둬야 좋을까요. 「필통톡」 전문가들은 모두가 입을 모아 '독서'라고 답합니다. 비단 논·서술형 평가만을 위해 독서를 해야 하는 건 아닙니다. 이제 우리나라 교육은 앞으로도 학생이 더 통합적이고 융합적인 사고를 할 수 있도록 가르치고 평가하는 방향으로 나아갈 것이므로, 앞으로 초등학교와 중학교 1-2학년 시기의 독서가 학습에 가장 중요한 경험이 될 것이라고 강조합니다. '권장도서 200권' 같은 목록의 책을 무조건 읽는 훈련이 아니라 다양한 분야의 책을 읽고 내용에 대해 스스로 생각하고, 남과 토론도 해 보고 다른 분야와 연결도 시켜 보는 통합적이고 질이 높은 독서가 무엇보다 대입에 도움이 될 것이라고 전문가들은 전망합니다.

대입 개편, 똑똑하게 준비하기

"무엇보다도 공부를 더 많이 해야 하는 건
아닌지 걱정이에요.
학습량이 많이 차이가 날까요?"

"특목고나 자사고 학생들은 바뀐
내신 제도에서 더 유리하지 않을까요?"

"변화를 대비할 좋은 방법이 있을까요?"

2023년 10월 교육부가 실시한 온라인 설문조사에 따르면 학부모들은 내신 절대평가·상대평가 병행에 88.6%, 5등급제에 76.6%, 수능 통합형 과목체계에 73.0%가 "동의한다"고 응답해 2028 대입 개편안에 대체로 긍정적인 반응을 보였습니다.[7] 그러는 한편, 학생들도 학부모들도 새로운 입시 제도를 많이 궁금해했습니다. 기대와 우려, 오해까지, 「필통톡」이 만났던 현장의 목소리에 전문가들은 어떻게 조언하고 있을까요?

공부를 하는 당사자인 학생들은 학습량이 늘어날 것인지, 줄어

---

7 2028 대학입시제도 개편안 사전 설문조사, 교육부, 2023.

들게 될 것인지를 가장 궁금해했습니다. 이에 윤윤구 교사는 국어와 영어의 경우 기존 체계와 같기 때문에 학습량이 달라지지 않을 것이고, 수학은 과목 통합의 효과로 학습량이 크게 줄어들 것이라고 예측합니다. 통합사회와 통합과학은 중학교 사회·과학에 포함된 내용으로 구성되기 때문에 내용이 엄청나게 어렵다거나 학습량이 많다고는 볼 수 없고, 오히려 예전의 수능에서 선택과목 한 과목을 깊게 공부해야 하던 양보다 적을 거라고 말하며 변화를 환영했습니다.

학부모들은 내신 5등급제에 따른다면 특목고나 자사고 학생들은 대입에서 더 유리한 것이 아닌지 궁금해했습니다. 아무래도 중학교에서 고등학교로 진학할 때 대학 진학에 더 유리한 학교를 선택하고 싶은 마음에서겠지요. 이에 대해 정제영 교수는 이번 제도 개편이 특히 어느 쪽이 확실히 더 유리해지는 것이라고는 볼 수 없으므로 학교 선택은 자녀를 잘 분석해 보고 이해하는 것이 우선되어야 한다고 답합니다.

기존에는 상위 11%까지가 1등급과 2등급이었는데, 5등급제 이후부터는 10%까지 모두 1등급이 됩니다. 이처럼 특목고든 일반고든 1등급이 크게 늘어나는 셈이기 때문에, 어느 쪽이 대입에 유리한가를 따지기 시작하면 예측은 매우 복잡해집니다. 자녀가 특목고에 가서도 10% 안에 들 수 있을지, 또 성향상 특목고와 잘 맞을지 등 쉽게 판단하기 어려운 문제들이 많이 있기 때문입니다. 고교학점제가 도입됨에 따라 자녀가 희망하는 진로에 맞춰 학교 교육과정에 수강하고 싶은 교과목들이 다양하게 구성되어 있는지도 중요하게 따져 보아야 할 부분입니다.

학교에 '이생망'이라는 말이 없도록

아직 인생의 시작 단계에 있는 학생들이 "이번 생은 망했다"고 자조하게 만들었던 대학 입시. 2028 대입 개편은 단순히 제도만을 변화시키는 것이 아니라, 우리 사회가 교육에 대해 갖고 있는 근본적인 접근 방식을 바꾸려는 시도입니다. 창의성과 개성, 잠재력에 집중하며 미래 사회를 살아가는 데 필요한 역량을 기르는 교육으로 변모하는 과정인 것입니다. 학생과 학부모들도 지레 겁먹고 사교육

"전국을 다니며 학생들을 만나 보면 '이번 생은 망했어요'라며 한탄하는 경우를 종종 보게 됩니다. 내신 시험이나 모의고사를 보고 난 다음 하는 말이죠. 객관식 시험만으로 자신의 가능성을 속단해 버리고, 자기가 가지고 있는 가능성을 키울 생각을 안 해요. 이 학생들이 가지고 있는 가능성을 다양한 방면으로 키워 낼 수만 있다면 우리 사회가 더 올바른 방향으로 갈 수 있지 않을까요."

| 윤윤구 |
한양대 사대부고 교사

의 '불안 마케팅'에 휘둘리지 않는다면 자연스레 이 긍정적인 변화에 적응할 수 있을 것입니다. 경쟁에 시달려 왔던 학생들은 차츰 자신의 다양한 가능성을 제대로 평가받을 수 있게 될 것입니다. 이제 우리는 생각만큼 성적이 나오지 않았다고 해서 학생들이 '이생망'이라는 쓸쓸한 말로 자신의 가능성을 제한하는 일도, 진정한 자기 탐색을 포기하는 일도 없는 사회로 나아가는 첫발을 내딛고 있습니다.

| 정책 담당자 한마디 |

"2023년 10월 「필통톡」 5회차 공개 당시, 교육부 인재선발제도과에서 근무하며 대입전형 정책을 담당했던 교육연구사 김성동입니다. 입시제도 개편은 수많은 사회적 갈등을 수반하곤 합니다. 이번 2028 대입 개편안을 마련하는 과정 역시 그러했습니다. 다수 이해관계자의 의견을 수렴하고 조율하는 과정이 쉽지 않았으나, 입시제도가 교육 현장에 미치는 영향이 막대한 만큼 입시의 중요한 가치인 '공정'과 '안정'을 담아내기 위해 각계의 전문가들이 최선을 다했습니다.
이번 개편안이 더 나은 입시를 향한 마중물로서 학교 현장에 다양한 긍정적 변화를 가져올 것이라 믿습니다. 앞으로도 교육부는 현장의 말씀에 경청하며 더 나은 정책을 마련하기 위해 노력하겠습니다."

다음 QR 코드 링크를 통해 「이주호의 필통톡」 영상 및 관련 교육 정보를 만나실 수 있습니다.

- 필통톡 5-1
2028 대입 개편,
핵심은 이것입니다!

- 필통톡 5-2
2028 대입 개편 궁금증?
시원하게 답변해 드립니다!

- 대학수학능력시험
누리집

- 과정 중심 평가 지원을 위한
학생평가지원포털

PART 3

함께학교

함께여서 가능한 변화, 함께여야 완성되는 교육

좋은 학교는 혼자서 만들 수 없습니다.
교사와 학생, 학부모와 지역이 함께할 때 비로소 아이들이
안전하게 자라고, 교육이 진짜 힘을 가집니다.
교육개혁은 교실 안의 작지만 중요한 변화에서 시작됩니다.
지금 우리에게 필요한 건 '함께 정의하는 학교'입니다.
'함께학교'는 교실을 회복과 돌봄, 참여의 공간으로 바꿔 나가는
새로운 이름입니다.

학생의 안전과 교사의 교육활동을 보장하는 '교육활동 보호',
아이들의 몸과 마음을 지키는 '체육활동 활성화'와
'학생 마음건강 지원', 차별 없는 배움의 기회를 보장하는
'특수교육 강화', 그리고 디지털 소통으로 가까워지는
학교의 세 주체와 '함께학교 플랫폼'까지.

우리는 이제 교실에서 '함께'의 힘을 다시 찾고 있습니다.

9. 교육 회복의 시작, 교육활동 보호

평범한 가르침의 비범한 효과

저널리스트 대니얼 코일(Daniel Coyle)은 저서 『탤런트 코드』에서 교사의 역할에 대한 흥미로운 연구를 소개합니다. 1980년대 시카고 대학교의 벤저민 블룸(Benjamin S. Bloom) 연구팀은 어떻게 개인의 재능이 아주 뛰어난 수준까지 꽃피는지 알아보기 위해 세계적 수준의 피아니스트, 운동선수, 수학자, 과학자, 조각가 120명을 대상으로 설문조사를 했습니다. 그러자 세계적으로 유명한 인재들 중 상당수가 처음에는 '평범한 교사'에게 배우기 시작했다는 결과가 나왔습니다. 피아니스트들에게 '생애 첫 선생님'의 수준을 평가해 보라고 했더니 수준 높은 교육을 받고 명성이 높은 교사에게 배운 사람보다 일반 수준인 교사 또는 동네 학원 선생님에게 처음 배웠다는

사람이 대다수였던 것이죠.[1] 거장들을 처음 가르쳤던 선생님들에게는 눈에 띄는 공통점이 있었습니다. 그들이 말하기를, 첫 선생님은 '어린이를 좋아하고 어린이들과 잘 지내는, 다정하고 인내심이 매우 강한 선생님'이었으며, 그렇기 때문에 선생님이 좋아서 레슨 가기를 즐거워했다고 합니다. 아이가 실수를 하면 진심으로 안타까워하며 다시 해 보라고 끈기 있게 권하고, 잘했을 때는 한껏 기뻐하며 칭찬해 주는 그런 선생님이었다는 것이죠. 초콜릿이나 스티커 같은 조그만 보상도 잊지 않고요. 연구팀은 이런 교사들이 평범하게 보일 수 있지만, 절대 평범한 교사가 아니라고 말합니다. 배움의 첫 단계에서 학생들의 마음속에 흥미라는 싹을 심고, 그들이 거장의 길에 오르기까지 스스로 몰입하게 만든 최고의 선생님이라는 것입니다.

대니얼 코일은 이런 교사들이 "정서적인 방아쇠를 당겨서 사랑과 동기의 연료 탱크를 가득 채운다"라고 표현합니다. 그리고 학생은 그 연료를 바탕으로 재능을 '점화'시킬 수 있습니다.[2] 학생 스스로가 지닌 사랑과 동기를, 배우고 성장하는 데 아낌 없이 사용할 수 있도록 이끌어 주는 선생님. 많은 거장들이 그런 선생님을 만나 재능을 꽃피웠다는 사실은 교사의 역할이 단순히 지식이나 기술을 전달하는 수준을 한참 넘어선다는 것을 실감하게 합니다. 동시에 한 사람의 인생에도 얼마나 중요한지 생각해 보게 되고요.

---

1 Bloom, Benjamin, Developing talent in young people, 1985.

2 대니얼 코일, 탤런트 코드, 웅진지식하우스, 2021.

교권 그리고 교육활동 보호

　우리 교육 현장에서 선생님들은 그 중대한 역할을 어떻게 수행하고 있을까요. 우리의 선생님들은 그 역할에 걸맞은 신뢰와 존중을 받고 있을까요? '스승의 그림자도 밟지 마라'는 말이 있을 만큼 우리 사회에는 전통적으로 교육자를 존경하는 문화가 있었습니다. 교사는 늘 학생들이 장래 희망으로 손꼽을 만큼 선망받는 직업이었고, 현재도 그렇습니다. 교육부와 한국직업능력연구원의 2024년 설문조사에 따르면 '교사'가 초등학생들의 장래 희망 4위였고, 중·고등학생에게는 3년 연속 1위였습니다.[3]

　하지만 오늘날 학교 현장에서의 여러 사건 사고들이 '교권 붕괴, 교권 추락'이라는 말과 함께 뉴스에 보도되곤 합니다. 붕괴되고 추락하고 있다는 '교권'. 그 교권이란 정확히 무엇을 뜻할까요?

　서울대학교 교육학과 엄문영 교수는 교권을 세 관점에서 바라볼 수 있다고 합니다.[4] 첫째로 교사가 한 사람의 인간으로서 존엄성을 보장받고 사생활을 보호받을 권리라는 관점, 둘째는 교사들이 교육을 연구하고 학생들을 지도하는 전문가로서 존중받을 권리라는 관점입니다. 마지막으로 학생들을 직접 지도하고 교육할 권리라는 관

---

3 2024 초·중등 진로교육 현황조사, 교육부·한국직업능력연구원, 2024. 12.

4 엄문영, 초등교사 교권 침해 유형 및 해결방안 탐색, 한국교육정치학회 학술대회논문집, 2024.

점이 있습니다. 이렇듯 사회적으로 여러 관점을 통해 바라봐야 하는 교권의 개념을 한 문장으로 명확하게 설명하기는 어렵습니다. 하지만 교권을 바라보는 관점이 다양함에도, 교육을 위해 교사가 존중받고 보호받아야 한다는 것을 공통적으로 인식하고 있다는 점은 확실해 보입니다.

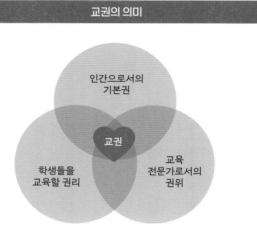

교권은 학생들의 학습권과도 밀접하게 연결됩니다. 교권이 제대로 보호되지 않으면 교사들은 교육에 집중하기 어려워지게 되고, 결국에는 학생들의 배움과 성장에 부정적인 영향을 미칠 수밖에 없습니다. 예를 들어 한 반에서 일부 학생이 선생님의 지도에 심하게 반항하거나 수업을 방해한다고 해 볼까요. 이런 상황이 계속되면 선생님도 힘들지만, 수업을 듣고 싶어 하는 다른 학생들도 학습권을 침해받게 됩니다. 즉 교사의 '교육활동'이 제대로 보호받아야만 학생들도 온전한 교육을 받을 수 있습니다. 그래서 최근에는 사람마다 여러 가지 의미로 받아들일 수 있는 '교권 보호'라는 단어 대신 '교사의 교육활동 보호'라는 표현이 더 적절하다는 의견이 많습니다. 교권은 중요하지만, 단순히 교사를 위해서만이 아니라 학생들의 학습권도 보호하는 차원에서 접근해야 한다는 것이죠.

"많은 학생들 가운데 문제가 되는 학생들의 인권만을 보호하느라 교사의 교육활동에 피해를 주게 되면, 다른 학생들의 학습권은 보호받을 수 없는 상황이 됩니다. 그런 차원에서 더 포괄적인 용어는 '교사의 교육활동 보호'가 아닐까 생각합니다."

| 이주호 |
부총리

최근 일어나고 있는 교권과 교육활동 침해의 형태는 다양합니다. 흔한 사례는 학생들이 교사를 조롱하거나 심지어 욕설과 폭력을 행사하는 경우입니다. 학생들이 교사의 정당한 생활 지도를 무시하고, 집단적으로 교사를 몰아세우며 허위 신고를 하는 경우도 있다고 합니다. 학부모의 교권 침해도 심각한 문제로 떠오르고 있습니다. 일부 학부모들은 교사의 지도 방식을 불신하거나 가정에서 지도해야 할 부분까지 맡기려 하는 등 과도한 요구를 하기도 합니다. 교사의 훈육이나 지도가 자녀에게 불이익이 된다고 느끼면, 자세한 사정은 파악하지 않은 채 곧바로 항의를 하기도 합니다. 맘카페나 학부모 커뮤니티에 교사 개인의 신상이 공개되거나, 잘못된 소문이 퍼지는 경우도 있습니다.

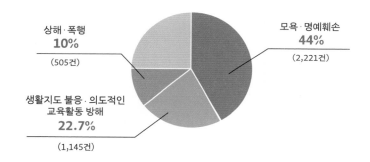

교육활동 침해 유형별 현황[5]

상해·폭행
10%
(505건)

생활지도 불응·의도적인
교육활동 방해
22.7%
(1,145건)

모욕·명예훼손
44%
(2,221건)

　이런 일이 반복되다 보면 교사들은 점점 학생을 지도하는 데 어려움을 느끼고 사소한 일에도 위축되어, 결국 교육활동이 소극적으로 변할 수밖에 없습니다. 교사가 역할을 제대로 할 수 없다면 교육현장에도 큰 손실이 생기는 셈입니다. 교권과 교육활동 보호의 중요성을 통감하고, 교육활동 보호에 대한 모든 이의 참여와 노력이 반드시 필요한 시점입니다.

---

5 교육활동 침해 현황 실태조사, 교육부, 2024. 3.

학교 현장에서 많은 교사가 과중한 민원으로 어려움을 겪고 있습니다.

ⓒ 필통톡

교육활동 보호 5법,
가르칠 권리를 보호합니다

　2023년 7월 18일 서울 서이초등학교의 20대 교사가 학부모의 도를 넘은 민원으로 고통받다가 끝내 스스로 목숨을 끊은 안타까운 사건 이후, 이제까지 교육활동에서 다양한 침해를 겪으면서도 대응 방법이 없어 참아 오기만 했던 교사들이 변화를 촉구하는 목소리를 쏟아 냈습니다. 사회적으로 이 문제의 심각성에 대한 공감대가 빠르게 형성되었기에, 입법부에서도 신속하게 관련 법을 통과시킬 수 있었습니다. 2023년 9월과 12월 「교육기본법」, 「교원지위법」,

「초·중등교육법」, 「유아교육법」, 「아동학대처벌법」 소위 '교육활동 보호 5법'을 개정하여 교권과 교육활동 보호를 위한 행정·입법 체계를 마련한 것입니다.

교육활동 보호 5법은 교사의 교육활동을 보호하고 교육활동 침해를 예방하며, 침해가 발생했을 때 교사들이 효과적으로 대응할 수 있도록 돕습니다. 초등학교 교사 출신의 변호사인 임이랑 변호사는 이번 개정에서 「교육기본법」 제13조에 '학부모의 권리와 의무'가 명시되었다는 점을 가장 큰 변화로 짚습니다.

| 임이랑 |
변호사

"교육 관련된 법의 가장 기본이라고 할 수 있는 교육기본법에 처음으로 '학부모의 권리와 의무'에 대한 조항이 들어갔습니다. 지금까지는 '학교는 어떻게 해야 된다, 교사는 어떻게 해야 된다'란 내용만 있었는데, 학부모가 '학교의 전문성을 존중해야 한다'라는 내용이 들어간 거죠."

「교육기본법」에 이어 「초·중등교육법」 제20조의2와 「유아교육법」 제21조, 제21조의3에는 구체적으로 학교장과 원장의 민원 처리 책임이 명시되었습니다. 학부모가 문제를 제기하면 관리자가 민원의 당사자인 교사에게 대응을 미루면서, 학교가 함께 해결해야 할 문제를 교사 개인이 홀로 감당하는 경우도 있었기 때문입니다. 이 외에도 교원의 정당한 생활지도를 아동학대로 보지 않는다는 명시적인 면책 규정이 마련되었으며, 이에 맞춰 「교원지위법」, 「아동학대처벌법」도 정당한 사유 없이 아동학대 신고만으로 교사가 직위해제되는 일이 없도록 개정되었습니다. 교원의 개인 전화번호와 같은 정보를 학교가 보호해야 한다는 내용도 포함되었습니다.

만일 교사가 아동학대로 신고받았다면 교육감이 정당한 교육활동인지에 대한 의견서를 제출하고 수사와 조사기관이 이를 참고하도록 하여 아동학대 수사와 조사에 '사법적 관점'뿐만 아니라 '교육적 관점'이 반영될 수 있도록 했습니다. 아울러 교육활동을 침해하는 범죄행위에 형법상 공무집행방해나 업무방해, 무고죄까지 포함하여 형사처벌의 대상이 확대되었습니다.

이후 현장에는 눈에 띄는 변화가 있었습니다. 교육부에 따르면 우선 교육활동 침해 행위 발생 시 학생의 보호자 등에 대해 서면 사과 및 재발 방지 서약, 특별교육 이수 또는 심리치료 등의 조치가 법제화되면서 보호자 대상 조치 비율이 2023년 33%에서 2024년 79%로 크게 증가했습니다. 교육감 의견 제출 제도도 효력을 발휘하여 교원 대상 아동학대 신고 건 중 70%가 '정당한 생활지도'로 의견이 제출되었으며, 의견이 제출된 건 중 심의가 완료된 건의 85.5%는 불기소 또는 불입건으로 종결되었다고 합니다.[6]

---

6 교육활동 보호 후속 조치 추진현황, 교육부, 2024. 5. 22.

교육활동 보호 5법 주요 개정사항

법령	주요 내용
교육기본법	• 부모 등 보호자가 학교의 정당한 교육활동에 협조하고 존중할 의무 규정
초·중등교육법	• 학교장의 민원 처리 책임 명시 • 교원의 정당한 생활지도 면책(아동학대로 보지 않음) • 교원의 생활지도 권한 및 보호자의 의무 명시 • 교원의 전화번호 등 개인정보 보호 조치
유아교육법	• 원장의 민원 처리 책임 명시 • 유아생활지도권 신설 및 교원의 정당한 생활지도 면책(아동학대로 보지 않음) • 보호자의 의무 신설 및 교원의 전화번호 등 개인정보 보호 조치
교원지위법	• 아동학대범죄 피신고 시 정당한 사유 없는 직위해제 제한 • 아동학대 사안에 대한 교육감 의견제출 의무화 • 교육활동 침해 행위에 관한 행정체계 개편(학교…교육지원청) • 교육활동 침해 학생과 교원의 즉시 분리 및 특별교육 이수 대상 침해 학생 확대 • 교육활동 침해 행위 시 관할청에서 형사고발 조치 가능 • 교원보호공제사업 근거 마련 및 교육활동보호센터 확대·개편 • 교육활동 침해 행위 신고 의무 신설 및 학교장의 축소·은폐 금지 • 학부모의 교육활동 침해활동에 대한 제재조치 신설
아동학대처벌법	• 교원의 정당한 생활지도 면책(아동학대로 보지 않음) • 교원의 교육활동 중 행위가 아동학대범죄로 신고되어 조사 중인 사안에 대해 교육감이 의견을 제출하는 경우 아동학대 사례의 판단에 참고할 의무 규정(사법경찰관, 검사, 시·도지사 또는 시장·군수·구청장)

출처: 교육부

보건복지부 통계에서도 교원의 아동학대 판단 건수가 2022년 1,707건에서 2023년에는 852건으로, 거의 절반 가까이 줄어든 것으로 나타났는데, 보건복지부는 그간 교권 침해에 대한 사회적 경각심이 커졌고 관련 법률 개정 등 교권 보호 조치가 시행되면서 이런 변화가 생긴 것이라고 평가했습니다.[7]

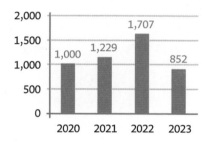

교원의 아동학대 건수

출처: 보건복지부

교육활동 침해를 당했을 때 교사는 '1395 교육활동 보호 직통번호'에 전화해 침해 사안 신고 및 접수, 피해 교원 지원제도 등을 상담받을 수 있으며, 교육지원청 지역교권보호위원회 개최를 요청할 수 있습니다. 이제까지 학교 내에서 운영되었던 '교권보호위원회'가 이번 개정으로 교육지원청으로 이관되면서 교사들이 학교 내에서

---

7 2022년 및 2023년 아동학대 주요통계, 보건복지부.

침해 문제에 대응하는 부담을 덜게 한 것도 의미 있는 변화입니다. 교권보호위원회에서는 피해 교사를 위해 보호 조치를 권고하고, 가해 학생 및 보호자 등에 대한 처분도 내릴 수 있는데요. 학생의 경우 '학교에서의 봉사'부터 고등학교는 '퇴학'까지 처분이 가능하고, 보호자 등에게는 '서면 사과 및 재발 방지 서약', '특별교육 이수 또는 심리치료' 등의 조치가 내려질 수 있습니다.

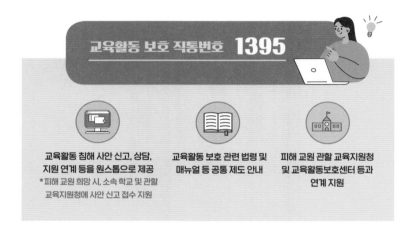

교육활동 보호 직통번호 1395

교육활동 침해 사안 신고, 상담, 지원 연계 등을 원스톱으로 제공
*피해 교원 희망 시, 소속 학교 및 관할 교육지원청에 사안 신고 접수 지원

교육활동 보호 관련 법령 및 매뉴얼 등 공통 제도 안내

피해 교원 관할 교육지원청 및 교육활동보호센터 등과 연계 지원

엄문영 교수는 우리나라뿐만 아니라 해외에서도 교사의 교육활동 보호를 위한 다양한 법과 정책이 시행되고 있다고 소개했습니다. 영국에서는 2013년부터 학생이 교육활동을 침해하는 경우 교사가 일정 수준의 물리적 개입을 할 수 있도록 법으로 규정해 두었고, 독일은 교육활동 침해 시 교사가 대응할 수 있는 법적 절차와 방

법들을 세부적으로 마련해 두고 있습니다. 프랑스에서는 교사의 파업권을 보장하는 등 교사의 인권 및 노동자로서의 권리를 보장하는 방식으로 보호한다고 합니다.

교육활동 보호 이렇게 더 확장됩니다

교육부는 앞으로 학교 현장에서 교육활동 보호가 확실히 자리를 잡을 수 있도록, 교사들은 물론 학생과 학부모들에게도 교육활동 보호 5법의 내용과 의의를 알리며 정책 지원을 늘려 가고 있습니다. 우선 기존 시도별로 설치되어 운영 중인 '교원치유지원센터'를 2024년 '교육활동보호센터'로 확대·개편하여, 교원의 심리적 지원으로까지 강화하였습니다. 이 센터에서는 교사들이 교육활동 침해로 고통을 겪을 경우 체계적인 상담과 치료를 제공하고 있는데, 확대 개편된 이후 교육활동보호센터 월평균 이용 인원이 약 3배 증가할 정도로 호응을 얻고 있습니다.

교육활동보호센터 이용 현황(2023년-2024년 1학기) [8]		
이용 인원(명)		
유형	2023학년도	2024학년도(3월-8월)
상담	14,496	11,151
심리치료	2,407	2,440
법률상담	3,607	2,561
예방교육	53,640	101,467
기타	11,778	10,555
합계	85,928	128,174
월평균	7,160	21,362

또 교사가 교육활동과 관련된 분쟁·소송 시 시도별 편차 없이 지원을 받을 수 있도록 '교원보호공제사업 표준약관'을 마련하였습니다. 교원의 배상 책임이나 소송 비용, 상해치료나 심리상담 비용, 분쟁조정 서비스까지 모든 시도교육청이 시도별 교원보호공제사업 표준약관을 통해 교사를 든든히 보호할 수 있도록 하였습니다.

8 교육활동보호센터 운영 현황 실태조사, 교육부, 2024. 9.

시·도교육청 교원보호공제사업 표준약관

담보명	보장 내용	보장한도	주요 면책사유
배상책임	교육활동으로 인한 사고에 대한 배상책임(민사상 합의금 포함)	• 1사고당 2억 원 한도 • 소 제기 전 합의 시 1사고당 1억 원 한도	• 타법에 따른 공제제도로 지원이 가능한 경우
민형사 소송 비용	학생·학부모 등과의 법률적 분쟁의 민형사 소송 비용 (소 제기 포함)	• 심급별 660만 원 • 검경수사단계 330만 원	• 민사: 고의·중과실 인정 • 형사: 유죄 확정
상해치료 심리상담	치료 및 요양비 심리상담비	• 치료·요양비 200만 원 • 심리 상담 15회	• 동일 사유로 보호 조치 지원을 받은 경우
재산상 피해비용	휴대폰 훼손 등 비용	• 100만 원	
위협대처 서비스	폭행·상해 등 중대사안 시 긴급 경호	• 20일	
분쟁조정	분쟁 사안 시 변호사 또는 공제회 담당자 등의 분쟁조정 서비스	• 한도 없음	• 교원의 공적인업무 수행과 무관한 분쟁

출처: 교육부

그 밖에 교사들의 민원 대응과 처리 부담을 덜어 주는 정책도 진행 중입니다. 민원 대응 체계를 개선한 것이 대표적인데, 그간 교사들이 학교의 모든 민원을 직접 처리해 온 것과는 달리, 이제는 학교장 책임하에 민원대응팀을 운영하고 있으며, 교육지원청별로도 통합민원팀을 운영하고 있습니다. 또한 대부분의 학교에 민원 상담실과 통화 녹음 전화기, 교육활동 보호 통화 연결음 등도 도입되었습니다.

구분	학교별 민원대응팀	통화녹음 전화기	통화연결음	민원 상담실	교육(지원)청별 통합민원팀
구축 및 설치 비율	99.92% (14,133교)	98.96% (13,997교)	96.16% (13,601교)	94.77% (13,404교)	100% (238개)

17개 시도교육청 학교민원응대 여건 조성 현황(2024. 8. 31. 기준)

　　그간 현장 교사들이 학교폭력 사안조사를 직접 수행함에 따라 교원과 학생 간의 관계가 악화되곤 했습니다. 이를 개선해 교육지원청에서 위촉한 학교폭력 전담조사관이 사안을 조사하도록 하였습니다. 이를 통해 교사들은 수업과 학생을 지도하는 본래 역할에 집중할 수 있게 되었고, 학교폭력 사안조사는 보다 객관적이고 전문적인 방식으로 운영되게 되었습니다. 또 그동안 학부모의 과도한 요구나 악성 민원, 생활지도 과정에서의 무분별한 아동학대 신고 등에 담임 교사들이 자주 노출되어 교사들 사이에서는 '담임 기피 현상'까지 생겨날 정도였습니다. 이러한 담임 교사의 노고를 조금이라도 보상하기 위해 교육부는 2024년 담임수당을 월 13만 원에서 20만 원으로 약 54% 인상했습니다.

모두가 함께 보호받고
성장해 가는 학교를 위하여

"서비스란 좋은 것이지만 그저 주고받는 것으로 끝
나죠. 하지만 학교는 그렇지 않습니다. 서로가 함께
성장하는 곳이거든요. 교사도 성장하고 학생도 성
장하는 그런 삶의 과정 그 자체예요."

| 엄문영 |
교육학과 교수

　　엄문영 교수는 학교에서 성적이 인성 교육보다 중시되면서 교사
를 교육자보다 '서비스 제공자'로 보는 인식이 만연해진 것을 교권
과 교육활동이 침해받게 된 이유로 꼽습니다.

　　학교가 단지 지식을 제공받는 서비스 현장이 아니라 삶의 공간이
자 전인적인 성장의 공간으로 회복되려면, 학생과 학부모도 교육활
동 보호의 의미와 가치를 알고 동참해야 합니다. 학부모들 사이에
서도 교육활동 보호에 대한 성찰과 지지의 목소리가 커지고 있습니
다. 2023년 7월 21일 대구 지역 학부모 700여 명은 "우리 아이들이
학력뿐만 아니라 더불어 사는 힘, 마음을 다스릴 줄 아는 힘, 좌절을
극복할 수 있는 인내심 등을 갖춘 전인적 인격체로 성장할 수 있도
록 학교를 함께 지원하겠다"는 내용이 담긴 '대구 학부모 선언문'을
발표했습니다. 학부모들이 협의해 정리한 10개의 선언 내용에서 교
육의 회복을 바라는 진실된 마음을 느낄 수 있습니다.

대구 학부모 선언문

대구의 학부모들은 우리 아이들이 학력뿐만 아니라 더불어 사는 힘, 마음을 다스릴 줄 아는 힘, 좌절을 극복할 수 있는 인내심 등을 갖춘 전인적 인격체로 성장할 수 있도록 학교와 함께 지원하고 아이의 성장과 더불어 학부모의 성장을 위해 다음과 같이 선언합니다.

1. 우리 학부모들은, 모든 아이의 성장을 내 아이의 성장으로 인식하고 학교 교육을 믿고 지지하겠습니다.

2. 우리 학부모들은, 내 아이가 자신을 사랑하고 타인을 존중하며 자신의 일은 스스로 할 수 있도록 가정에서부터 교육하겠습니다.

3. 우리 학부모들은, 내 아이를 조건 없이 사랑하고 항상 충분히 잘하고 있다고 칭찬하고 격려하겠습니다.

4. 우리 학부모들은, 학교의 교육과정과 교육 방침, 선생님의 수업과 생활교육 방향을 이해하고 의견이 다를 때는 존중의 언어로 소통하겠습니다.

5. 우리 학부모들은, 내 아이를 아는 만큼 선생님도 충분히 내 아이에 대해 안다는 믿음을 가지고 선생님의 의견을 존중하겠습니다.

6. 우리 학부모들은, 학부모 교육에 적극 참여하고, 다양한 교육봉사활동에 함께하며 학교 교육을 지원하겠습니다.

7. 우리 학부모들은, 일이 있을 때만 연락하기보다는 평소에도 선생님들께 칭찬과 감사의 전화하기나 문자 보내기를 실천하겠습니다.

8. 우리 학부모들은, 민원을 제기하기보다는 문의 전화를 해서 정확한 정보를 얻은 다음 학교와 함께 해결책을 찾겠습니다.

9. 우리 학부모들은, 평소 아이 앞에서는 학교와 선생님을 비난하는 말과 태도를 삼가겠습니다.

10. 우리 학부모들은, 내 아이와 또래들의 사소한 갈등이 발생했을 때 바로 개입하기보다는 선생님과 함께 아이들이 스스로 해결할 수 있도록 기다려 주겠습니다.

우리 학부모들은, 학교와 교육청, 학부모는 하나된 교육공동체라는 생각으로 대한민국 교육 수도 '대구교육'에 신뢰와 믿음의 마음으로 함께 하겠습니다.

2023년 7월 21일
대구 학부모 일동

이처럼 교육활동에 대한 학부모들의 관심에 부응하기 위해 교육부에서는 2024년 '학부모정책과'를 신설하고, 자기돌봄·부모역할기본·자녀교육·학교협력·자녀자립지원 5대 역량을 중심으로 2025년 3월부터 '학부모 가이드북'을 제작하여 제공하고 있습니다. 영아기부터 성인 초기까지의 자녀 발달 7단계[9]에 따라 학부모가 꼭 알아야 할 기초정보 · 역할 · 실천 방법 등을 담은 가이드북인데요. '학부모 온누리(https://www.parents.go.kr/)'에서 누구나 다운받아 활용할 수 있으며, 2025년 하반기에는 이와 연관해 '학부모 가이드북 온라인 강의'도 제공할 예정입니다.

『탤런트 코드』가 설명하듯, 거장들을 길러 낸 선생님들은 가르칠 때에 어떤 특출한 스킬을 쓴 것이 아닙니다. 그들의 가르침은 학생과의 긴밀한 정서적 교감을 바탕으로, 학생이 스스로 학습에 대한 동기를 이끌어 내도록 하는 것이었습니다. 그 가르침은 평범하고 일상적으로 보여도, 효과는 비범하고 위대했습니다. 그처럼 교육의 효과를 극대화하는 긴밀한 교감이 가능하려면 무엇보다도 학교에서 교사와 학생, 학부모가 서로에 대한 신뢰를 회복해야 할 것입니다. 교육활동 보호로 첫걸음을 내디딘 학교는 이제 전인적 교육을 회복하는 여정을 시작하고 있습니다. 교육의 세 주체가 함께한다면 그 회복의 여정은 그리 오래 걸리지 않을 것입니다.

---

9 자녀 발달 7단계: 영아기, 유아기, 초등 저학년, 초등 고학년, 중학교, 고등학교, 성인.

"2023년부터 교육부 교원정책과에서 근무하며 교육활동 보호 정책을 담당했던 당시 교육연구관 김명련입니다. 지금은 학교 현장에서 근무하고 있습니다. 「필통톡」 10회차에는 어려운 환경 속에서 많은 선생님들과 학부모님들의 의견 수렴을 거쳐 만든 교육활동 보호 정책을 소개하는 코너였기 때문에 업무 담당자로서는 더 큰 책임감을 느꼈던 것 같습니다. 시간이 지났지만, 교육의 세 주체인 교사·학생·학부모가 서로 신뢰하고 존중할 때 교육활동이 보호될 수 있다는 건 변하지 않는 사실입니다. 더 많은 교육 주체들이 모두가 행복한 교육을 만들어가기 위해 노력하면 좋겠습니다."

다음 QR 코드 링크를 통해 「이주호의 필통톡」 영상 및 관련 교육 정보를 만나실 수 있습니다.

• 필통톡 10-1	• 필통톡 10-2	• '학부모 가이드북'을
교육 회복의 시작,	교원, 학생, 학부모 모두를 위한	다운 받을 수 있는
'교육활동 보호'의 중요성	'교육활동 보호' 방안은?	'학부모 온누리'

10. 학교를 깨우는 체육 수업,
이렇게 만들어 갑니다

몸을 움직이는 순간
우리의 뇌는 활짝 깨어납니다

등과 허리를 곧게 펴고, 머리를 똑바로 들어 올립니다. 가볍게, 하지만 힘차게 발을 내디디며 달려갑니다. 달리는 동안 조금씩 숨이 가빠 오고, 그와 함께 심장박동도 빨라집니다. 땀방울이 흐르기 시작하지만 기분은 오히려 상쾌해집니다. 이 움직임을 상상하는 것만으로도 온몸의 혈액이 순환되고, 건강해지는 것 같죠. 건강하려면 움직여야 한다는 것은 누구나 잘 아는 사실입니다. 그런데 이런 움직임이 건강에만 좋은 게 아니라, 우리 두뇌의 구조와 기능을 근본적으로 변화시킬 수 있다고 한다면 믿어지시나요? 달리기를 시작하는 순간, 일상에 지쳐 무기력해진 우리의 신경세포들은 작아졌던

불씨가 다시 타오르듯 활기를 되찾습니다.

운동은 단순히 몸을 움직이는 것을 넘어, 뇌의 구조와 기능을 획기적으로 전환해 우리의 사고, 기억, 집중력까지 쑥쑥 키우는 놀라운 힘을 가지고 있습니다. 이와 반대로 움직이지 않는다면 뇌는 기능이 줄어들고, 퇴화할 수도 있습니다. 하루 20시간 정도 잠을 자고, 단 4시간 정도만 움직이도록 진화한 코알라의 뇌는 겨우 19g 정도이며, 대뇌피질의 주름도 거의 없습니다. 이 작은 뇌는 두개골 안의 60% 공간만 차지할 뿐이고 나머지 공간에는 뇌척수액이 채워져 있다고 하죠.[1]

하루의 대부분을 잠으로 보내며 움직임이 적은 코알라. 그런 코알라의 두개골 안에서 뇌가 차지하는 공간은 60%뿐입니다.

---

1 마이클 폴란, 잡식동물 분투기, 다른세상, 2010.

미국의 신경과학자 다니엘 울퍼트(Daniel Wolpert)는 뇌와 움직임의 관계를 설명하며, "뇌는 정교하고 적응력 있는 움직임을 구현하기 위해 만들어졌다"라고 합니다.[2] 신체 활동은 단순한 움직임을 넘어서, 우리 두뇌의 무한한 잠재력을 일깨우는 소중한 동력임을 다시 한번 생각하게 하는 말이죠. 신체 활동은 단지 건강해지거나 '몸짱'이 되게 해 주는 것만이 아니며, 우리 삶의 질과 학습 능력, 그리고 미래의 창의력까지 좌우하는 중대한 열쇠입니다.

특히 코로나19라는 팬데믹과 사회적 격리 시대를 지나오면서 신체 활동을 통한 건강 관리의 중요성을 모든 사람이 절감하고 있죠. 교육 현장에서도 체육 수업의 중요성을 한층 절감하고 있습니다. 움직임에 대한 흥미와 욕구가 강한 학령기 아동부터 수준 높은 지식을 습득해야 하는 청소년에 이르기까지, 충분한 신체 활동은 성장과 학습의 기본이자 필수 요소라고 할 수 있습니다.

"뇌 기능도 결국 신체 활동의 하나입니다. 어린 시절에 하는 체육 활동이 아이들의 성장과 발달에 그 무엇보다 중요하다는 사실이 밝혀지고 있습니다. 첫째로 학업에 도움이 되고, 둘째로 사회·정서적인 역량, 즉 아이들의 인성과 사회성을 키우는 데도 굉장히 중요합니다."

|이주호|
부총리

---

2 Daniel Wolpert, TED: The real reason for brains, 2011.

뇌과학, 체덕지의 시대를 열다

유서 깊은 교육 이념 '지덕체(智德體)'. 이 말에는 교육을 통해 지식과 인성, 신체 모두 잘 가꾸어야 한다는 뜻이 담겨 있습니다. 이 중 '지식'을 뜻하는 '지'가 가장 앞에 와 있어 교육에서 지식의 습득을 상대적으로 중요하게 여겼다는 것을 알 수 있죠. 하지만 요즘은 순서를 바꾸어 '체덕지(體德智)'라고 해야 한다는 말도 나옵니다. 신체 활동이 인지적 영역인 학습과 관련 있다는 사실이 뇌과학의 발달 덕분에 밝혀졌기 때문입니다.

그간 여러 연구로 학습에 도움을 주는 중요 요인 중 하나가 운동이라는 것이 확실해졌습니다. 숨이 차는 정도의 강도로 유산소 운동을 하면 뇌로 전달되는 혈류량이 많아지면서 BDNF(Brain-Derived Neurotrophic Factor), '뇌 유래 신경 영양 인자'라는 단백질이 생성됩니다. 뇌과학자들이 '뇌의 비료'라고 부르기도 하는 BDNF는 뇌의 기억장치라고 불리는 해마가 신경세포(뉴런)를 생성하는 것을 돕고 신경세포들 간의 연결을 활성화시키기도 합니다. 즉, 운동을 할수록 우리의 기억력과 인지 기능이 향상되고 새로운 것을 배우기 수월해지게 됩니다.[3]

BDNF는 신경세포를 생성하는 데 큰 역할을 하는 물질이니만큼

---

3 제니퍼 헤이즈, 운동의 뇌과학, 현대지성, 2023.

성장기 어린이와 청소년의 두뇌 성장에도 매우 중요하며 손상된 신경 조직을 활성화시키기 때문에 성인에게도 꼭 필요합니다. 바꾸어 말하면 운동을 하면 할수록 몸에만 근육이 붙는 게 아니라 뇌에도 근육이 붙는 셈입니다.

스포츠의 힘, 정신 건강부터 학교폭력까지

" 매슬로의 욕구 단계 중 3단계에 있는 욕구가 바로 소속감을 느끼고 싶어 하는 '사회적 욕구'입니다. 체육 활동을 하면서 느낄 수 있는 '내가 어딘가에 포함되어 있다.' 같은 정서적 유대감. 그를 통해 심리적 안정도 크게 느낄 수 있고 경기의 룰을 지키면서 사회적 규율에 대해서도 배울 수 있습니다."

| 박재민 |
스포츠 해설사

운동이 단지 학생들의 건강과 학습에만 도움을 주는 것은 아닙니다. 정서적 함양, 심리적 안정, 인간관계에도 운동이 미치는 긍정적인 영향이 매우 큽니다. 학생들은 신체를 사용하고 단련하면서 성취감과 자기 효능감을 느낄 수 있고, 스포츠 경기에 참여하고 즐기면서 타인과 소통하고 협력하는 법을 배울 수 있습니다. 또한 승부를 통해서 승리와 패배를 받아들이는 법을 배우고 공정한 경쟁이란 어떤 것인지 알게 되며, 무엇보다 팀을 이루어 하나의 목표를 추구하는 단합의 과정을 경험할 수 있습니다. 사회화 과정에 있는 어린이와 청소년에게 지식의 습득보다 중요한 것은 리더십과 팔로우십, 협동과 배려를 아는 사회 구성원으로 성장할 수 있게 돕는 것입니다.

저서 『운동화 신은 뇌』로 운동과 학습의 관계를 알린 존 레이티(John Ratey) 하버드 의과대학 정신의학과 교수는 운동이 심리적 성장과 인간관계에 주는 도움들을 특별히 강조했습니다. 2023년 한국을 방문한 레이티 교수는 이주호 부총리와 만나 학생들의 학교폭력과 사회성 발달 문제를 해결하는 데에 운동이 어떤 효과가 있을지 대화를 나눴는데요. 학교에서 문제를 일으키는 아이가 운동을 하면 자기 통제력이 개선된다고 합니다. 운동을 하면 세로토닌이나 도파민 같은 좋은 호르몬들이 나오고, 이것들이 뇌의 조절 능력을 만든다는 겁니다.[4]

네이퍼빌의 혁명과 하버드대의 상식, 그것은 운동

이토록 중요한 운동, 우리나라 학생들은 충분히 하고 있을까요?

---

4 운동하면 '행복 호르몬' 나와… 체육 활동이 학폭도 줄인다, 조선일보, 2023. 4. 12.

2019년 WHO에서는 청소년(11-17세)에게 매일 최소 60분 이상 중강도 이상의 신체 활동을 권장하면서 국가별 현황을 조사했는데요. 안타깝게도 한국은 94.2%의 청소년이 해당 기준만큼 신체 활동을 하지 못하는 것으로 나타났습니다.[5] 세계 평균인 81.0%와 비교해 보면 10%p 이상 미달된다는 것을 알 수 있습니다.

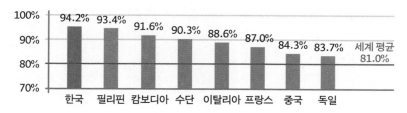

세계 주요국 청소년 운동 부족 비율

출처: WHO, 2022.

게다가 코로나19라는 팬데믹이 우리나라 학생들의 상황을 더욱 악화시켰습니다. 팬데믹 이전과 이후 초·중·고등학생의 학생 건강 체력평가(PAPS: Physical Activity Promotion System)[6] 결과를 비교해 보면 1, 2등급 비율은 줄어들고 3, 4, 5등급 비율은 증가한 것으로

---

5 Global status report on physical activitiy 2022, WHO, 2022.

6 「학교건강검사규칙」에 의거해 실시하고 있는 학생 건강 체력 중심 평가 제도로 운동 처방을 통한 신체 활동 증진 및 건강 체력 관리 도모를 위한 시스템이다. 초4부터 고3 학생까지 의무 실시하고 있다.

나타났습니다.

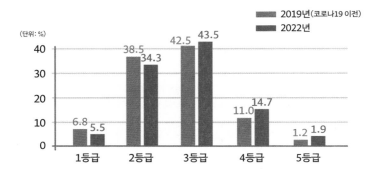

학생 건강체력평가 등급별 비율

2019년(코로나19 이전)
2022년

(단위: %)

1등급 6.8 5.5
2등급 38.5 34.3
3등급 42.5 43.5
4등급 11.0 14.7
5등급 1.2 1.9

아이들의 학업성취도도 낮아졌습니다. 2020년 국가수준 학업성취도 평가에서 조사 대상인 중3과 고2 학생들의 기초학력 미달 비율이 모든 과목에서 늘어난 것으로 나타났습니다. 물론 코로나 시기의 대면 수업 결손, 돌봄 부재 등 수많은 요인들이 학력 저하의 원인이 될 수 있을 것입니다. 그에 더해, 이 시기에 학생들의 운동량이 줄어든 것도 학업성취도와 상관관계가 있지 않을까요?

1990년대 말, 운동이 학업에 즉각적인 영향을 준다는 사실을 알린 놀라운 실험이 있었습니다. 미국 일리노이주 네이퍼빌 센트럴 고등학교의 '네이퍼빌의 혁명'이라는 사례입니다. 이 학교에서는 0교시 체육 수업에 참가한 학생들에게 기록이나 등수가 아니라 심박수 올리기를 목표로 운동을 시켰습니다. 1.6km를 자기 최대 심박수의

80-90% 정도가 되는 속도로 달리도록 한 후 1교시에 문해 수업을 듣게 했는데, 학기 말에 그들의 읽기 능력과 문장 이해력은 17%나 상승했습니다. 이후 네이퍼빌 센트럴 고등학교는 0교시 체육 수업을 전면 도입해 학업 성취도를 크게 올릴 수 있었고, '네이퍼빌의 혁명' 이후 0교시 체육 수업은 미국 곳곳으로 퍼져 나갔습니다. 하버드대학교에서도 10년이 넘게 '하버드 온 더 무브(Harvard on the Move)'라는 학생들의 달리기 캠페인이 이어지고 있습니다. 존 레이티 교수는 "운동이 학습 효율성을 올리고 스트레스를 줄인다는 건 하버드대학교에서 일반적인 상식"이라고 이야기합니다.[7]

"운동과 신체 활동이 뇌에 미치는 영향에 대해 다방면으로 연구가 진행되어 운동과 학업이 밀접한 기능이 있음이 밝혀졌습니다. 신체 활동과 스포츠 활동을 많이 하는 친구들이 성적도 좋고 똑똑해진 것으로 조사되었습니다."

| 송욱 |
체육교육학과 교수

7 존 레이티 외 1인, 운동화 신은 뇌, 녹색지팡이, 2023.

'오운완' 하는 학교,
이렇게 만들어 가고 있습니다

"운동장에서 놀고 싶지만 학원도 가야 하고
집에 가면 학습지도 해야 해서….”

"더 뛰어놀고 싶은데
체육 시간이 좀 부족해요.”

"아이가 TV나 휴대폰만 많이 보고
움직임이 없어요. 비만도 오고 체력도 떨어지니
금방 지치더라고요. 체육 수업을 늘리면 좋겠어요.”

"한창 자랄 때니까 뛰어놀아야
스트레스도 줄고 성장판 발달에도 도움이 된다고 봐요.”

「필통톡」이 만난 학생들과 부모님들의 의견입니다. '오늘 운동 완
료'의 줄임말인 '오운완'이라는 말을 들어 보셨나요? 운동복을 입은
셀카를 SNS에 올리면서 넣곤 하는 이 키워드는 최근에 학생들 사이
에서도 크게 유행이라고 하지요. 자신이 먼저 운동의 효과를 실감
한 '몸 만들기에 진심'인 부모님들이 아이들에게 고강도 운동에 도

전하여 체력을 단련하도록 권하는 사례가 늘었다고 합니다.[8] 이제 우리나라에서도 '체육보다는 국영수가 우선'이라는 인식이 차츰 '체력이 좋아야 공부도 잘한다'로 바뀌고 있는 듯합니다.

학교에서 학생들이 '오운완' 할 수 있으려면 학교 체육이 규모나 형태 면에서 한층 풍성해져야 할 것입니다. 교육부는 문화체육관광부와 함께 '제3차 학교체육 진흥계획'을 시행하고 있습니다. 크게 다섯 가지 방향으로 나뉘는 이 계획[9]을 하나하나 살펴볼까요?

첫째로 학교 체육 교육과정을 더 충실하게 보강하고 수업시간도 늘리고 있습니다. 우선 초등학교 1–2학년의 신체 활동 시간을 체육 시간과 따로 분리해 확대할 예정입니다. 중학교 교육과정 내 학교 스포츠클럽 활동은 창의적 체험활동의 동아리 활동으로 매 학기 편성하여, 학년별 연간 34–68시간(총 136시간)을 운영합니다.[10] 더불어 모든 학생이 최소 1개 이상의 학교스포츠클럽에 참여하는 것을 목표로 각 학교에서 다양한 학교스포츠클럽을 개설하고 있습니다.

둘째는 학생들의 체력 관리 및 체력 증진을 위한 정책입니다. 생애 체력 관리가 학교에서부터 시작될 수 있도록 학생의 운동 능력을 측정하는 '학생건강체력평가(PAPS)'와 성인의 체력 및 건강 증진을 위한 '국민체력100(체력측정·인증서비스)'의 측정 종목과 평가 기

---

8 "하나 더!" 일곱 살도 '쇠질'한다. 요즘 초등생 헬스장서 '오운완', 중앙일보, 2024. 2. 12.
9 제3차 학교체육 진흥 기본계획(2024-2028), 교육부·문화체육관광부, 2023. 12. 26.
10 2022 개정 중학교 교육과정 총론, 교육부 고시, 2024.

준 등을 중장기적으로 연계할 예정입니다. 이를 통해 학생 스스로 전 생애에 걸쳐 건강 관리를 할 수 있는 기반을 마련해 나갈 수 있을 것입니다.

또 기존에는 학생건강체력평가에서 저체력(4·5등급)을 받은 학생들이 이용 가능했던 건강체력교실을 이제는 희망하는 학생 모두가 이용할 수 있게 됩니다.[11] 이와 함께, 초등학교 생존수영 수업을 늘려 초등 정규 교육과정에 10시간 이상 편성하고, 수영장과 같은 학교복합시설을 지자체와 함께 적극적으로 설치해 나갈 계획입니다.

천안오성초등학교에서 체육 수업이 활발하게 이루어지고 있습니다.
왼쪽은 외발자전거 타기, 오른쪽은 플로어볼 게임.

ⓒ필통톡

셋째는 학생들의 체육 활동 일상화입니다. 서울시 교육청의 '시즌 2. 다시 뛰는 아침', 부산시 교육청의 '아침 체인지'와 같이 아침

---

11 「학교체육진흥법」 제9조에 의해 현재 모든 학교에서는 상황과 여건을 고려하여 저체력 학생 등을 대상으로 건강 체력 증진 프로그램을 운영하고 있다.

시간을 활용한 틈새운동 프로그램이 2025년에는 전국의 학교에서 아침·점심·방과후 시간에 학교스포츠클럽이나 자율 동아리 활동 등과 연계하여 확대될 예정입니다. 아울러 프로축구연맹 등 체육단체와 업무협약(MOU)을 체결하여 늘봄학교에서 다양한 체육 프로그램이나 학교스포츠클럽을 지원합니다.[12]

부산대신중학교 학생들은 매일 아침 농구, 축구, 배구, 티볼, 탁구, 줄넘기 등 다양한 종목의 체육 활동을 하고 있습니다.

ⓒ 필통톡

---

12 2024년 틈새운동 프로그램 우수사례집, 교육부·17개 시도교육청 및 학교체육진흥회, 2024.

넷째로 학생 선수가 공부와 운동을 병행할 수 있도록 지원합니다. 학생 선수를 대상으로 더 많은 진로상담을 해 줄 수 있도록 지역 선수단과 연계하여 멘토 풀을 구축하는 등 진로·진학 지원 체계도 확대할 계획입니다. 또 각 학교의 운동부와 체육 중·고등학교의 예산 지원도 확대합니다. 문체부와 협업을 통해 2023년 학교 운동부 총 254교를 지원했던 것을, 2028년까지는 390개 학교로 확대해 나갈 예정입니다. 또한 운동부가 없던 학교가 운동부를 새롭게 창단한 경우 총 3년간 최대 9,000만 원까지 지원합니다.

다섯째는 교원의 체육 교육 역량을 강화하고 체육 교육에 대한 국민의 인식을 전환하기 위한 정책입니다. 체육 교과 및 동아리 지도 교사를 위한 연수와 컨설팅 기회를 늘리고, 학교의 운동부 지도자가 보다 정교한 코칭을 할 수 있도록 전문성과 역량 강화 연수를 지원합니다. 아울러 스포츠 스타를 학교 체육 홍보대사로 위촉하고 학부모 연수를 확대하는 등 맞춤형 정책 홍보를 통해 학교 체육에 대한 국민의 인식을 바꾸어 나가고 있습니다.

교육부 홍보대사로 위촉된 축구 국가대표 황희찬 선수는 앞으로 체육교육 정책을
홍보하고 학생 선수들을 대상으로 강의와 상담 지원 등의 활동을 진행할 예정입니다.

ⓒ연합뉴스

평생 가는 체력 자산을 위해
체육은 선택이 아니라 필수

운동이 학습에 도움이 된다는 사실은 확실하지만, "그래도 선택
을 해야 하는 순간이 되면 체육 수업은 늘 우선순위에서 밀려난다"
라며 「필통톡」과 만난 장미란 문체부 제2차관은 안타까워합니다.
학습에 도움을 주는 체육 수업이라기보다 운동하는 즐거움을 배우
기 위한 체육 수업이 된다면 어떨까요. 중학생 때 역도를 시작해 금

메달리스트가 된 장미란 차관은 어릴 때부터의 습관으로 운동하는 즐거움을 차곡차곡 쌓아 온 자신의 경험을 풀어놓습니다.

| 장미란 |
문화체육관광부 제2차관

"저는 지금도 아침마다 바벨을 듭니다. 아침에 운동을 하면 오늘 하루를 어떻게 보내면 좋을지 생각할 수 있습니다. 열이 나고 땀이 나면 안 좋은 것들이 빠져나가고 더 좋은 것들을 받아들이는 신체 순환도 이루어지는데, 아침 운동으로 그런 것들을 느끼면서 생각을 정돈하면 집중력도 생기고 참 좋더라고요. 많은 분들이 이런 순환을 느끼면서 하루를 기분 좋게 시작하셨으면 좋겠습니다."

어릴 때 운동을 거의 하지 않다가 성인이 된 후 시작하려고 하면 습관으로 만들기가 매우 어렵다는 것을 많은 분들이 아실 겁니다. 운동을 하는 즐거움을 어릴 때부터 아는 것이야말로 평생의 건강을 지키는 최고의 체력 자산이라고 할 수 있지 않을까요.

하루에 20시간 넘게 잠을 자며 잘 움직이지 않는 코알라의 조그만 뇌 이야기에 혹시 뜨끔하시진 않았나요? 어른이 된 후 기억력도 집중력도 떨어진다고 느끼는 것은 어릴 때만큼 움직이지 않기 때문인지도 모릅니다. 하물며 어릴 때조차 충분히 움직이지 않는다면 그만큼 뇌가 성장할 수 있는 가능성을, 나아가 평생 체력이 더 단단해질 수 있는 가능성을 잃어버리는 것이겠지요. 아이들이 더 많이 움직이고 운동하는 즐거움을 몸으로 느끼며 성장할 수 있도록 이제는 체육 활동을 '1순위'로 여기는 인식이 대세가 되기를 바라 봅니다.

다음 QR 코드 링크를 통해 「이주호의 필통톡」 영상 및 관련 교육 정보를 만나실 수 있습니다.

• 필통톡 6-1
우리 아이 체육 활동,
이렇게 중요합니다!

• 필통톡 6-2
학교를 깨우는 체육 활동,
우리 아이에게 봄이 옵니다!

11. 우리 아이
마음 근육 키우기

행복하기 어려운 우리, 취약해진 마음 건강

2021년, 한국의 '어린이 행복지수'가 OECD 국가들과 비교해 순위를 매겼을 때 22위라는 연세대학교 사회발전연구소의 연구가 발표된 적이 있습니다.[1] 22위라, 그리 높아 보이는 순위는 아닌데… 몇 개국 중에 22위인 걸까요? 놀랍게도 조사 당시 OECD 회원국은 총 22개국이었습니다. 한국 어린이의 '주관적 행복'이 OECD 국가 중 '꼴찌'라는 것입니다. 2024 청소년건강행태조사를 살펴봐도 일상 속에서 외로움을 느끼는 학생은 꾸준히 늘어나고 있었습니다.[2]

---

1 염유식 외, 2021 제12차 한국 어린이·청소년 행복지수 국제비교연구조사결과보고서, 연세대학교 사회발전연구소, 2021.

2 제20차 청소년건강행태조사, 교육부·질병관리청, 2024.

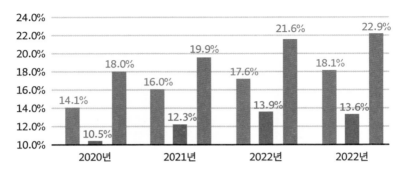

학생들의 외로움 경험률 추이 (학생건강행태조사, 2024. 3.)

■ 남녀 중·고등학생 전체 　■ 남학생(중·고등학생 전체) 　■ 여학생(중·고등학생 전체)

*외로움 경험률: 최근 1년간 '자주' 또는 '항상' 외로움을 느낀다고 응답한 중·고교생의 비율

　　코로나19 이후 정신 건강 문제는 전반적으로 더 커지고 복잡해졌습니다. 사회적 거리두기가 일상이 되면서 외로움과 고립감이 무기력, 우울, 불안과 같은 정서적 어려움으로 자라났고, 재택근무와 온라인 수업처럼 전반적인 생활이 디지털 기반으로 전환되면서 사생활과의 경계가 무너져 번아웃에 빠지는 경우도 많아졌습니다. 미국 뉴욕대학교의 조너선 하이트(Jonathan Haidt) 교수는 저서 『불안 세대』에서 SNS를 비롯한 온라인 미디어가 청소년들에게 자극이 과한 콘텐츠를 계속 소비하게 하고 타인과 자신을 비교하게 만들면서 2010년대 초반부터 십 대들의 정신 건강이 급속히 악화되었다고 지적하기도 했습니다.[3]

---

3 조너선 하이트, 불안 세대, 웅진지식하우스, 2024.

세계보건기구의 조사에 따르면 성인 정신 건강 문제의 약 50%가 만 14세 이전에 발생한다고 합니다.[4] 그만큼 아동·청소년기의 마음 건강 문제는 성인이 된 후에도 정신 건강과 삶 전반에 결정적인 영향을 미치게 됩니다. 학생들의 정서 문제나 심리적 어려움을 조기에 발견해 문제가 커지지 않도록 도와주고, 스스로 마음을 돌보는 법을 터득할 수 있도록 지원하는 손길이 지금 우리의 학교 현장에 꼭 필요합니다.

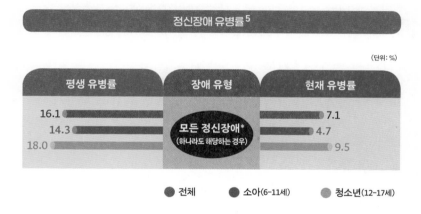

정신장애 유병률[5]

(단위: %)

평생 유병률	장애 유형	현재 유병률
16.1	모든 정신장애* (하나라도 해당하는 경우)	7.1
14.3		4.7
18.0		9.5

● 전체   ● 소아(6-11세)   ● 청소년(12-17세)

---

4 Mental health polity and service guidance package: Child and adolescent mental health policy and plans, WHO, 2007.

5 2022년 정신건강실태조사(소아·청소년) 결과 발표, 보건복지부, 2024.

"우리나라 학생들의 수학이나 과학 실력은 OECD 국가 중에는 물론 세계에서도 최고 수준입니다. 하지만 마음 건강은 그렇지 못한 것 같습니다. 세계보건기구(WHO)에서는 아동·청소년기의 정신 건강 증진에 특히 집중할 필요가 있다고 합니다. 2024년에 보건복지부에서 처음 실시한 소아·청소년의 정신건강실태조사(2022)의 결과를 발표했는데요. 소아·청소년의 16.1%는 정신 장애를 경험했고, 7.1%는 전문가의 도움이 시급한 상태라고 합니다. 7.1%라면 30명 있는 수업에서 2명 이상이거든요. 심각한 상황입니다."

| 이주호 |
부총리

24시간 긴장 상태, 숨 쉴 곳이 없는 아이들

"답답해서 숨쉬기가 어려워요."

"이유 없이 눈물이 계속 나요."

"죽고 싶다는 생각도 들어요."

보기만 해도 마음이 아파 오는 말들인데요. 이런 말들이 학교 심리 상담실, 위(Wee) 클래스를 찾은 중학생들의 입에서 나왔다고 하면 어떤 생각이 드실지 모르겠습니다. 천안북중학교의 상담교사인 김아람 교사는 14년째 심리 상담을 진행하고 있는데, 이전에는 학업 스트레스나 진로와 관련된 고민을 주로 털어놓았다면, 현재는 "마음이 너무 힘들어요."라며 막연한 불안감과 우울감, 급작스러운 부정적 감정을 호소하는 사례가 증가하고 있다고 합니다.

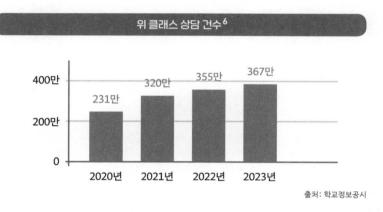

위 클래스 상담 건수[6]

출처: 학교정보공시

청소년기는 호르몬과 심리 상태, 사회적 역할 변화가 급격히 일어나는 시기로, 자아 정체성을 형성해 가는 과정에서 또래 관계나 주변의 평가에 민감하게 반응합니다. 따라서 일반적으로 성인에 비해 우울증이나 정서적 문제가 생기기 쉬운 것은 사실이지만, 강북삼성병원 정신건강의학과 전문의 신영철 교수는 요즘 청소년들은

---

6 초 · 중등 교육정보 공시서비스 학교알리미, 매년 4. 1. 기준.

24시간 긴장을 풀지 못하는 스트레스 상태에 놓여 있는 경우가 많아 학교 상담실에서 친구들이 토로한 것과 같은 정서 문제가 점차 심각해질 것이라고 진단합니다. 사춘기의 일반적인 감정 기복과 우울증의 구별이 어려운 점에도 유의해야 합니다. 아이들은 직접적으로 '우울하다'고 좀처럼 표현하지 않기 때문에 우울감이 간접적인 형태로 나타날 수 있다는데요. 전문가들은 게임에 너무 오래 빠진다든가 성적이 심하게 떨어진다든가 학교에 안 가려고 하는 등 먹고 자고 생활하는 일상의 리듬이 깨지는 것을 중요한 경고 신호로 보고 있습니다.

신체적으로는 성장하지만, 정서적으로 자신의 감정을 받아들이는 힘이 함께 자라지 않으면 타인과 관계를 맺거나 사회에 적응하는 능력이 떨어질 수 있습니다. 부정적 감정이 심각해질 경우 자해나 자살 충동으로까지 이어질 수 있는 만큼 정서적으로 어려운 아이들을 조기에 발견하여 적절한 도움을 주고 필요한 경우 치료하는 것이 중요합니다. 신영철 교수는 초·중학교 단계부터 아이들이 숨쉴 수 있는 공간을 마련해 주는 것이 필요하다고 말합니다. 마음을 살펴 줄 수 있는 어른들과 상담도 하고 여가 활동을 통해 스트레스를 완화할 수 있는 시간을 만들어 주는 것이 중요하다는 겁니다. 미래에 대해 동기 부여를 해 주기 어려운 어른들의 불행한 모습이 청소년의 정서 문제를 증폭시키는 근본적인 이유라고도 지적했습니다.

" 전문가들은 우리 아이들이 행복하지 못한 이유를 입을 모아 '공부, 성적, 학원, 입시'라고 하는데 저는 정신과 전문의로서 동의하기 어렵습니다. 제 생각에 지금 우리 아이들이 행복하지 못한 이유는 결론부터 말하자면, 바로 우리 때문입니다. 어른들이 행복하지 않기 때문이에요. 아이들에게 '열심히 공부해서 저렇게 살아야지'라는 동기를 주지 못하거든요."

| 신영철 |
정신건강의학과 교수

학생건강정책국 그리고
마음 건강 3법으로 학생의 마음에 다가갑니다

신영철 교수의 지적처럼, 사회 전체가 '마음 돌봄'이 필요한 상황을 개선해 나가는 노력도 물론 필요하겠지요. 하지만 당장 정서적, 심리적 문제를 겪는 학생들을 위해 학교 현장에서는 어떤 도움을 줄 수 있을까요.

교육부는 2024년 '학생건강정책국'을 신설하고, '사회정서성장지원과'를 만들어 학생들의 마음 건강을 체계적으로 들여다보기 시작했습니다. 특히 위기에 놓인 학생을 조기에 발견하기 위해 초등학교 1-4학년과 중1, 고1 학생에게 '학생정서행동특성검사'를 실시하였고, 이와는 별도로 학생들의 마음 건강 진단이 필요할 때 '마음이지(EASY)'라는 검사를 도입했습니다. 필요한 경우 정신건강전문가가 학교 현장에 직접 방문하여 위기 학생, 학교, 보호자를 초기 면담하여 학생의 어려움을 확인하고, 개입 방법과 실질적인 치료와 상담에 대한 컨설팅을 제공하는 등 학생의 정신 건강을 적극적으로 케어하는 정책을 펼치고 있습니다.

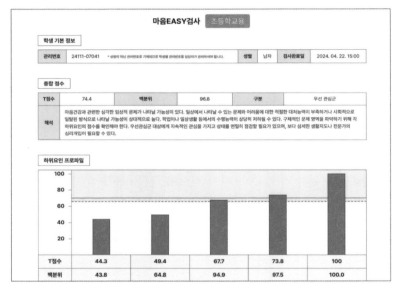

마음EASY 검사에서는 학생 또는 학부모의 문항 체크를 통해 마음의 상태를 확인할 수 있습니다.

출처: 학생정신건강지원센터(www.smhrc.kr)

만약 지원을 해 준다고 해도 학생이 병원 치료를 거부하거나, 증상이 심해져 학교에 복귀하지 못한다면 어떻게 도와줄 수 있을까요? 이런 경우에도 학교가 위기 학생을 도울 법적 근거를 마련하고자 '마음 건강 3법'의 제·개정도 추진 중입니다.

먼저, 2025년 3월 「초중등교육법」을 개정하여 정서·행동에 어려움을 겪는 학생에 대한 지원 및 보호자의 협조 규정에 대한 근거를 마련하고, 학생의 상황이 현저하게 어렵고 긴급하게 필요할 경우 전문가 의견을 바탕으로 상담·치료 등 필요한 사항을 지원할 수 있게 되었습니다. 두 번째로, 2024년 12월 「학생맞춤통합지원법」이 제정되어 심리·정서 문제를 포함한 복합적 어려움을 가진 학생에게 학생맞춤통합지원을 통해 다양한 지원을 제공할 예정입니다. 마지막으로 「학생마음건강증진법」을 제정하여 학생의 사회정서역량 함양을 위한 교육 등 모든 학생의 마음 건강 지원을 위한 추진 체계를 법률에 구체적으로 담으려고 합니다.

학생 자살 등 위기 상황이 발생한 경우 전문가가 학교를 지원할 수 있도록 기존 36개였던 정신 건강 전문가 긴급지원팀도 100개 이상으로 늘릴 계획입니다. 이와 같은 노력을 통해 학교의 기존 상담 제도를 전문적인 치료와 연계해 나가는 한편 모든 학생들이 자신의 마음을 스스로 잘 돌볼 수 있도록 관련 교육도 제공하게 됩니다.

특히 2025년부터 학생들이 스스로 마음 돌봄 역량을 키울 수 있는 예방적 차원의 교육인 '한국형 사회정서교육'이 모든 학교에 도입되었습니다. 한국형 사회정서교육은 학생 발달 특성과 초·중등 교육과정을 고려하여 초등학교 저학년, 초등학교 고학년, 중학교,

세종시교육청 학생정신건강센터에서는 정신과 전문의가 마음 건강 위기학생 상담
지원과 함께 가족성장 프로그램 등 다양한 지원사업을 운영하고 있습니다.

고등학교 학생을 대상으로 총 4종이 개발되었습니다. 또한 사회정
서교육을 통해 학생들이 스스로 자신의 감정을 제대로 알고 다룰
수 있고 타인과 우호적인 관계를 맺는 방법을 익힐 수 있습니다. 자
신의 감정을 중심으로 신체와 행동 반응을 알고 자기 인식 수준을
높이는 '자기 인식 및 조절 영역', 자기주장과 의사소통 기술을 학습
하는 '대인관계 영역', 실제 마음 건강에 문제가 있을 때 도움을 요
청하는 방법을 배우는 '마음 건강 영역', 자신과 주변인의 가치를 이
해하고 소속감, 자긍심, 책임감과 같은 다양한 가치를 느끼는 '공동
체 영역' 등으로 구성되어 있으며, 모든 교사가 교과 수업이나 창의
적 체험활동 등 학교 교육과정과 연계하여 자율적으로 교육할 수

있습니다.[7] 한국형 사회정서교육은 학생들의 정신 건강 문제에 대한 편견 없는 인식과 대처 능력을 길러, 마음이 건강하게 자라는 데에 많은 도움이 될 것입니다.

위(Wee) 클래스에서 숨 쉬며 마음 돌보기

실제로 학교에서 심리 상담과 관리는 어떻게 이루어질까요? 마음의 문제로 어려움을 겪는 학생은 학교 내에 마련된 심리 상담실, '위(Wee) 클래스'를 찾아 지지와 격려를 얻을 수 있습니다. 2024년 기준으로 전국 9,115개의 학교에 위 클래스가 설치되어 있다고 하는데요. 학생들은 감정 조절의 어려움, 친구 관계 등 다양한 이유로 위 클래스를 찾아온다고 합니다. 김아람 교사는 이들을 대상으로 상담 뿐 아니라 교육 프로그램도 운영하며 학생들의 어려움을 조기에 발견해 그들의 마음을 돌보고 있습니다.

---

7 한국형 사회정서교육 프로그램, 교육부, 2024.

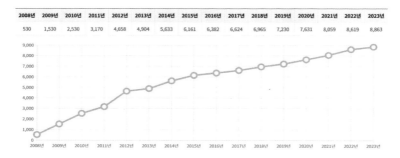

2008년	2009년	2010년	2011년	2012년	2013년	2014년	2015년	2016년	2017년	2018년	2019년	2020년	2021년	2022년	2023년
530	1,530	2,530	3,170	4,658	4,904	5,633	6,161	6,382	6,624	6,965	7,230	7,631	8,059	8,619	8,863

위 클래스 개설 현황

학생들을 상담하는 위 클래스는 점차 많은 학교에 개설되고 있습니다.

ⓒ위프로젝트

김아람 교사가 재직 중인 천안북중학교의 위 클래스는 어떤 모습인지 살짝 살펴볼까요. 쉬는 시간, 친구들이 위 클래스 상담실에 들어서자 빨간 조끼를 입은 또래상담 학생이 맞이해 줍니다. 아이들은 또래상담 학생이 알려 주는 대로 운동을 해 보거나 여럿이서 보드게임을 하는 등 즐거운 시간을 보냅니다. 또래상담은 학생들이 상담 훈련을 거친 후 친구들의 문제 해결에 도움을 주는 프로그램입니다. 청소년들은 또래 친구들의 영향을 많이 받기 때문에 상담 교사와 이야기하기가 부담스러운 학생은 친구를 통해 보다 편안하게 도움을 구할 수 있습니다. 또래상담 학생들은 교실에서도 정서적 도움이 필요한 친구들이 있는지 살피고 챙긴다고 합니다.

상담 교사의 개별 상담은 학교 마음 건강 프로그램의 핵심입니다. 김아람 교사는 일대일 상담으로 학생들에게 심층적인 조언을 건네는 한편 '마음 응급상자 만들기', '마음 저금통' 같은 활동으로 자신이 스스로 마음을 돌볼 수 있는 방법을 알려 주기도 합니다.

천안북중학교에서는 학생들이 위 클래스를 활발하게 이용하고 있습니다.

ⓒ필통톡

　　보통 상담실이라고 하면 뭔가 잘못을 해야 가는 곳, 딱딱한 책상과 의자만 덩그러니 있는 곳이라고 생각하기 쉽지만 천안북중학교 학생들은 "내 마음이 힘들 때 위로가 되는 곳, 내가 숨을 쉴 수 있는 곳, 마음이 편해지는 공간"이라고 하면서 "학교에서 없어서는 안 될 공간"으로 위 클래스를 꼽고 있습니다. 이처럼 학생들이 심리 상담실을 친근한 공간으로 느끼게 된 것이 위 클래스의 큰 성과라고 할 수 있겠는데요. 학생들이 상담에 대한 심리적 장벽을 낮추는 데에 중점을 두고 공간이 설계되어 있습니다. 위 클래스 내에 '마음 돌봄 존'을 마련해 클레이, 독서, 운동 등 학생들이 활동을 즐기면서 쉴 수 있도록 한 것도 그런 설계의 일환입니다. 이런 공간을 편하게 이용하면서 상담에 대한 거부감이 줄어들고, 자신뿐 아니라 친구들에게도 위 클래스를 추천할 만큼 상담과 정서 관리를 위해 일상적으로 활용할 수 있게 됩니다. 아이들은 친한 친구와 수다를 떨 듯 힘든 일이 있을 때마다 상담 선생님을 찾아와 재잘재잘 이야기를 나누고 가곤 합니다. 이렇듯 위 클래스는 학생들의 마음에 꼭 필요한 '숨 쉴 공간'으로 자리를 잡아 가고 있습니다.

| 김아람 |
천안북중학교 상담 교사

"돼지 저금통에 저금을 해 보신 적이 있나요? 마음 도 저금을 할 수 있다고 생각합니다. 그래서 우리 학생들과 '마음 저금통' 활동을 하는데요. 소소하지만 즐거운 일들이 생기면 마음 저금통에 저장을 하는 거예요. 좋은 음악 듣기, 오늘 하루 감사했던 일 이야기해 보기 이런 경험을 차곡차곡 쌓아 가는 거죠. 살면서 분명히 또 어려운 일이 생기겠지만, 그럴 때 마음 저금통 속에 있는 일들을 들여다보고 거기서 힘을 얻어 다시 일어설 수 있을 겁니다."

위(Wee) 프로젝트와 함께하는
다양한 마음 관리 지원

위 클래스에서 해결이 어려운 심리적 어려움을 겪는 학생은 지역 교육지원청의 위 센터를 통해 보다 전문적이고 다각적인 지원을 받을 수 있습니다. 위 센터에서는 학생의 심리·정서적 문제에 대한 전문 상담과 지원을 제공하는데, 학생이나 학부모는 전화 문의나 방문을 통해 상담 및 프로그램을 신청할 수 있고, 학교나 기관은 위 클래스 담당자 또는 담임교사 등을 통해 의뢰할 수 있습니다. 전국에 설치된 19개의 가정형 위 센터는 가정적 돌봄과 상담을 병행하고, 16개의 병원형 위 센터는 장기적인 치료가 필요한 학생을 대상으로 전문적인 치료 서비스를 제공합니다. 이 외에도 위탁기관인 위 스쿨을 통해 다양한 맞춤형 교육·상담 프로그램이 운영되고 있습니다.

특히 장기적인 치료로 인해 학업이 중단되지 않도록 교육부는 치료와 학업을 병행할 수 있는 위 스쿨 같은 중장기 위탁교육기관을 확대해 나가고 있습니다. 학생들은 해당 기관에 등교하면서도 출석을 인정받고, 상담 및 치료를 받으며 안정적으로 학업을 이어 갈 수 있는데요, 현재 17개인 교육·치료 복합기관을 2027년까지 34개로 확대하여 전국적으로 보다 촘촘한 학생 지원 체계를 구축해 나갈 예정입니다.

위 프로젝트를 통한 위탁교육 지원		
기관 구분	주요 지원 내용	비고
위 스쿨	- 대안교육기관 겸 중장기 위탁기관 - 상담 및 인성·직업교육, 사회적응 프로그램 등	단기, 중장기(최대 2년) 위탁 가능
가정형 위 센터	- 중장기 위탁기관 - 보호·상담·교육을 통해 학생 적응 환경 개선 및 가정·학교 복귀 지원	3개월 이내 위탁 가능
병원형 위 센터	- 위탁 치료형 대안교육 위탁기관 - 위기 학생들에게 상담·교육·치료와 의료 자문 및 필요시 전문의의 병원 치료 지원	평일 이용

출처: 위 프로젝트(www.wee.go.kr)

이 모든 기관과 시스템을 아울러 '위(Wee) 프로젝트'라 부릅니다. 위 프로젝트는 학교, 교육청, 지역사회가 연계하여 학생들의 건강하고 즐거운 학교생활을 지원하는 다중의 서비스망입니다. 2008년 학교폭력·학업 중단 등 학교에서 발생하는 다양한 위기 요인들로부터 학생을 보호하는 학생 상담 지원사업으로 시작한 위 프로젝트는 점차 발전해 학생들의 심리·정서적 위기를 예방하고 진단해 적절하게 치료하기 위한 전국적인 체계를 갖추게 되었습니다.

위 클래스, 위 센터와 같은 대면 상담 외에 다양한 비대면 상담 서비스도 활발하게 운영되고 있습니다. '다들어줄개' 서비스에서는

상담 서비스	서비스 안내
	**다들어줄개(청소년모바일상담센터)** – 문자, SNS 등을 통해 소통하고자 하는 청소년들의 특성 및 생활 패턴을 고려한 전문적인 24시간 모바일 상담 시스템
	**자살 예방 상담 전화 109번** – '한 명의 생명도 자살하는 일이 없도록 모두 구하자' 라는 의미의 24시간 자살 예방 전화
	**청소년상담복지센터(대표번호: 지역번호+1388)** – 심리·정서적 어려움을 호소하는 청소년들을 대상으로 상담, 예방 교육, 긴급 구조, 부모 상담 등 청소년과 지역사회가 건강하게 성장할 수 있도록 돕는 기관

365일 24시간 익명으로 문자 상담을 받을 수 있으며, 한 번의 상담으로 부족한 경우 '라임' 서비스도 마련되어 있습니다. 라임은 삼성금융네트웍스, 생명의전화, 교육부가 협업하여 만든 학생 상담 채널 플랫폼으로, 학생이 원한다면 예약 기능을 통해 이전에 상담받았던 상담원과 8회부터 최대 12회까지 연장하여 연속적인 상담이 가능합니다. 진행되는 과정에서 긴급하게 개입이 필요한 학생의 경우에는 119·112 신고를 통해 전문 상담 기관이나 삼성의료원 등의 전문기관으로 연계하여 학생들을 보호하고 있습니다.

아이의 마음 건강은
내 마음 건강을 따라갑니다

마음이 힘든 아이에게 가정은 어떻게 힘이 되어 줄 수 있을까요? 신영철 교수는 모든 아이들이 스트레스를 받을 수는 있지만, 제대로 해소하고 회복할 수 있도록 가정이 아이에게 '베이스캠프' 역할을 해야 한다고 강조합니다. 또한 부모가 너무 많은 것을 아이에게 해 주려고 하기보다는 그저 집에서 '편안해지는 훈련'을 했으면 좋겠다고 합니다. 우선 부모 자신이 좀 편안한 사람이 되고 이를 바탕으로 아이들과 관계를 맺어 나간다면 아이들의 스트레스도 줄어들 것입니다.

김아람 교사는 이 시기의 자녀와 대화할 때 가장 중요한 것은 '진심 어린 인정'이라는 것을 일깨웁니다. 자녀가 마음의 어려움을 표현했을 때, 실제적인 문제 해결책을 제시하기보다는 그저 공감하고 인정하는 태도와 공감의 말을 건네는 것이 무엇보다 중요합니다. "그것 때문에 힘들겠구나. 엄마가 옆에 있어 줄게." 같은 따뜻한 말 한마디 그리고 자녀가 스스로 용인할 수 있을 때까지의 기다림은, 마음이 어려운 아이에게 그 무엇보다도 큰 위로와 격려로 다가옵니다.

아이들에게 동기를 제공하려면 우선 어른이 행복해져야 합니다. 그래야 그 모습을 보는 아이들도 행복한 상태가 무엇인지, 행복한 마음으로 살려면 어떻게 해야 하는지를 배울 수 있을 테니까요. 우리 사회는 그동안 앞만 보고 달려왔고 어른들은 대체로 사회적 · 경제적으로 성공하는 것에 큰 의미를 두었습니다. 그런데 성공해도 행복하지 못하다면, 달리는 동안 놓치고 있었던 다른 것들을 돌아보아야 하지 않을까요. 놓치고 있었던 마음 건강을 이제는 정말 챙기고 돌보아야 할 때가 아닌가 싶습니다.

"부모들은 옳고 그름을 가르치려 하고 아이를 변화시키려고 합니다. 그럼 아이들은 문을 닫아 버리죠. 아이가 변하느냐 변하지 않느냐는 우리의 영역이 아닙니다. 아이에게 '내가 변화해야 되겠구나'라는 동기를 제공해 주는 것이 우리의 영역이죠."

| 신영철 |
정신건강의학과 교수

  오늘 아이의 작은 실수에도 이상하게 화를 크게 냈다면, 우선 내 마음에 어려움은 없는지 한번 돌아보셨으면 합니다. 천안북중학교 학생들처럼 '마음 저금통'을 만들어 오늘의 즐거웠던 사소한 일 하나를 넣어 보면 어떨까요? 마음이 힘들 때는 그런 소소한 행복이 가장 도움이 되는 법이니까요.

"2024년 8월 「필통톡」 12회차 공개 당시, 교육부 사회정서성장지원과에서 근무하며, 마음 건강 정책을 담당했던 서기관 신동진입니다. 정신 건강과 학교 상담 관련 현장 전문가의 소중한 의견으로 학생 마음 건강에 대한 통합적 지원 방안을 함께 고민할 수 있었으며, 그러한 고민이 관련 법령 제·개정을 통한 제도적 개선으로 이어지고 있습니다. 그리고 「필통톡」의 생생한 설명은 마음 건강의 중요성과 그에 따른 변화 방향에 대한 학부모들의 이해와 공감을 높이는 계기가 될 수 있었습니다.

학생의 마음 건강은 어른들의 마음 건강에서 시작합니다. 건강한 관심과 애정으로 아이와 소통하고 열린 마음으로 서로를 이해해야 합니다. 「필통톡」의 정책들이 충실히 실현되어 학생들이 성장하며 겪을 수 있는 마음의 어려움을 함께 도와줄 수 있도록 노력하겠습니다."

다음 QR 코드 링크를 통해 「이주호의 필통톡」 영상 및 관련 교육 정보를 만나실 수 있습니다.

● 필통톡 12-1
우리 아이 마음,
건강한가요?

● 필통톡 12-2
우리 아이 마음 근육
키우기

● 학생들의 건강한 마음을
지원하는 '학생정신건강지원센터'

● 건강하고 즐거운
학교생활을 지원하는 '위 프로젝트'

12. 모두가 존중받는 교육, 특수교육

기적을 부른 손끝과 손끝의 수업

1887년 봄, 한 젊은 여성이 미국 앨라배마주 터스컴비아의 어느 집 문 앞에 당도했습니다. 이 집에는 생후 19개월에 뇌막염을 앓고 시력과 청력을 잃은 일곱 살 난 여자아이가 살고 있습니다. 이 아이를 처음 만난 여성은 선물로 인형을 건네고, 아이의 손바닥에 'd-o-l-l(인형)'이라는 손가락 문자(finger spelling)를 써 줍니다.

헬렌 켈러를 가르친 교사 앤 설리번의 위대한 수업이 시작된 순간이었습니다. 헬렌은 설리번이 만드는 손가락 문자를 금방 똑같이 따라 했지만, 그 손동작이 무엇을 의미하는지는 잘 몰랐습니다. 헬렌이 무엇보다도 '언어'라는 것 자체를 발견할 수 있도록 설리번이 부단히 노력한 끝에, 결국 '기적'의 순간이 찾아옵니다. 1887년 4월 5일

설리번이 헬렌의 집에 온 지 33일째 되던 날, 설리번이 우물가에서 펌프질을 하며 헬렌의 한 손에 'water(물)'이라는 손가락 문자를 써 주는 동안, 헬렌의 다른 한 손에는 펌프에서 쏟아진 물이 흘러내렸습니다. 한순간 헬렌은 자기 한 손에 느껴지는 손가락 문자가 다른 한 손에 흘러내리는 시원한 것의 이름이라는 사실을 분명히 깨달습니다.

©New England Historic Genealogical Society

그때부터 헬렌의 언어 습득은 급격하게 빨라졌습니다. 여러 정황과 헬렌의 상태를 보고 자신이 당초 계획했던 교육 방식이 헬렌에게 적합하지 않다고 생각한 설리번은 과감히 방향을 바꾸어 헬렌이 이제 막 말을 배우는 아기처럼 언어를 익히도록 가르치기 시작합니다.

설리번을 만난 지 3개월 만에 헬렌은 알파벳을 익혀 편지를 쓸 수 있게 되었습니다. 대략 1년 후인 1888년에는 보스턴의 퍼킨스 맹학교에 입학했고, 1900년에는 당시 하버드대학교의 부설 여학교였던 래드클리프대학교에 입학해 1904년에 우등으로 졸업하며 미국에서 시각장애인으로서는 최초로 학사 학위를 받았습니다. 헬렌 켈러는 5개 국어를 구사할 수 있었고, 작가이자 사회운동가로서 평생 활발하게 활동했습니다.[1] 보지도 듣지도, 말도 못 하던 한 아이를 지식인의 길로 이끈 교사 앤 설리번. 그의 이름으로 대표되는 특수교육은 헬렌뿐만 아니라 그간 장애인 한 사람 한 사람의 일생에 문자 그대로 '기적'을 불러왔습니다.

특수교육은 국가의 책무

오늘 우리나라에서도 어떤 학생은 헬렌 켈러처럼 자기 장애를 뛰

---

1 카트야 베렌스, 헬렌 켈러 평전, 청송재, 2021.

어넘는 배움의 순간을 마주하고 있을지도 모를 일입니다. 장애학생이 의무적으로 학교에서 특수교육을 받을 수 있게 된 오늘날, 우리나라에서 특수교육은 구체적으로 어떻게 진행될까요?

제일 먼저 보이는 일반교육과의 차이점은 교육 기간입니다. 특수교육은 일반교육보다 의무교육 기간이 길어 장애학생들은 유치원부터 고등학교까지 의무적으로 교육받게 됩니다. 우리나라의 첫 시각장애인 교육전문직 공무원으로, 교육부의 특수교육정책과를 총괄하고 있는 진창원 과장은 의무교육 기간이 긴 것을 두고 우리나라가 "장애학생의 교육에 대해서 국가가 책무성을 더 강화하고 있는 것"이라고 설명합니다. 「유아교육법」과 「초중등교육법」상의 일반적인 취학연령인 3세부터 17세까지의 교육뿐만 아니라, 고등학교를 졸업한 후에도 1년 내지 2년의 진로 직업교육이 '전공과'라는 이름으로 무상 제공됩니다.

한국에서 특수교육을 받는 학생은 전체 학생의 약 2%인 약 11만 5,000명으로, 학령인구가 감소해도 특수교육대상자는 매년 증가하는 추세입니다. 이 중 약 30%가 특수학교에, 나머지 70%가 일반학교에 다니고 있는데, 일반학교에 배치되는 비율이 점차 늘고 있습니다.[2] 특수교육대상자에는 「장애인 등에 대한 특수교육법」에 따라 시각장애, 청각장애, 지체장애, 지적·자폐성장애 등 특수교육이

---

2 2024 특수교육통계, 교육부, 2024.

필요하다고 판단되는 학생이 선정됩니다. 특수교육대상자는 보호자 또는 보호자의 동의를 얻은 각급학교의 장이 특수교육지원센터에 진단·평가를 의뢰하고 그 결과를 특수교육운영위원회에서 심의하여 최종 선정하게 됩니다. 선정된 대상자는 특수학교, 일반학교 특수학급, 일반학교 일반학급 중 어느 한 곳으로 배치되어 교육받게 됩니다.

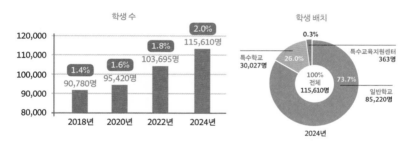

특수교육대상자 현황

학생 수

학생 배치

학령인구는 감소 추세인 반면, 특수교육대상자는 매년 증가.

ⓒ교육부

특수학교는 특수교육대상학생들만을 위한 학교이며 시각장애, 청각장애, 지적장애, 지체장애 등 장애유형별로 구분하여 운영하고 있습니다. 일반학교에서도 학생의 상황에 맞는 특수교육 수업을 받을 수 있습니다. 특수학급은 일반학교 내에 설치된 학급으로, 특수교육대상자의 통합교육을 실시하고 장애 특성에 맞는 다양한 교육과 지원을 합니다. '완전통합'이라고 해서 일반학교 일반학급에 배치된 학생들도 있습니다. 이 학생들은 비교적 장애가 가벼워서 수업 전체를 비장애학생들과 함께 하면서 필요한 특수교육 서비스를 제공받게 됩니다.

그간 특수교육대상학생과 학부모들은 전반적으로 특수교육에 대한 수요는 많은 데에 비해 공급은 부족한 편이라고 느껴 왔습니다. 발달장애인으로 드라마 「우리들의 블루스」에 출연한 배우이자 화가 정은혜 씨의 어머니 장차현실 씨는 은혜 씨가 학교를 다닐 때 너무나 많은 사연들이 있었다고 「필통톡」에 털어놓았습니다. 어머니는 은혜 씨를 받아 주는 학교를 계속 찾아다녀야 했습니다. 처음에 초등학교는 도시에 있는 큰 학교에 다니다가, 그다음에는 지방에 있는 100명 정도 규모의 작은 학교로 옮겼고, 그것도 힘들어서 분교를 다니는 등 여기저기를 전전하다가 고등학교는 아예 학교를 포기하고 홈스쿨링을 했다며, "할 수 있는 것은 다 해 봤다"라고 말합니다.

"부모들은 20세 이후에 청년이 되었을 때, 그때에는 아이가 괜찮아질 것이니 열심히 교육해야겠다는 꿈을 안고 아이에게 몰입합니다. 국내 최초로 기숙제 직업교육 전문 특수학교가 생겼다니 너무 기쁩니다."

| 장차현실 |
학부모(만화가)

은혜 씨가 학교를 다녔을 때보다 십수 년이 지난 지금, 특수교육 환경은 훨씬 나아지고 있습니다. 장애학생들이 동등하게 교육의 기회를 얻고 원활하게 사회에 참여할 수 있도록 우리나라는 꾸준히 특수교육기관을 확대해 왔습니다. 전국의 특수학급 수는 2002년 3,953개에서 2024년 13,931개로 3.5배 이상 증가했고, 특수학교 수는 2002년 136개에서 2024년 196개로 껑충 뛰었습니다. 교육부는 특수교육기관을 확대하는 동시에, 공교육 혁신의 핵심 중 하나로 삼고 있는 '맞춤 교육'을 특수교육에서도 실현할 수 있도록 정책과 지원을 이어 가고 있습니다. 우리 학생들이 학교에서 어떻게 배우고 있는지 한번 살펴볼까요?

특수학교급 현황

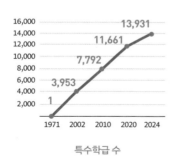

특수학급 수

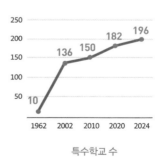

특수학교 수

출처: 2024 특수교육통계, 교육부.

통합교육을 통해
함께 사는 시민으로 성장합니다

특수교육대상학생의 약 70%는 일반학교 특수학급과 일반학급에서 교육을 받습니다. 특수학급에서는 장애 유형과 정도에 따라 집중적이고 개별화된 교육을 받게 되고, 일반학급에서는 장애 유형이나 장애 정도에 적합한 관련 서비스를 제공받으면서 비장애학생들과 함께 수업을 받습니다. 이것을 '통합교육'이라고 합니다.

"예전에는 그냥 같은 교실에서 수업을 받는 물리적 통합만 있었다면 지금은 학급의 한 구성원으로 교사와 또래들과 의미 있는 상호작용을 하면서 관계를 맺는 사회적 통합, 그리고 학업 활동에도 의미 있게 참여를 하는 교수 활동적 통합까지 이루어지는 것이 진정한 의미의 통합교육이라고 봅니다."

| 정정은 |
창릉초 특수교사

정정은 교사가 근무하고 있는 경기 창릉초등학교에서는 18명이 통합교육을 받고 있습니다. 학생들은 개별화교육계획[3]에 따라 각자 다른 스케줄을 소화합니다. 필요한 과목은 특수학급에서, 나머

---

3 '개별화교육'이란 각급학교의 장이 특수교육대상자 개인의 능력을 개발하기 위하여 장애 유형 및 장애 특성에 적합한 교육 목표 · 방법 · 내용 · 관련 서비스 등이 포함된 계획을 수립하여 실시하는 교육을 말함.

지 과목은 일반학급에서 통합교육을 받는 학생도 있고, 모든 일과를 일반학급에서 보내면서 필요한 서비스만 지원받는 학생도 있습니다.

창릉초등학교는 일반교사와 특수교사가 협력해서 대상 학생들을 지도하는 '정다운학교'를 운영하면서 통합학급 내에서 또래들과의 의미 있는 소통과 학습 참여가 가능한 모델을 만들고 있는데, 이런 '정다운학교'는 전국에 2024년 기준으로 173개가 운영 중이라고 하네요.

'정다운학교'로 운영 중인 경기도 창릉초등학교의 통합교육 모습.

ⓒ필통톡

이주호 부총리는 「필통톡」에서 이미 20여 년 전부터 선진국의 특수교육에서 통합교육이 큰 원칙으로 작용하고 있었다는 점을 강조하며, 정부가 세세한 것까지 개입했던 것에 주목하고 우리나라 특수교육에도 통합교육이 활성화되어야 한다는 생각을 하게 되었다고 말합니다.

예컨대 미국에서는 대부분의 교육정책이 주(State) 주도로 이루어지지만 특수교육만큼은 연방법인 IDEA(Individuals with Disabilities Education Act)를 통해 주 정부와 지역 정부의 지원 의무를 자세하게 규정합니다. 장애아동에게 무상으로 개인의 장애 유형에 따라 문화권에 맞는 개별화된 맞춤형 교육(IEP: Individualized Education Program)을 제공하고, 장애학생이 학령기 이후 사회에 적응해 살 수 있도록 통합교육을 지향합니다. 미 연방 교육부의 「2023년 장애인 교육법 연간 보고서」[4]에 따르면 IDEA법의 지원을 받는 장애학생의 64%가 하루에 80% 이상을 일반 교실에서 보냅니다.

정정은 교사는 실제로 일반학급에서 함께 공부한 장애학생들의 사회성과 의사소통 능력이 크게 향상되어, 통합교육의 효과가 매우 크다고 말합니다. 통합교육을 통해 장애학생들과 어울려 생활하고 공부하는 비장애학생들도 서로의 다양성을 이해하며 함께 살아가는 법을 자연스럽게 배울 수 있습니다. 장애학생과 비장애학생이 상호 존중과 배려를 아는 민주시민으로 성장할 수 있는 기반을 통합교육으로 다질 수 있는 셈입니다.

학교 현장에서 통합교육이 제대로 이루어지려면 장애학생 개개인의 특성에 맞춘 개별화된 프로그램을 만들고, 학교에 특수교사를 충분히 배치하는 일이 꼭 필요합니다. 일반교사가 비장애학생, 장

---

4 45th Annual Report to Congress on the Implementation of the Individuals with IDEA, U.S. Department of Education, 2023.

애학생의 특성을 모두 고려해 가며 가르치는 것은 현실적으로 어렵기 때문입니다. 교육부는 특수교사들이 더 원활히 교육활동을 할 수 있도록 특수교사와 특수학급을 확대하고 창릉초등학교와 같은 '정다운학교' 운영을 확산하여 통합교육이 활성화되도록 노력하고 있습니다.[5]

장애학생들이 장차 사회의 일원으로서 살기 위한 실용적 역량을 기르는 것도 중요해집니다. 장애학생도 비장애학생과 마찬가지로 자기 적성을 탐색하고 직업인이 될 준비를 할 수 있어야 하는 것이 당연합니다. 특수학교와 일반학교 모두 개별화된 맞춤형 교육으로 장애학생이 자기 특성에 맞게 공부하며 진로를 탐색하도록 지원하고 있습니다.

진창원 과장은 일반학교에서 이루어지고 있는 특수교육 사례를 소개합니다. 장애학생이 정보에 원활하게 접근할 수 있도록 지원한다든지 또는 보조공학기기를 지급하거나 교육과정을 장애학생에 맞춰 조정하는 방식이 가능합니다. 시각장애가 있으면 점자책이나 확대 교재를 주고, 청각장애학생에게는 수어 통역이나 문자 통역을 해 주거나 소리를 선명하게 잘 들을 수 있게 FM 송수신기를 제공하는 식으로 장애학생도 일반 수업에 동등하게 참여할 수 있게 된다는 것입니다.

---

5 [보도자료] 2025년 특수교육기관 과밀학급 크게 감소, 교육부, 2025. 4. 9.

"발달장애학생들 같은 경우에 발달 수준에 맞춰서 교육과정을 수정해 줄 수 있습니다. 2022 개정 교육과정에서는 '일상생활 활동'이라는 교과목이 신설되기도 했는데요. 아이들의 삶에서 필요한 기본적인 능력들을 길러 주는 교육을 할 수 있다는 것이 개별 맞춤 교육의 장점이자 기대효과라고 볼 수 있습니다."

| 진창원 |
특수교육정책과장

특수교육대상자 중의 30%가 다니고 있는 특수학교는 어떨까요? 2022년 개교한 대구이룸고등학교는 학생들의 다양한 장애 유형과 정도에 따라 맞춤형 특수교육을 적극 도입하고 있는데요, 매 학년도마다 '개별화교육지원팀'이 구성되고 학부모와 교사의 협력을 통해 학생 개개인의 특성에 맞는 개별화교육계획을 수립합니다. 특히 대구이룸고등학교는 '직업중점 특수학교'로서 생산제조과, 외식서비스과, 대인서비스과 등 장애학생이 나중에 취업하기에 적합한 분과를 편성해서 교육하고 있습니다.

대구이룸고등학교의 박기준 교사는 "직업교육에 대한 학생들의 반응이 매우 뜨겁다"라며 이처럼 역량을 쌓은 학생들이 원활하게 취업할 수 있도록 대구 지역의 장애인고용공단, 장애인종합복지관 등 다양한 기관과 연계해서 협력 교육과정을 운영하고 있다고 설명합니다. 2024년 이룸고 3학년 학생의 40% 정도가 현장실습을 나갔으며, 전공과 학생 20명 중에서 13명이 취업에 성공했다고 합니다. 이렇듯 두드러진 효과를 보여 주고 있는 개별 맞춤형 특수교육을 중심으로 직업, 예술, 체육 등 다양한 분야의 특성화된 특수학교가 지속적으로 설립되기를 기대합니다.

대구이룸고등학교에서는 3D 메이커, 드론, 공예, 제빵, 세차, 미용 등 다양한 직업교육을 받을 수 있습니다.

ⓒ필통톡

모두가 다양성을 존중받는
국가책임 맞춤형 특수교육

최근 「특수교육법」이 개정되면서 직업, 체육, 예술 등 특정 분야의 교육을 전문적으로 실시하는 특성화특수학교를 지정해서 운영할 수 있게 되었습니다. 법령 개정과 맞물려 2024년 9월, 국립공주대학교 사범대학 부설 특수학교가 개교했는데, 이 학교는 발달장애 학생을 대상으로 직업교육을 전문적으로 교육하는 고등학교 과정의 특수학교입니다. 이 밖에도 2027년 개교 예정인 한국교원대학교 부설 특수학교는 체육 분야, 부산대학교 부설 특수학교는 예술 분야의 특성화특수학교로 운영될 예정입니다.

국립공주대학교 사범대학 부설 특수학교에는 각종 전문 실습실과 교실, 기숙사, 스포츠실 등 교육을 위한 다양한 시설이 갖추어져 있습니다.

ⓒ필통톡

이와 같은 변화들은 교육부가 2023년부터 시행 중인 '제6차 특수교육 5개년 계획'의 일환입니다. 5개년 계획은 특수학교·학급·교사를 최우선적으로 늘리면서, 장애에 대한 사회 전반의 인식을 개선하여 장애인의 채용과 사회 참여를 지원하는 교육 체계를 구축하는 데 중점을 두고 있습니다. 특수학교를 설립할 때 지역 주민들의 반대로 마찰이 생기는 경우가 많은데, 특수교육기관을 늘리고 통합교육을 진행하는 데에는 사람들의 인식을 바꾸는 것이 꼭 필요합니다. 이주호 부총리는 장애에 대한 사회의 인식을 개선하고 실질적으로 특수교육대상자를 지원하기 위해 교육부가 추진 중인 여러 정책들을 소개합니다.

| 이주호 |
부총리

"아이들이 학령 초기부터 장애에 대한 편견을 가지지 않도록 교과용 도서를 편찬할 때 장애에 대한 바른 인식이 포함되도록 하고, 교사들이 교과와 연계한 장애인식개선 수업을 할 수 있도록 전국 단위 공모전을 개최하고 있습니다. 모든 교육정책 추진 시 특수교육대상학생의 요구를 고려한 사전 검토 목록을 만들어 적용하는 정책도 시행 중입니다."

이와 더불어 특수교사뿐 아니라 일반교사의 특수교육 역량 강화를 위한 연수를 확대하고, 특수·일반 교사 간의 협력을 증진하기 위한 프로그램도 강화하고 있습니다. 범국민적 차원의 장애 공감 문화 확산을 위해 매년 4월 20일 장애인의 날을 전후하여 전국 학교에서 장애이해교육을 실시하고 다양한 행사를 통해 장애학생과 비장애학생이 공감하며 함께 살아가는 문화를 조성하고 있습니다. 정정은 교사는 장애학생의 학부모가 공통적으로 하는 말이 "장애 아이를 돌보는 것도 어렵지만 그보다 더 어려운 것이 세상의 시선"이라는 점을 짚으며, 주변 교사와 관리자 및 비장애 학부모님들의 인식을 바꾸는 특수교사가 되고 싶다고 밝혔는데요. 사회 인식 개선을 위한 교육부의 정책들은 그런 현장 특수교사들의 노력에 힘을 보태고 있습니다.

장애가 있어도 잠재력을 발견할 수 있도록

장애가 있는 학생도 삶에 필요한 능력과 지식을 갖추고 원하는 직업을 택할 수 있도록 해 주는 것은 특수교육의 기본적인 책무입니다. 이를 위해 중요한 것은 장애에 가려진 학생 개인의 재능과 가능성을 발견할 수 있도록 돕는 것입니다. 앤 설리번의 수업이 위대했던 이유는 보지 못하고 들을 수 없었던 헬렌 켈러가 단순히 손가락 문자를 흉내 내도록 한 것이 아니라 그 너머에 있었던 탁월한 언어적 재능을 보고 그것을 활짝 꽃피우는 단계에까지 도달시켜 주었던 데 있으니까요.

장차현실 작가는 「필통톡」에서 딸의 예술적 재능을 23세에야 발견한 경험을 털어놓았는데요. 인식을 바꿨을 때 장애에 가려진 가능성을 찾을 수 있다는 사실을 실감하게 하는 경험이었습니다.

| 장차현실 |
학부모(만화가)

"제가 아이들을 가르치는 화실에 은혜가 나와서 청소를 하다가 아이들이 그림을 그리는 틈에 앉아서 자기도 끄적끄적 뭘 그리더라고요. 2013년 2월 27일, 그날을 아직도 기억하고 있어요. 은혜의 그림을 보고 깜짝 놀랐어요. 그냥 갱지로 된 연습장에 4B연필로 쓱쓱 그린 그림인데, 마치 화가 에곤 실레 같은 아주 좋은 선이 은혜의 그림 안에 있는 거예요. 저는 만화가인데 왜 딸의 이런 재능을 몰랐을까요? 며칠을 고민하다 결론을 냈어요. 내가 지금껏 은혜를 치료나 교육이 필요한 대상으로만 생각했지 '가능성 있는 존재'로 생각하지 않았구나, 하고요. 그때부터 은혜를 대하는 저의 태도가 달라졌습니다."

박기준 교사도 장애학생들이 일반인을 대상으로 한 3D 프린팅 공모전에서 우승한 사례를 「필통톡」에서 소개했는데요. 이들의 이야기는 가능성에 제한을 두지 않고 도전해도 얼마든지 성공할 수 있다는 것을 보여 줍니다.

"학생들과 함께 코로나19 기간 중에 문화재청에서 주최한 3D 프린팅 공모전에 도전했는데요. 작품을 만드는 데 초점을 둔 게 아니라 프레젠테이션으로 작품을 만든 과정과 기술력을 소개하는 공모전이라 '이거다' 싶었죠. 우리 학생들은 발달장애학생들이잖아요. 학생 부문에 참가해 당당히 1등을 했고 문화재청장상과 상금 300만 원을 받았습니다. 저로서 고무적인 건 우리 학생들이 일반 학생들과 같이 경쟁을 해 우승했다는 거였어요."

| 박기준 |
대구이룸고 교사

　장애를 지닌 학생들도 자신의 재능과 가능성을 존중받을 수 있도록, 그리고 느리더라도 충분히 성장할 수 있도록 특수교육 현장은 변화를 거듭하고 있습니다. 모든 사회 구성원이 장애에 가려진 그들의 재능과 가능성을 바로 볼 수 있는 인식을 갖추게 된다면 그 변화는 더욱 빛을 발할 수 있을 것입니다. 그 빛이 더 멀리 밝게 비출수록, 우리 사회도 다양성을 존중하며 모두가 함께하는 관용의 사회로 거듭날 수 있을 것입니다.

"2024 10월 「필통톡」 13회차 공개 당시, 특수교육정책과에서 근무하며 특수교육 중장기 정책을 담당했던 교육연구사 김주홍입니다. 특수교육은 장애학생의 교육적 요구와 권리에 대한 국가와 사회의 책무입니다. 따라서 특수교육 정책은 장애학생의 삶의 질을 높이기 위해 이루어지는 모든 교육적 조치로서 학생들의 교육기본권을 보장하는 기반이 됩니다. 이번 「필통톡」 방송에서는 특수교육의 전반적 현황과 통합교육, 진로직업교육 등 주요 정책 중심으로 소개하였습니다. 특수교육 정책은 교육 정책의 보편성이라는 토대 위에 장애학생 개개인의 특성을 고려한 섬세하고 촘촘한 지원을 지향하고 있습니다. 교육정책의 베리어프리를 통해 장애학생을 포함한 사회통합의 기반이 두터워져서 모두가 존중받는 국가책임 맞춤형 특수교육의 실현이 한 걸음 더 당겨지기를 기대합니다."

다음 QR 코드 링크를 통해 「이주호의 필통톡」 영상 및 관련 교육 정보를 만나실 수 있습니다.

• 필통톡 13-1	• 필통톡 13-2
누구나 존중받는 교육, 특수교육(수어해설)	꿈을 심고 함께 성장하는 학교 교육(수어해설)

13. 학생, 학부모, 교사가 디지털로 소통하는 '함께학교'

혜성과 충돌한 지구, 소통의 실패가 부른 파국

넷플릭스 영화 「돈 룩 업(Don't Look Up)」에서 랜들 민디 박사와 대학원생 케이트 디비아스키는 거대한 혜성이 지구에 6개월 안에 충돌할 것이라는 사실을 발견합니다. 이들은 어렵게 대통령을 만나서 이 사실을 알리지만, 대통령은 심각하게 받아들이지 않다가 자기 스캔들을 덮기 위해 이 사태를 이용하려 합니다. 하지만 핵폭탄을 써서 혜성의 궤도를 바꾸어 충돌을 막겠다는 정부의 계획은 드론으로 혜성에서 희귀 자원을 채굴해 경제성을 창출하겠다는 거대 기업의 개입으로 무산되고 맙니다. 민디와 디비아스키는 TV에도 출연해 혜성 충돌의 위험성을 대중에게 절절히 호소하지만, 미디어도 이 일을 가십거리로 전락시킬 뿐이었습니다. 대중은 혜성 충돌을 실제 위기로 받아들이는 쪽과 아닌 쪽으로 나뉘어 혼돈에 빠집니다. 일부 세력은 "돈 룩 업"이라는 정치적 구호를 만들면서 위기를 부정합니다. 과학자들은 위기에 대해 경고하고 합리적 해결책을 제시했지만, 저마다 상황을 자기 좋을 대로 이용하려 하는 현실 속에 사태 해결을 위한 소통은 불가능했습니다.

영화 「돈 룩 업」 속에는 혜성 충돌이라는 절체절명의 위기 앞에서도 서로 믿지 않고 귀를 닫으며 오히려 자신의 이익을 위해 상황을 이용하려는 사람들이 등장합니다. 결국 인류는 커다란 위기를 맞이합니다.

결말은 어땠을까요? 결국 혜성은 지구에 충돌했고, 세계는 거대한 폭발과 함께 멸망하고 말았습니다. 진실한 경고를 귀담아듣지 않은 정부와 미디어, 가십거리로 소비해 버린 대중들 사이에서 과학자들이 시도한 소통은 실패하고 말았고, 소통의 실패는 결국 인류를 파멸로 끌고 갔습니다. 풍자로 가득 찬 「돈 룩 업」은 우리에게 한 가지 교훈을 줍니다. 우리가 힘을 합쳐 해결해야 할 문제가 발생한다면 정치적, 경제적 이해관계에 앞서 본질을 제대로 파악하고 서로를 이해하기 위해 온 힘을 다해야 한다는 것입니다.

혜성의 충돌을 막아 내는 일만큼이나 모든 구성원 간의 협력이 중요한 현장이 있습니다. 바로 학교입니다. 학생과 교사, 학부모 등 저마다 다른 입장을 지닌 주체들이 협력하여 아이들의 배움이라는 과업을 차질 없이 수행할 수 있어야 합니다. 교육부 역시 학교 현장의 일들을 이해하고, 또 학교를 이해시키기 위해 끊임없이 소통해야 한다는 사명을 지니고 있습니다.

학교의 세 주인, 함께학교에서 만납니다

학교에서의 소통이라고 하면 사람들은 흔히 학생들 간, 혹은 학생과 선생님 간의 소통을 떠올립니다. 그렇지만 교육은 본질적으로 사람이 하는 일이기에 학교에서 소통이 필요한 관계도 생각보다 매우 다양합니다. 학생-학생, 학생-교사는 물론 학부모-교사, 교사-교사, 나아가 교사-교육정책 담당자까지 다양한 주체가 끊임없이 의견을 나누는 상황에 놓이게 됩니다.

그렇기에 교육의 세 주체인 학생, 학부모, 교사는 그간 소통을 위해 많은 노력을 해 왔습니다. 하지만 체육대회의 입장 순서 정하기, 모둠별 활동, 현장 체험학습과 같은 학급의 작은 일부터, 고교학점제나 늘봄학교와 같은 커다란 정책적 변화를 유연하게 현장에 적용시키는 일까지 학교에서 논의해야 할 사안의 형태는 너무도 많고 다양합니다. 과거에는 논의의 방식도 유선전화와 회의, 가정통신문 정도로 그쳤지만 이제는 수많은 목소리와 정보가 학교 메신저와 홈페이지, 교육청 알리미와 블로그, 맘카페, 뉴스 기사의 댓글 등 다양한 채널을 통해 범람하듯 학교로 쏟아지고 있습니다. 그렇지만 어떤 것이 정확한 정보인지, 내가 낸 의견은 학교 운영에 반영되고 있는 것인지 파악하기 힘든 때가 많습니다. 채널은 많아졌지만 의미 있고 만족스러운 소통은 왠지 조금 더 어려워진 것 같습니다.

"학교에서 학생, 학부모님들과 의사소통을 잘하기 위해서 많은 노력을 합니다. 한 가지 예로 저는 일단 학기 초가 되면 저희 반 학생 모든 학부모님들께 편지를 보냅니다. 저에 대해 소개해 드리고, 학급 운영 방식을 설명해 드리며 다가가면 공감해 주시면서 소통의 장이 열립니다. 그렇게 소통의 관계를 꾸준히 이어 가면, 간혹 학급 운영에서 실수가 있어도 훨씬 잘 이해하고 배려해 주십니다."

| 이승민 |
동북고 교사

평소 편지로 학부모들과 소통의 장을 연다는 서울 동북고등학교의 이승민 교사처럼, 정감 있는 소통 방식으로 먼저 다가가 상대방의 진정성과 이해를 이끌어 낼 수도 있습니다. 그러나 이 바쁜 사회에서 모든 사안을 편지로 소통할 수는 없는 일. 편리한 디지털 방식으로 학생과 학부모, 교사 모두가 교육 현안에 대해 긴밀하고 만족스러운 소통을 할 수 있는 안정적인 공간이 있다면 좋지 않을까요? 교육의 세 주체가 교육 제도를 각각의 입장에서 토론도 해 보고, 현장의 생생한 목소리를 반영한 정책 제안도 할 수 있을 것입니다. 이를 통해 학생, 학부모, 교사가 서로에 대한 오해를 줄이고 신뢰를 회복할 수 있다면, 사회를 안타깝게 했던 서이초등학교 사건과 같은 교사의 교육활동을 침해하는 행위나 학교 폭력으로 인한 사고들도 줄어들 것입니다. 바로 이를 위해 교육 소통 플랫폼 '함께학교'가 탄생했습니다.

나의 제안이 실제 정책으로, 함께학교의 효능감

함께학교 웹페이지(https://www.togetherschool.go.kr/)에 따르면 함께학교는 "교육 주체 간 신뢰, 존중의 문화를 회복하고 교육 대전환을 이루기 위하여 서로의 생각과 정보를 나누고 자유롭게 정책을 발전시키는 상시 소통의 온라인 공간"이라고 합니다. 단순히 정보 전달만 하는 것이 아니라, 무엇보다도 쌍방향 소통에 중점을 둔 플랫폼이라는 점에서 기존의 공간들과는 차이가 있습니다. 학부모와 교사, 학생 모두가 참여할 뿐만 아니라, 교육부와 직접 소통할 수 있는 공간을 마련함으로써 교육 주체들이 의견을 나누고 정책을 개선하는 시스템이 구축된 것입니다.

디지털 소통 플랫폼 '함께학교' 홈페이지.

서이초등학교 사건으로 정부와 교사들의 소통 부재와 불신을 반성하며 '함께학교'라는 소통 플랫폼이 기획되었습니다. 2023년 11월 플랫폼을 개통한 이후 관련 정책의 개선을 간절히 바란 교사들을 중심으로 가입이 크게 증가하여 2025년 4월 기준 14만 6,000여 명의 교사, 학부모, 학생 그리고 일반 사용자가 함께하고 있습니다. 고

무적인 것은 같은 입장인 사람들끼리 뭉치기 쉬운 온라인 커뮤니티의 형태를 벗어나 교육의 세 주체가 고르게 참여하여 교육 분야의 종합 포털로서 국민 의견을 수렴할 수 있는 형태를 갖췄다는 점입니다. 2025년 회원 비율을 보면 교원이 가장 많고 학부모가 그다음이지만 학생 가입 비율도 약 14% 정도로 적지 않고, 일반 사용자의 가입률도 학부모와 비슷할 정도로 많습니다.

함께학교 디지털 소통 플랫폼 가입자 현황 (2025. 4. 17. 기준)

- **일반: 34,704명(23.78%)**
  교육에 관심 있는 일반 국민

- **교원: 50,704명(34.74%)**
  전체 교사의 약 15%에 달하는
  교사들이 가입하여 활동 중

- **학부모: 39,750명(27.23%)**
  학부모 정책에 대한 관심을 바탕으로
  교육 3주체로서 참여 중인 학부모

- **학생: 20,802명(14.25%)**
  화상튜터링, 토론대회,
  함께동아리 등을
  위해 가입한 학생

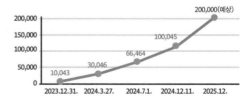

초기에는 교사들만 가입할 수 있었지만, 정책 형성 과정에서 학생들과 학부모들의 의견을 균형 있게 듣기 위해 누구나 가입할 수 있도록 모든 국민 대상으로 그 외연을 확장했습니다. 불과 1년 만에 회원 수 10만 명을 돌파한 것을 보면 교육 현장이 얼마나 이런 소통을 필요로 했는지 실감할 수 있습니다.[1] 그러고 보면 어느 학원이 좋은지, 학교에서 어떤 일이 있었는지를 공유하는 온라인 공간은 너무나 많지만 '내 아이'의 이해관계에서 더 나아가 교육정책에 대해 깊이 토론할 수 있는 공간은 처음인 셈입니다.

특히 그렇게 모인 중지(衆志)가 교육부에 제안되고 정책으로 실행된다는 점에서 그 의미가 큽니다. 2025년 4월 기준, 함께학교에 올라온 총 1,049건의 정책 제안 중 135건의 제안이 정책답변으로 채택되어 정책 실현 또는 논의 중에 있습니다. 그 내용을 살펴보면 '수업공개 법제화 중단'(2023. 11.), 전문성 있는 학교폭력 사안조사 업무의 수행을 위한 '학교폭력 전담조사관 제도 도입'(2023. 12.), '자율적 수업혁신지원 방안'(2024. 3.), '행정 업무 경감 및 효율화 방안'(2024. 5.) 등 교사, 학부모, 학생 모두 관심을 가지고 목소리를 내는 중요한 사안들입니다. 또한 대중으로부터 많은 공감을 얻은 제안을 바탕으로 '학생 맞춤형 마음건강 통합지원'(2024. 8.), 체험학습 인정의 어려움을 반영한 '나이스 온라인 출결관리 도입'(2024.

---

1 2023년 11월 20일에 개설된 함께학교 플랫폼 이용자는 2024년 11월 말, 10만 명을 돌파했다.

9.) 등을 제도로 실현했습니다.[2]

이처럼 실제 정책을 기획하고 실행하는 과정에서 효과적인 소통을 이뤄 내고 있는 함께학교는 공공정책평가협회가 주관하는 '2024년 우수 행정 및 정책 사례 선발대회'에서 대상을 수상했고, 다수의 정부 기관에서 벤치마킹하는 사례로 손꼽히게 되었습니다.

함께학교 플랫폼 '정책실현' 메뉴에서는 제안이 정책으로 실현된 내용을 확인할 수 있습니다.

---

2 〔보도자료〕함께학교와 함께한 1년, 교원·학생·학부모가 소통하는 공간으로 자리잡다, 교육부, 2024.

온라인을 넘어선 소통, 함께차담회

플랫폼이라는 형태 덕에 정제된 글로써 소통할 수 있다는 것이 함께학교의 큰 장점이지만, 얼굴을 보며 나누는 소통의 장점도 놓치지 않기 위해 '함께차담회'라는 오프라인 대면 소통의 장도 이어 가고 있습니다. 2023년 9월 15일부터 10회에 걸쳐 진행됐던 '현장 교사와의 간담회'가 '함께차담회'라는 브랜드로 발전했고, 2025년 5월 초 현재까지 76회가 개최되어 2023년의 간담회부터 합치면 총 86회에 걸쳐 대면 소통을 이어 오고 있습니다. 함께학교에서 많은 동의를 얻은 제안은 정책으로 다듬는 단계에서 '함께차담회'를 통해 한 번 더 현장과 소통하는 경우가 많습니다. 교사 누구나 함께학교의 '함께차담회' 코너를 통해 교육부 장관에게 초대장을 보낼 수 있고, 교육부도 필요한 사항에 대해 교사들에게 초대장을 보내 차담

함께학교 홈페이지를 통해서 교사 누구나 교육부 장관에게
초대장을 보내 함께차담회를 열 수 있습니다. 교육부도 교사들에게
초대장을 보내 교육 현장과 소통하는 시간을 갖고 있습니다.

ⓒ교육부

회를 개최하는 형식으로 만남이 이루어지고 있습니다.

　이주호 부총리는 2028년 대입에서 심화수학이 빠지게 된 배경을 현업 교사들과의 함께차담회에서 충분히 설명하며 현장의 이해를 이끌어 낼 수 있었다고 말하면서, 더 많은 학부모와 학생이 함께학교로 정책을 이해하기를 바란다고 했습니다.

　"입시라든가 사교육 관련 대책들은 시중에서 접할 수 있는 정보들이 교육부의 의도와는 다른 경우가 많았지만, 그것을 바로잡는 것도 이제까지는 역부족이었습니다. 그런데 함께학교 플랫폼과 함께차담회를 통한 교사들의 반응이 굉장히 좋아 희망을 가지게 되었죠. 더 많은 학부모와 학생들이 함께학교에 참여하게 되면 교육정책이 훨씬 더 효과적으로 현장에 전달될 겁니다."

| 이주호 |
부총리

　현재까지 함께차담회로 총 265건의 논의 과제를 발굴했습니다. 이 중 237건은 실제로 교육부의 정책이나 계획 등에 반영해 추진하고 있고, 나머지 28건은 검토 중으로, 89.4%라는 높은 추진율을 보이고 있습니다. 2028학년도 대입 개편안이나 디지털 혁신 등 교육 현장에 변화가 필요한 시기에 함께차담회는 교사들이 정책을 더 잘 알고, 교육부로서는 현장의 어려움을 직접 청취할 수 있는 소중한 이해의 장이 되고 있습니다.

정말 내 의견이 교육정책이 될 수 있는 걸까요? 제1차 차담회의 사례를 들어 보겠습니다. 2023년 10월, 교육부는 「초중등교육법」 시행령을 개정하는 입법예고를 했습니다. 이미 연 2회 자율적으로 이루어지고 있던 수업 공개를 의무화하는 내용이었죠. 학부모들의 알 권리를 강화하는 내용이기도 했지만, 교사들 사이에는 현장의 자율성을 침해할 수 있다는 우려도 많았습니다. 함께학교에 이 법령 개정을 멈춰 달라는 정책 제안이 올라오자 교사 4만 5,000명이 읽고 추천 1,304건을 얻었습니다. 과거 같으면 꿈쩍도 않았을 교육부는 현장의 목소리를 확인하기 위해 첫 차담회를 열었고, 결국 법안을 철회했습니다. 정책은 180도 변화해 교사들의 자발적인 수업 혁신을 지원하는 방향으로 바뀌었고, 2024년 처음 전국 단위의 교사 연구회가 200개, 시도별 교사공동체가 360개 신설되었습니다.

2025년부터 시범 운영을 시작하는 '신규교원 역량강화 모델 개발을 위한 시범운영 추진 계획(가칭 수습교사제)'도 함께학교에서 시작되었습니다. 서이초등학교 사건을 계기로 교육계에는 저연차 교사들이 현장에 원활히 적응할 수 있도록 연착륙하는 제도가 필요하다는 의견들이 많았고, 제22차와 제24차 함께차담회를 통해 공식적으로 건의되었습니다. 교육부는 이를 반영하여 2025학년도 교사 신규 임용 대기자 중 희망 인원을 한시적 기간제 교원으로 채용해 학교 내 지도교사로부터 수업, 상담, 민원 처리, 학교행정 업무 전반을 배울 기회를 제공했습니다.[3] 올해 1학기부터 경기 87명, 대전 20명, 경북 19명, 세종 8명이 시범 운영에 참여하고 있습니다.

함께학교 들여다보기

2023년 서비스를 시작해 많은 변화를 거듭해 온 함께학교 플랫폼은 현재 웹페이지와 모바일 애플리케이션으로 이용 가능하며, 간단한 회원가입을 통해 곧바로 정책을 제안하고 커뮤니티에 참여할 수 있습니다. 시작한 순간부터 지금까지, 그리고 앞으로도 사용자 경험을 바탕으로 변화를 계속할 생성형 플랫폼입니다. 함께학교에 지금은 어떤 공간들이 있는지 한번 살펴볼까요?

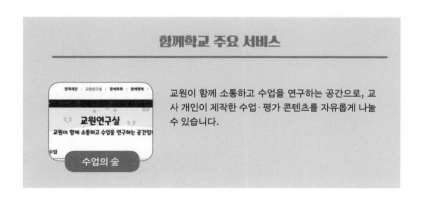

함께학교 주요 서비스

교원이 함께 소통하고 수업을 연구하는 공간으로, 교사 개인이 제작한 수업·평가 콘텐츠를 자유롭게 나눌 수 있습니다.

교원연구실
교원이 함께 소통하고 수업을 연구하는 공간입...
수업의 숲

---

3 〔보도자료〕신규교원 역량강화 모델 개발에 4개 교육청 참여 발표, 교육부, 2024.

교육정책을 알기 쉽고 빠르게 전달하며 학생, 교원, 학부모 모두의 생각이 모여 교육정책이 되는 공간입니다. 누구나 자유롭게 교육정책을 제안하고, 교사는 교육부 장관과의 오프라인 소통인 '함께차담회'를 신청할 수 있습니다.

'부모배움 콘텐츠'와 '자유정보나눔', '함께학교 지원단 콘텐츠' 등 다양한 교육 정보를 누구나 자유롭게 공유하는 공간입니다.

학교폭력, 교권침해 등 법률 분야, ADHD, 아동·청소년 심리 등 마음 건강 분야, 진로, 대입 등 자녀교육 분야의 전문가에게 1:1 상담을 무료로 받을 수 있습니다.

우리 학교, 선생님, 부모님, 친구들에 대한 자랑, 칭찬 등 소중한 순간을 공유하고 자유롭게 이야기하는 공간입니다.

개인 맞춤형 튜터링 서비스인 화상튜터링, 입시 상담, 진로 설계 등의 교육 컨설팅을 신청하고 받을 수 있는 공간입니다. 고교학점제로 공부하는 학생들을 위한 'e-플래너'도 이 공간에서 만날 수 있습니다. e-플래너를 통해 학생 스스로 진로를 탐색하고 과목을 선택하여 개인별 맞춤형 교육과정을 설계하고 관리할 수 있습니다.

학생 스스로 자신의 진로에 맞는 과목을 선택할 수 있도록 온라인 컨설팅을 제공하는 공간으로, 중학교 3학년 학생과 고등학교 학생이라면 누구나 신청할 수 있습니다.

   2025년에는 학생, 교원, 학부모가 더 활발하게 참여할 수 있도록 다양한 서비스가 신설될 예정입니다. 중1-3, 고1 학생들은 스터디 카페 메뉴의 '화상튜터링'을 통해 현직 교사나 대학생 멘토의 수학, 영어 과목 개인 튜터링 서비스를 받을 수 있습니다. 또한 '진로·학업 설계 컨설팅'에서는 진로 탐색, 과목 선택, 학습 코칭, 학업 관리, 진학 지도 등 진로와 학업 설계 전반에 관해 필요한 정보를 제공합니다. 이 외에도 함께학교 학생 회원이 학업 이외의 분야에서 즐겁게 활동할 수 있는 동아리 공간 '함께동아리'를 통해 분야별 전문기관과 연계한 멘토링도 지원됩니다.

   대화와 의사소통 전문가인 박재연 리플러스인간연구소 소장은 소통 플랫폼인 함께학교의 장점을 "숨어 있던 목소리를 '글'로 만날 수 있다는 점"이라고 짚었습니다. 오프라인 공간에서 의견을 잘 표현하지 못하는 소심하거나 예민한 기질의 아이들도 함께학교를 통해 자기 의견을 알리고픈 욕구를 충족할 수 있다는 겁니다. 또한 모두가 볼 수 있는 함께학교에 글로써 자신의 의견을 올리게 되면 교사나 학부모도 아이들에게 보여 주는 언어라고 생각해 한층 정제되고 순화된 표현을 쓸 수 있고, 학생들도 이를 지켜보며 비난의 단어가 아닌 지혜의 단어로 의견을 내는 법을 배울 수 있다고 평가합니다. 이렇듯 모두가 목소리를 낼 수 있는 함께학교에서 교사, 학부모, 학생들은 행복한 학교를 만들어 갈 제안들을 쏟아 내고 있습니다.

"선생님들은 진중하게, 굵직굵직한 교육 현안에 대한 제안을 많이 해 주십니다. 학생들의 경우에는 아기자기하고 재미있는 제안이 많습니다. 휴대폰 관리나 두발 자유, 체육복 착용 같은 것들이지요. 소중한 이 의견들이 모두에게 공개된다는 것이 중요합니다. 학부모님들의 제안은 범위가 넓습니다. 학부모 입장에서 입시나 진로 등에 대한 것 등 광범위한 제안을 해 주고 계십니다."

| 조재범 |
풍덕초 교사

작은 목소리도 놓치지 않는 학교를 위하여

남과 소통할 채널은 많아졌는데도 사람들은 더 자주 외로워지고 있습니다. 연결이 가볍고 쉬워진 만큼 깊이 있는 소통이 줄어들고, SNS에 공개된 남의 화려한 모습과 나를 무의식중에 비교하게 되는 경우가 많아서이겠지요. 이처럼 '혼자'가 되기 쉬워진 사회에서 '함께'라는 단어가 주는 울림은 더 특별하게 다가옵니다. 충분한 소통으로 서로를 이해하고 돕게 만드는 '함께'의 가치는 '교육'이라는 어려운 협업에 나선 사람들에게는 더욱더 중요할 것입니다.

성공 가능성이 높은 방법으로 모두 협력해 해결할 수 있었는데도 끝내 지구를 멸망시켜 버린 「돈 룩 업」속의 소통 실패는 이 이야기가 영화라는 것마저 잊고 쓴웃음을 짓게 만듭니다. 오늘날 현실 속에도 소통의 실패로 일어나는 사고나 문제가 워낙 많은 만큼 영화의 메시지가 무겁게 다가오기 때문이겠죠. 이제 막 교육이라는 협업에 동참한 함께학교는 앞으로 소통의 실패가 없도록 작은 목소리도 놓치지 않고 집중하며 더 크게 변화하고 발전할 준비를 하고 있습니다.

"다수의 의견에는 사람이나 정책이 쉽게 움직이지만, 소수의 의견에는 그렇지 못합니다. 작은 목소리에 귀를 기울이는 것이 가장 어렵습니다. 함께학교라는 시스템 안에서 소수의 목소리에 귀를 기울일 수 있게 된다면 그것을 지켜보고 있는 많은 사람을 움직여 우리나라 교육 현장이 신뢰 관계를 회복할 수 있을 것입니다."

| 박재연 |
리플러스
인간연구소 소장

| 정책 담당자 한마디 |

"2024년 1월「필통톡」7회차 공개 당시, 교육부 학부모정책과 함께학교 TF에서 근무하며 함께학교 정책을 담당했던 교육연구관 권기정입니다. 어떠한 정책도 현장과의 소통이 없으면 추진될 수도, 자리 잡을 수도 없다는 것을 아이러니하게도 소통 플랫폼을 운영하며 절실히 깨달았습니다. 함께학교가 14만 명 이상이 모인 교육 커뮤니티로 성장한 것도 그 때문이 아닐까 생각합니다. 많은 분이 함께 고민하고 만들어 가면 못 이룰 것이 없습니다."

다음 QR 코드 링크를 통해「이주호의 필통톡」영상 및 관련 교육 정보를 만나실 수 있습니다.

● 필통톡 7-1
학생, 학부모, 교원이 디지털로 소통하는 함께학교!

● 필통톡 7-2
당신의 생각이 정책이 됩니다! 함께학교, 그리고 함께차담회

● 디지털 소통 플랫폼 '함께학교'

PART 4

새로운 교육의 힘

새로운 교육의 힘, 미래를 여는 시작

교육은 더 넓은 세상을 향해 나아가고 있습니다.
대한민국이 마주한 다양한 도전 앞에서
이제 교육은 사회를 바꾸는 동력이 되어야 합니다.

지역을 살리고, 사회를 바꾸며, 인재를 끌어들이는 대한민국.
'새로운 교육의 힘'은 우리의 미래를 여는 열쇠이자
우리 교육개혁이 바라보는 다음 페이지입니다.

지자체가 지역 교육을 이끌어 나가는 교육발전특구와 RISE,
세계를 목표로 뛰는 스터디코리아 300K와 글로컬대학,
데이터 기반 교육정책 등으로 만드는 교육부 대전환까지.

아이들의 가능성도, 지역의 성장도, 국가의 경쟁력도
교육이라는 이름 아래 다시 시작됩니다.

14. 교육의 힘이 지역을 살린다

서울로 갈까? 서울을 떠날까? 고민하는 가장 큰 이유

아내와 초등학교 2학년 아이와 함께 서울에 살고 있는 재우 씨는 이직을 앞두고 고민하고 있습니다. 지금 직장과 처우가 비슷한 서울의 다른 기업으로 갈 것이냐, 처우가 좀 더 나은 B시의 기업으로 갈 것이냐가 문제입니다. 지방 출신으로 서울에 있는 대학에 진학한 재우 씨는 서울에서 취업하고 결혼 후에도 쭉 서울에 살기는 했지만, 주거비가 너무 많이 드는 데다 여유라곤 없는 서울 생활에 지쳐 있었습니다. 더구나 작년 여름 가족들과 함께 바로 B시에서 '한 달 살기' 휴가를 보냈는데, 문 밖으로 나서면 보이는 바다와 여유로운 도시 분위기를 한껏 즐겼던 차에 B시의 기업으로 이직할 기회가

자연과 어우러진 곳에서 여유롭게 살고 싶지만, 아이들의 교육이 걱정되어
이주를 망설이는 학부모들이 많습니다.

©EBS

생기니 마음이 쏠릴 수밖에 없었습니다. 프리랜서로 일하는 재우 씨의 아내도 서울살이에 지쳤던 것은 비슷했기에 삶의 속도를 바꾸는 일에 긍정적인 반응을 보였지만, 결정적인 문제 하나가 이들 부부를 망설이게 했습니다. 바로 '아이가 대학을 가려면 고등학생 때 다시 서울로 와야 하지 않을까'라는 것이었습니다.

한편 C군에 살고 있는 유진 씨는 바로 같은 이유 때문에 서울이나 수도권으로 이사해야 할지를 두고 고민을 거듭하고 있습니다. 중학교 2학년인 큰아이가 유난히 공부를 잘해 전교 1등을 독차지하는 것은 물론 수학 올림피아드에서도 수상하는 등 학업에 두각을 드러내고 있는데, 서울에 있는 유명한 고등학교로 보내 국내 상위권 대학이나 해외 명문대로 진학할 길을 닦아 주는 것이 부모로서 해야 할 일이 아닐까 싶은 것입니다.

"지방의 부모님들은 우리 아이들이 경쟁에서 뒤처 지진 않을까, 또 사회적으로 소외받지 않을까 항 상 불안하기 때문에 서울이나 대도시로 이사를 가고는 싶지만, 직장이나 생활 기반을 버리고 이 사를 선택하기도 쉽지 않습니다. 결국에는 어디 서 태어나 자라느냐에 따라서 교육의 출발선이나 교육의 질이 달라진다는 점, 그게 좀 안타깝습니 다."

| 김대년 |
안동고 학부모위원

많은 사람들이 삶의 터전을 잡는 문제를 두고 교육 때문에 고민 합니다. 주거비나 경쟁적인 분위기 등 여러 사유 때문에 서울을 떠 나고 싶거나, 살던 지역에 만족해 계속 머무르고 싶더라도 자녀가 있는 사람들은 우선적으로 교육 여건을 고려하지 않을 수 없습니 다. 2024년 교육을 위해 서울로 전입한 인구는 9만 5,000여 명으 로, 전입 사유별 통계가 작성된 2013년 이래 가장 많은 수준이었다 고 합니다. 서울은 전입자보다 전출자가 많은 '순유출' 경향이 1990 년부터 꾸준히 계속되어 왔습니다만, 주택, 직장, 가족 등 다른 사유 로는 전출이 전입보다 많은 데 비해 교육 목적만큼은 코로나19 시 기인 2021년에만 잠시 줄었을 뿐 2022년부터 계속 순전입자 수가 늘고 있습니다. 서울을 떠나는 사람들이 늘어나고는 있지만, 교육과 관련해서만큼은 예외인 듯합니다.

유형	2020년	2021년	2022년	2023년	2024년
이동률(서울)	-0.7%	-1.1%	-0.4%	-0.3%	-0.5%
이동자 수(교육)	+87,843	+76,134	+82,606	+91,662	+95,209

서울 인구이동 통계 · 전입 사유별 이동자 수

출처: 국가통계포털, 2025.

지역의 위기, 일자리 이전에 학교부터 봐야 합니다

'지역 소멸'이 우리 사회의 큰 위기로 주목받고 있습니다. 일자리가 적거나 교육 여건이 낙후될 경우 지역 소멸을 가속화하는 요인이 됩니다. 상급학교나 대학에 가기 위해 대도시로 이동한 청년층이 일자리, 문화, 상권 등 다양한 인프라 때문에 고향으로 돌아가지 않기 때문입니다. 가족이 한 지역에 온전히 정착하려면 지역에 양질의 일자리가 있어야 함과 동시에 자녀들이 초등학생부터 대학생이 될 때까지 다른 곳으로 떠나지 않아도 되도록 교육 여건 또한 보장해 주어야 합니다. 이를 위한 정책이 '교육발전특구'입니다.

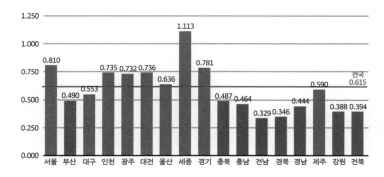

시도별 소멸위험지수* (2024년 3월 기준)[1]

*소멸위험지수란 만 20~39세 여성 인구를 만 65세 이상 인구로 나누어 낸 값으로 0.5 미만이면 소멸위험지역으로 정의한다.

우리나라 17개 시도 중 8개 시도가 소멸 위험에 처해 있습니다.

'교육발전특구'란 지자체, 교육청, 대학, 지역 기업 및 공공기관이 협력하여 지역 교육을 혁신해 인재를 양성하고, 그 인재가 계속 지역에 정주할 수 있도록 지원하는 정책입니다.[2] 정부는 개발 목적에 따라 '특별 구역'인 특구를 지정해서 해당 지역의 규제를 완화하고 재정적, 행정적 지원을 할 수 있습니다. 경제특구, 연구개발특

---

1 이상호, 지방소멸 2024: 광역대도시로 확산하는 소멸위험, 지역산업과 고용, 2024여름호.

2 교육발전특구 시범지역 지정 추진계획, 교육부, 2023.

구, 규제자유특구 등 다양한 특구 가운데 교육발전특구에서는 지역
이 주도하여 지역민들이 만족하는 공교육 혁신 계획을 만들고 실행
합니다. 예컨대 지역 내 기업이나 각종 공공기관과의 연결을 통해
지역 산업과 연계한 프로그램을 만들거나 학교나 대학의 규제를 완
화하고 정규 교육과정을 개선하는 등 여러 가지 방법이 가능하겠지
요. 이를 통해 지역에서 성장한 인재가 해당 지역에 머무르도록 하
는 선순환 구조를 구축하는 데 초점을 맞춥니다.

정부의 교육발전특구 정책 설계에 참여한 한양대 경제금융학과
이영 교수는 기존의 균형 발전 정책이 일자리 창출에만 초점을 맞
춘 탓에 큰 효과를 보지 못했다고 짚으면서, 지역 정책에서 교육이
우선시되어야 하는 이유를 설명했습니다.

"과거에 정부가 많은 균형 발전 정책을 시행했지
만 지역 발전이 되었다기보다 결국은 '주말 부부'
만 많이 생겼습니다. 왜 안 됐을까 살펴보니 원인
이 교육에 있었던 겁니다."

| 이영 |
경제금융학과 교수

지방 시대 구현을 위한 지역 교육 경쟁력 제고

핵심전략

지역 주도	지역 주체들이 주도하여 지역 특성에 맞는 다양한 정책을 구상하고 확산할 수 있는 체계 구축
공교육 혁신	지역의 학생, 학부모, 교원 모두가 만족할 수 있는 공교육 혁신 방안 도출 및 시행
유기적 연계	유아-초중등-고등 교육의 전 과정에 걸쳐 지자체-교육청-지역 산업 간 긴밀한 연계하에 정책 시행
지역 책무성	규제 완화와 재정 지원을 통해 특구를 지원하되 명확한 성과 목표에 따라 지방 정부의 책무성 확보

기본 방향

- ✔ 지역인재 생태계 조성
- ✔ 지자체 지원 확대
- ✔ 공교육 경쟁력 제고
- ✔ 규제 합리화

출처: 교육발전특구 정책 방향, 교육부.

지역의 교육환경을 개선하면 인구가 수도권으로 지나치게 몰리는 것을 완화할 수 있는 동시에, 그 지역의 특성에 맞춘 맞춤형 교육을 제공하면서 지역 산업에 종사할 수 있는 인재풀을 탄탄히 해 그 인재가 다시 지역의 발전을 견인할 수 있습니다.

2024년 교육부는 교육발전특구 시범지역으로 1차(2월)는 31개 지역을, 2차(7월)는 25개 지역을 지정했습니다. 선정된 지역들은 각자 자기 지역에 맞게 교육 혁신 추진 계획을 세우고 진행하면서 지방교육재정 특별교부금 등 행정·재정적 지원을 받게 됩니다. 다양한 특례와 규제 개선 사항들을 반영한 「교육발전특구 지정·운영을 위한 특별법(가칭)」을 제정하여, 성공적인 특구 운영을 위한 제도적 기반도 강화할 예정입니다. 전국적인 교육 혁신을 통한 지역 균형 발전의 첫걸음을 내디딘 것입니다.

그럼 실제로 교육발전특구에서 어떤 혁신이 일어나고 있는지 함께 살펴볼까요?

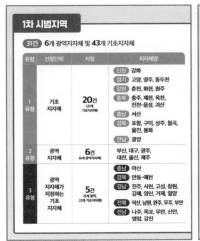
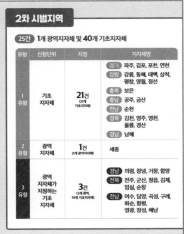

1차 시범지역

31건 | 6개 광역지자체 및 43개 기초지자체

유형	신청단위	지정	지자체명
1유형	기초지자체	20건 (20개 기초지자체)	인천 강화 / 경기 고양, 양주, 동두천 / 강원 춘천, 화천, 원주 / 충북 충주, 제천, 옥천, 진천·음성, 괴산 / 충남 서산 / 경북 포항, 구미, 상주, 칠곡, 울진, 봉화 / 전남 광양
2유형	광역지자체	6건 (6개 광역지자체)	부산, 대구, 광주, 대전, 울산, 제주
3유형	광역지자체가 지정하는 기초지자체	5건 (5개 광역, 22개 기초지자체)	충남 아산 / 경북 안동·예천 / 경남 진주, 사천, 고성, 창원, 김해, 양산, 거제, 밀양 / 전북 익산, 남원, 완주·무주, 부안 / 전남 나주, 목포, 무안, 신안, 영암, 강진

2차 시범지역

25건 | 1개 광역지자체 및 40개 기초지자체

유형	신청단위	지정	지자체명
1유형	기초지자체	21건 (21개 기초지자체)	경기 파주, 김포, 포천, 연천 / 강원 강릉, 동해, 태백, 삼척, 평창, 영월, 정선 / 충북 보은 / 충남 공주, 금산 / 전남 순천 / 경북 김천, 영주, 영천, 울릉, 경산 / 경남 남해
2유형	광역지자체	1건 (1개 광역지자체)	세종
3유형	광역지자체가 지정하는 기초지자체	3건 (3개 광역, 19개 기초지자체)	경남 의령, 창녕, 거창, 함양 / 전북 전주, 군산, 정읍, 김제, 임실, 순창 / 전남 여수, 담양, 곡성, 구례, 화순, 함평, 영광, 장성, 해남

교육발전특구 시범지역 지정 현황.

표선면의 역전 비결, IB 프로그램

　소멸될 위기에 처했었지만 교육으로 인구를 역전하는 데 성공한 지역이 있습니다. 제주도 서귀포시의 표선면입니다. 표선면의 어떤 교육이 이들을 끌어들였을까요? 바로 대표 교육과정인 IB(International Baccalaureate, 국제 바칼로레아) 프로그램 덕분입니다. IB는 스위스에 본부를 둔 비영리 교육재단인 IB 본부에서 개발하고 운영하는 국제 인증 학교 교육 프로그램으로, 현재 전 세계 160여 개국 5,600여 개 초·중·고등학교에서 운영되고 있고, 우리나라 대구와 제주도 일부 지역에서도 2019년부터 자발적으로 도입되기 시작했습니다.

2020년 표선중학교부터 IB 과정을 도입한 표선면은 2024년에 첫 IB 졸업생을 배출했고, 그간 계속 감소하던 인구가 역주행하기 시작했습니다. 2024년 제주도가 1차 교육발전특구에 지정되면서 시범지구인 표선면에서 IB 교육과정을 도입한 학교는 초등학교 4교, 중학교 1교, 고등학교 1교 등 총 6개교로 늘었고[3], 제주 표선면의 인구 또한 2020년 1만 2,325명에서 2024년 1만 2,850명으로 계속 조금씩 증가하고 있습니다.

표선면 인구 증가 추이

연도	2020	2021	2022	2023	2024	2025(3월)
인구수	12,325명	12,386명	12,526명	12,603명	12,762명	12,850명

이 중에 표선고등학교를 한번 들여다볼까요? 표선고등학교 학생들은 1학년 때 2022 개정 교육과정의 공통과목을 이수하고 2학년부터 2년간 IBDP(International Baccalaureate Diploma Programme)를 중심으로 수업을 듣습니다. 대학교처럼 각자 원하는 수업을 듣고 있

---

3 토산초, 표선초, 표선중, 표선고(2020년), 가마초, 한마음초(2022년)

었는데요. 수업은 강의식으로 할 때도 있지만 대부분이 자료 조사, 발표, 토론으로 이루어지고 객관식 시험 없이 서술형·논술형 시험으로 평가를 받는다고 합니다. 수업에서 가장 중요한 것은 교사와의 끊임없는 소통이라고 하네요.

표선고등학교 학생들은 각자 원하는 수업을 듣고, 시험도 서술·논술형으로 평가받습니다. 교사들도 토론을 통해 평가 기준을 세웁니다.

ⓒ필통톡

학생들이 이수 중인 IBDP 과정에는 6개의 선택과목과 3개의 필수 영역이 있는데요. 통합적으로 철학, 도덕, 논술 등을 배우면서 비판적이고 이성적인 사고를 훈련하는 '지식이론(TOK: Theory Of Knowledge)', 학생이 관심 있는 주제에 대해서 4,000여 단어 분량의 개인 연구를 진행하는 '소논문(EE: Extended Essay)', 예술이나 창의적 활동, 체육활동, 지역사회 참여나 봉사활동을 뜻하는 '창의·활동·봉사(CAS: Creativity, Activity, Service)', 이 세 가지 필수 영역 활동은 수업 시간 외에도 계속됩니다. 학생들은 수업, 보고서, 봉사활동, 여러 가지 시험 등으로 정말 바빠 보이지만, 개개인의 만족도는 높다고 합니다.

IBDP 6개 교과(학생 선택)

2022 개정 교육과정	IBDP 교과군
국어	제1그룹 언어와 문학
영어(외국어)	제2그룹 언어습득
사회	제3그룹 개인과 사회
과학	제4그룹 과학
수학	제5그룹 수학
예술	제6그룹 예술

IBDP 3개 핵심 과정(필수 영역)

영역	내용
지식이론 (Theory of Knowledge)	지식에 관한 비판적·이성적 사고 훈련 과정 (전시회: 950단어, 에세이: 1,600단어)
소논문 (Extended Essay)	학생 관심 주제에 대하여 4,000단어 개인 연구 소논문 작성
창의·활동·봉사 (Creativity, Activity, Service)	예술 및 창의활동, 체육활동, 지역사회 참여 및 봉사활동

"IB 과정에는 토론과 글쓰기가 많은데, 결국 IB는 창의성과 논리성을 자극하는 교육입니다. 창의성을 함양하는 이런 교육이 4차 산업혁명이 이루어지는 지금 시대의 변화와 맞아떨어집니다."

| 이영 |
경제금융학과 교수

"경험을 통해 내 것으로 만드는
과정이 값지다고 생각해요."

"답을 찾는 것도 좋지만 그 과정 속에 숨은 무언가를
찾는 게 너무 좋은데 그래서 IB 과정이
저한테 잘 맞는 것 같아요."

표선고 학생들이 「필통톡」에 전해 온 생각들입니다. IB 프로그램은 다양한 수업 방식을 통해 학생들의 학문적 호기심을 불러일으키고 도전하게 만듭니다. 표선면의 교육 철학은 창의적인 인재를 필요로 하는 시대적 흐름과 맞물려 학부모들의 입소문을 타고 전국의 많은 가족을 제주로 불러 모으고 있습니다.

자공고 2.0을 중심으로 펼쳐지는
다양한 지역 교육정책

　잘 알려져 있듯이 '자사고', 즉 자율형 사립고등학교는 학교가 추구하는 교육 목적에 따라 자율적인 교육과정으로 학사 운영을 할 수 있는 사립고등학교입니다. 그만큼 교육의 질이 높아 우수한 학생들이 자사고에 입학하기 위해 치열하게 경쟁하는 것으로도 유명하죠. 자사고처럼 자율적이고 수준 높은 교육과정을 공립고등학교에서도 운영할 수 있다면 더 많은 학생들이 우수한 교육을 받을 수 있지 않을까요. 그래서 지난 2009년 시작된 '자율형 공립고', 즉 자공고 정책을 발전시킨 '자공고 2.0' 정책을 교육발전특구와 발맞춰 2024년 다시 시작했습니다.

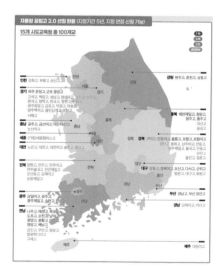

2024년 자공고 2.0 선정 현황

자공고 2.0 사업은 농산어촌과 원도심 등 교육 여건이 열악한 지역이 특성에 맞게 교육 혁신을 자율적으로 추진할 수 있도록 지원합니다. 자율형 공립고는 지자체, 대학, 지역 기업과 협력해 특색 있는 교육과정을 운영함으로써 소멸 위기에 있는 지역의 교육력을 끌어올리는 것을 목표로 하기 때문에, 교육발전특구와 연계할 경우 지역에서 명망 있는 학교를 양성하기 원하는 지자체의 수요와 맞물려 시너지를 낼 수 있습니다.

자공고로 지정된 학교에는 교육발전특구사업과는 별도로 교육부와 교육청이 총 2억 원의 재정을 지원하고 무학년제, 조기입학·졸업, 특별 교과목 운영 등과 같은 다양한 특례를 활용해서 학사 운영의 자율성을 보장하게 됩니다. 2024년 3차례의 공모를 거쳐 전국에서 총 100개 학교가 자공고 2.0으로 선정되었고, 이들 학교 중 79개 고등학교는 교육발전특구사업의 특례도 함께 적용받고 있습니다.

자공고 1.0 및 자공고 2.0 비교 [4]

구분	자율형 공립고 1.0(2009~)	자율형 공립고 2.0(2024~)
운영 방식	• 지자체와 협약 체결·운영 • 학칙, 예·결산, 교육과정 운영 방법 등 세부 사항은 학교운영위원회를 통해 결정	• 지자체 및 대학·기업·법인 등과 협약 체결·운영 • 협약 이행을 위한 '협약·운영위원회' 구성(학운위 대체 가능)

---

4 [보도자료] 지역의 교육혁신을 선도하는 자율형 공립고 2.0 40개교 지정, 교육부, 2024. 2. 28.

구분	자율형 공립고 1.0 (2009~)	자율형 공립고 2.0 (2024~)
교육 과정	• 일반고와 동일한 수준	• 자사고 · 특목고 수준의 자율성 부여
교장 임용	• 교육 경력이 있는 공무원 · 교원만 신청 가능	• 개방형 교장공모제 적용(예정)

교사
배치
	• 「초중등교육법 시행령」에 따라 학교별
	  정원에 맞게 배치
		• 정원의 100%를 초빙 임용 가능
		• 교원 추가 배정 및 산학겸임교사
		  임용 지원 가능

재정
지원
	• 교육청별 지침에 따라 학교 운영비 지원	• 기존 학교 운영비 + 특별교부금
		  및 교육청 대응 투자(2억 원)
		• 협약기관 및 지자체 추가 재정
		  지원 가능

출처: 교육부

자공고 2.0으로 지정된 학교들 중에서 안동고등학교를 한번 살펴볼까요. 경북 안동시는 바이오 백신을 지역산업으로 육성하고 있는데요. 안동고등학교에서는 이에 발맞춰 지역 대학인 국립경국대학교(옛 안동대학교) 백신생명공학과 교수들이 3학년 1학기에 바이오제약이라는 정규 과목 수업을 진행하고, 안동 바이오 산업단지에 입주해 있는 SK바이오사이언스 실무진이 특강을 제공합니다. 이를 통해 학생들은 진로를 탐색할 때 바이오 백신 분야에 대한 지식과 정보를 더 잘 얻고 취업과 입시에 활용할 수 있습니다. 실제로 국립경국대학교 백신생명공학과 학생들은 졸업 후 SK바이오사이언스에 취업하는 경우가 많은데, 자공고 2.0에 선정되어 안동고-국립경국대학교-SK바이오사이언스까지 이어지는 지역 인재의 파이프라인

이 더욱 두텁게 세워질 수 있을 것 같습니다.

국립경국대학교 백신생명공학과 임재환 교수의 바이오제약 강의를 듣는
안동고등학교 학생들.

ⓒ필통톡

　안동 외에도 여러 지역이 특성에 맞춰 자공고 2.0을 만들어 가
고 있습니다. 부산에서는 한국수력원자력과 협력하여 기장군에 소
재한 장안고등학교에 과학 중점 특화형 교육모델과 과학기술 인재
양성 맞춤형 프로그램을 도입해, 일광신도시를 비롯한 인근 지역의
교육 여건을 개선해 나가고 있습니다. 나주에서는 3개의 학교가 '자
공고 연합체'를 이루었다고 하는데요. 교육발전특구와 연계하고 나
주혁신도시 입주기관 및 한국에너지공대 등 지역대학과 협력해 혁
신도시 내 자공고인 나주고등학교, 봉황고등학교, 매성고등학교 3개
교에서 전력 반도체, 정보 통신, 디지털 콘텐츠 제작에 특성화된 공
통 교육과정 운영을 지원합니다. 다양한 교육 선택권을 체험한 세
학교의 학생들이 장차 나주를 살리고 발전시킬 인재로 성장하기를
기대해 보게 됩니다.

지역 맞춤 교육이 열어 가는 '지방 시대'

이 밖에도 교육부는 지역 교육 활성화를 위해 다양한 정책을 추진하고 있습니다. 지자체와 교육청, 기업, 특성화고가 협력하여 지역의 특화된 산업에 맞추어 인재를 육성·제공하는 '협약형 특성화고'도 그중 하나의 모델입니다. 이 책의 '15. 지역과 대학이 함께 성장하는 RISE·글로컬대학' 편에서 더 자세히 살펴보겠지만, 지역 대학이 지역 혁신의 중심으로 기능하면서 세계적 경쟁력을 갖출 수 있도록 '글로컬대학' 육성 사업도 진행 중입니다. 또한 지역마다 점차 그 비율이 늘어나고 있는 이주 배경 학생들도 교육에서 소외되지 않고 글로벌 인재로 성장할 수 있도록, 지역 맞춤형 다문화 교육과 이중언어 프로그램을 지원하는 데에도 심혈을 기울이고 있습니다.

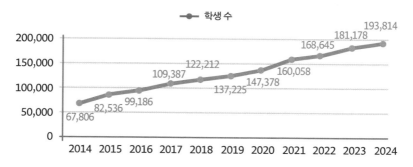

2014-2024년 이주 배경 학생 현황

출처: 교육부, 교육통계, 2024. 4. 1. 기준.

"교육을 혁신하고 싶은 지역의 열망이 이제까지 제대로 분출되지 못했는데, 교육발전특구 정책을 시작하니 정말 많은 호응이 있었습니다. 교육의 힘으로 지역을 발전시킬 수 있을 겁니다. 바로 지금이 골든타임입니다."

| 이주호 |
부총리

　교육발전특구는 진정한 지방 시대를 열고 지방의 새로운 기회를 창출하기 위해 교육부와 지방시대위원회가 함께 추진하고 있는 지역 주도형 교육정책입니다. 이제까지 지역 발전에서 교육은 보조적인 조건 정도로만 여겨지곤 했습니다. 그러나 특색 있는 교육 그 자체를 지역의 특성이자 경쟁력으로 내세워 인구 역전에 성공한 제주도 표선면의 사례는 교육이 필요조건임을 넘어서 그 지역으로 사람들을 끌어모으는 발전의 충분조건이 될 수 있음을 보여 줍니다.

　처음에 소개했던 재우 씨와 유진 씨의 이야기, 기억나시나요? 서울에서 B시로 이사를 고민하던 재우 씨는 B시가 최근 교육발전특구로 지정되었다는 소식을 안다면 이사 결정을 좀 더 수월하게 할 수 있을 것 같습니다. 한편 C시에서 서울로 이사를 고민하던 유진 씨도 인근 지역의 IB 과정을 도입 중인 고등학교에 아이를 입학시킨다면 지역을 떠나지 않고도 좋은 대학에 진학할 길을 찾아볼 수 있을 것입니다.

　교육발전특구를 통해 그간 수도권으로만 빨려들던 인재들이 다양한 지역에서 역량을 꽃피울 수 있게 되기를 기대해 봅니다. 지역에서 새롭게 만들어지고 있는 교육 생태계는 보다 다양성이 넘치고 균형 잡힌 발전이 이루어지는 '지방 시대'의 발판이 될 수 있을 것입니다.

"2024년 5월 「필통톡」을 통해 공개된 '교육의 힘으로 지역을 살리는 교육발전특구'를 담당하고 있는 교육자치협력과 김영현 사무관입니다. 교육발전특구는 저출산과 수도권 집중으로 인한 지역 소멸의 위기 속에서 교육이 어떤 역할을 해야 할 것인가를 고민하면서 시작된 정책입니다. 교육발전특구의 가장 중요한 내용은 지역에 얼마의 재정이 지원되느냐가 아니라 지역 주민들이 원하는 교육정책을 지자체와 교육청이 힘을 합쳐 마련하고 추진한다는 것에 있습니다. 이러한 지역의 고민과 정책 추진의 경험 속에서 진정한 지방 시대를 맞이할 수 있는 지역의 역량이 키워질 것이라고 믿습니다."

다음 QR 코드 링크를 통해 「이주호의 필통톡」 영상 및 관련 교육 정보를 만나실 수 있습니다.

● 필통톡 9-1
교육의 힘으로 지역을 살린다!
교육발전특구

● 필통톡 9-2
지방 시대를 여는 교육혁명,
지역 인재 키우기

15. 지역과 대학이 함께 성장하는
RISE · 글로컬대학

대학생이 없는 대학가

'대학가'라는 말을 들으면 곧장 활기찬 거리가 떠오릅니다. 젊은 이들이 오가며 생활하는 대학교 인근에는 먹을거리도 즐길 거리도 넘쳐나기 마련입니다. 카페나 식당, 주점은 물론 옷 가게, 미용실, 서점, 극장 등 다양한 상가가 즐비한 대학가에는 굳이 이 대학의 학생이 아니라도 활기에 이끌린 사람들이 찾아들게 됩니다. 그러면서 한층 더 붐비는 번화가로 거듭나게 되지요.

그런데 최근 대학가의 상권이 완전히 몰락한 이례적인 현상이 다른 곳도 아닌 서울에서 나타났습니다. 바로 신촌인데요, 명동, 압구정동과 더불어 서울 3대 황금 상권으로 꼽혔던 신촌은 2018년에는 '맥도날드'마저 폐점할 정도로 축소되었고, 코로나19가 종식된 지 1년

이 넘은 2024년까지도 썰렁한 상태를 벗어나지 못했습니다. 주로 학생과 관광객으로 이루어진 유동 인구가 급감하며 큰 소비자층이 빠져나간 것입니다. 게다가 그 후 10년 동안 메르스, 코로나19 같은 팬데믹의 영향으로 관광객은 더 줄어들었고, 상인들도 좀 더 임대료가 낮은 홍대 인근 지역으로 옮겨 갔습니다. 결과적으로 다채롭고 개성적인 상가들이 많아 청년들의 발길을 끌었던 신촌 상권만의 특색을 잃어버리고 말았습니다.

상권별 소규모 상가 공실률			
구분	22년 1/4분기	23년 1/4분기	24년 1/4분기
신촌·이대	13.8%	12.3%	18.3%
홍대·합정	16.7%	8.4%	4.7%
서울 평균	6.2%	6.3%	5.7%

출처: 국가통계포털

아무리 서울 한복판이라 하더라도 오가는 대학생이 사라지자 대학가가 상권으로서의 저력을 잃어버린 것입니다. 하물며 인구가 감소하고 대학생은 더더욱 줄어드는 지방의 사정은 어떨까요. 운영이 어려워 특정 학과의 신입생을 아예 받지 않거나 정원이 부족한 학과를 통폐합하는가 하면, 자진 폐교하는 대학도 있습니다. 2000년 이후 폐교된 지방 대학은 22개에 달하며, 2040년 지방 대학 중 절반은 문을 닫을 것이라는 예측도 나옵니다.[1] 지방의 인구는 계속 감소하고 있는 상황인데, 각 지역 대학들이 겪고 있는 이런 어려움을 극복할 방법이 있을까요?

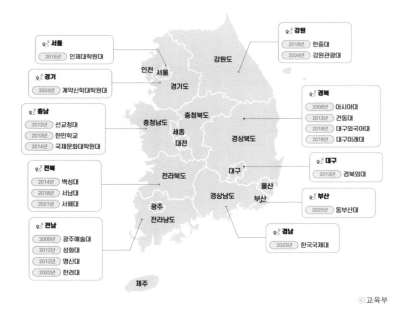

2000년 이후 폐교 대학 현황

ⓒ교육부

---

1 2000년 이후 폐교 대학 22곳…"2040년 지방대 절반 문 닫을 것", 이투데이, 2024. 2. 12.

지역 대학의 위기 그리고 원인

지방 대학의 위기를 보여 주는 가장 대표적인 지표는 바로 대학 신입생 충원율일 것입니다. 지방 대학은 지속적으로 신입생이 줄어들고 있고, 성인 학습자나 외국인 유학생이 없으면 학교 운영 자체가 어려워질 것이라는 우려도 나옵니다. 게다가 신입생을 비롯한 학생 수 감소는 대학 주변 상권에도 악영향을 미치기 때문에 더욱 문제라고 하는데요. 실제로 2024년도에 강원도 태백시에 있는 강원관광대학교가 폐교를 하자 2023년 3만 8,579명이던 태백시 인구는 2024년 2월 폐교 직후 3만 7,602명으로 3개월 만에 1,000여 명이 급감했습니다.[2] 대학의 위기가 곧 지역 경제의 위기라 할 수 있습니다.

이처럼 지방 대학 진학자의 수가 급감한 이유는 무엇일까요. 김헌영 RISE 위원회 위원장은 크게 두 가지 이유가 있을 수 있다고 분석합니다. 우선 출생률 하락으로 학령인구 자체가 줄고 있는 것이 첫 번째 이유이고, 수도권 과밀화에 따라 청년 인구가 수도권으로 유출되는 것이 두 번째 이유입니다. 우리나라의 수도권 과밀 현상은 새삼스러운 이야기가 아니지만, 출생률이 낮아지는 상황에서는 지방 소멸을 가속시키는 큰 원인 중 하나입니다. 한국 인구의 50%가 수도권에 거주하고 있고, 서울의 면적은 국토의 0.6%밖에 되지

---

2 주민등록 인구통계, 행정안전부, 2024.

않지만 인구밀도는 2023년 기준 1㎢당 약 1만 5,533명으로 전국에서 가장 높습니다.[3] 지방보다 일자리와 인프라가 풍부한 수도권으로 청년들이 모여들고, 지역에는 생산 인구가 부족하니 새로운 일자리가 만들어지거나 인프라가 개선되기 힘들어집니다. 이런 악순환 속에 지방 대학도 지역도 위기를 겪는 상호작용이 계속되는 것이죠.

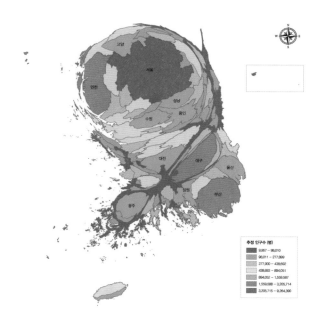

2035년 인구분포 전망 카토그램.[4]

---

3 지역별 인구 및 인구밀도, 통계청, 2024.

4 지도로 보는 우리 국토, 국토 2023년 11월호(통권 505호), 국토연구원.

이런 위기 상황을 타개하기 위해 지자체가 적합한 행정을 펼치는 것도 필요하겠지만 각 지역의 특징적인 산업체와 대학이 연합해 정주 여건이나 일자리 문제를 해결해 나가는 것도 중요한 과제입니다. 민간 기업인 한국항공우주산업의 부사장을 지낸 김형준 경상국립대 경남우주항공방산과학기술원장은 위기 상황을 타개할 수 있는 길은 대학, 산업체, 지자체가 협력하는 혁신적인 모델을 발굴해 청년 유출의 악순환을 끊는 것이라고 짚고 있습니다.

"지금까지 시도하지 않았던 굉장히 혁신적인 모델을 만들지 않으면 확실한 변화를 이끌어 내기는 매우 힘들 것입니다. 지역의 대학뿐만 아니라 산업체, 지자체가 한 팀이 돼서 움직이는 혁신적 모델, 지금은 그런 것이 필요한 위기 상황 아닐까 싶습니다."

| 김형준 |
경남우주항공방산
과학기술원장

세계적 도시에는 세계적 대학이 있는 법

이미 세계 여러 지역에서는 산업체와 대학이 혁신 생태계를 구축해 인재를 공급하고 기술을 개발해 지역을 살려 낸 사례가 많습니다. 대표적인 사례는 미국 캘리포니아주의 실리콘 밸리일 것입니다. 구글, 애플, 페이스북, 메타 등 글로벌 IT기업들이 밀집해 있는 실리콘 밸리의 든든한 배경에는 스탠퍼드대학교가 있습니다. 과거 스탠퍼드대학교도 주변 인프라가 낙후되어 많은 졸업생들이 동부로 떠났습니다. 이에 스탠퍼드대학교는 대학 인근 부지를 개발해 임대 수익을 확보하고 이를 기반으로 연구 단지를 짓는 등 인재 유출을 막으려 노력했고, 여기에 창업가들이 몰리면서 지역이 살아났다고 합니다.[5]

첨단 산업단지로 유명한 미국 캘리포니아주 실리콘 밸리와
그 변화를 이끈 스탠퍼드대학교.
ⓒ필통톡

특히 '디-스쿨(D-school : Institute of Design at Stanford)'로 대표되는 프로젝트 위주의 수업을 바탕으로 융합형 인재를 양성하고 재학생과 졸업생의 창업을 적극 지원하면서 대학이 중심이 되어 '스타트업 생태계'를 조성했습니다. 그렇게 많은 기업이 창업되고 인재가 유입

---

5 [실리콘 밸리는 지금] ② 스탠퍼드대학이 보여 준 산·학 시너지, 아주경제, 2020. 2. 28.

되자 '캘리포니아' 하면 곧바로 떠오르는 실리콘 밸리라는 세계 제일의 첨단 산업단지를 이루게 된 것입니다.

스웨덴 말뫼도 쇠락한 산업 도시에서 지식 기반 도시로 변신한 지역입니다. 과거 스웨덴 최대의 조선소인 코쿰스 조선소가 있는 공업도시였던 말뫼는 1990년대 후반 세계 조선업이 쇠퇴하면서 한때 실업률이 22%에 달할 정도로 위기를 맞았습니다. 선박을 건조하는 데 쓰는 초대형 '갠트리 크레인'도 용도 폐기되었는데, 매입하려는 곳이 없어 2002년 현대중공업이 이 크레인을 1달러에 사서 한국으로 가져왔다는 이야기로 유명하죠.

이때 말뫼시는 공업도시에서 지식 기반 도시이자 친환경 도시로 변신시키는 정책을 펼치기 시작합니다. 조선소 부지에 말뫼대학교를 설립하고, 정부와 EU로부터 기금을 지원받아 학교 인근에 스타트업 육성 허브인 미디어 에볼루션 시티를 세웠습니다. 연구 개발, 금융, 사회 서비스 등 고학력 인재들이 주로 유입되면서 1990년 22만 명이던 시의 인구는 2018년 30만 명을 회복했습니다.[6] 지금 말뫼는 인구 평균 연령이 36세 정도로 '유럽에서 가장 젊은 도시'라는 말을 들을 만큼 활기를 되찾았습니다.

---

6 현대중공업에 밀려 눈물 흘린 스웨덴 말뫼 한국 혁신의 모델이 되다, 조선일보, 2022. 10. 11.
실업률 20%, 지방대가 해결했다…'말뫼의 기적' 꿈꾸는 이곳, 중앙일보, 2023. 9. 14.

쇠락한 산업 도시(왼쪽)였던 스웨덴 말뫼는 말뫼대학교 설립을 계기로
지식 기반 도시로 변신, 이제는 유럽에서 손꼽힐 정도로 활기가 넘칩니다(오른쪽).

©필통톡

"미국의 디트로이트와 보스턴 두 도시를 많이 비교하곤 합니다. 한때는 비슷한 규모였는데, 보스턴이 훨씬 더 빨리 발전했죠. 그 배경을 살펴보면 보스턴에 하버드나 예일과 같은 좋은 대학들이 있습니다. 세계적인 도시가 되려면 세계적인 대학이 있어야 되는 거죠."

| 이주호 |
부총리

　강원대 총장을 역임했던 김헌영 RISE 위원장은 '세계적인 도시에는 세계적인 대학이 있다'는 사실을 일깨우며, 앞으로의 산업은 원천기술이 없이는 경쟁력을 갖출 수 없기 때문에 대학과 연계해 인재와 기술을 확보해야만 한다고 강조합니다. 특색 있게 발전을 이룬 지역의 배경에는 반드시 좋은 대학이 있고, 작은 도시라도 세계적으로 명성을 날리는 우수한 대학이 자리하는 경우가 많습니다. 우리나라도 이제 대학이 중심이 되는 지역 생태계를 만들어 가는 일이 절실한 상황인데, 그런 지역 생태계를 만들기 위해 새로운 노력이 시작되고 있습니다. 바로 교육부가 추진 중인 'RISE' 체계와 '글로컬대학 프로젝트'입니다.

RISE와 글로컬대학으로
지역을 끌어올립니다

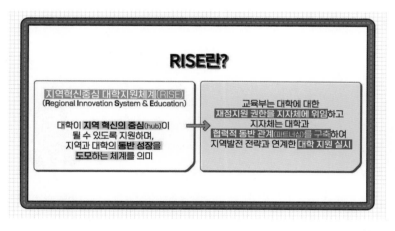

ⓒ필통톡

우선 RISE란 어떤 체계인지 살펴볼까요? '지역 혁신 중심 대학 지원 체계'를 뜻하는 RISE(Regional Innovation System & Education)의 목표는 중앙정부 주도로 일방적으로 진행되던 기존의 대학 지원 방식과는 다르게, 지역의 대학과 지자체가 중심이 되어 지역 혁신 생태계를 만드는 것입니다. 대학을 지역 혁신의 허브로 삼아 지역 특성에 맞는 인재를 양성한다는 명확한 목적에 따라, 산학 협력과 취업 및 창업 지원 등의 사업을 대학과 지자체가 협력하여 추진하게 됩니다. 17개 시도는 약 2조 원을 지원받으며 교육부로부터 위임받은 대학 지원에 관한 행정적·재정적 권한을 토대로 지역발전 전략과 연계한 사업들을 자율적으로 기획하고 추진할 수 있게 되었습니다. 2025년부터 2029년까지 5년에 걸쳐 지자체가 주도해 각 지역의 특색과 강점을 살린 다양한 과제들을 추진할 예정이며, 이를 통해 지역에서 성장한 인재가 지역에서 취·창업하여 정주하는 선순환 구조를 구축할 수 있을 것입니다.

"우리나라의 제일 큰 문제는 수도권 과밀화, 집중화가 아닐까요. 균형 발전을 통해서 대학과 지역이 동반 성장을 해야 하고, 그를 위해 혁신 생태계를 기반으로 한 대학 도시가 해결책이 될 수 있습니다. 그 대학 도시를 위한 구체적인 방법이 바로 RISE 체계라고 할 수 있겠습니다."

| 김헌영 |
RISE 위원장

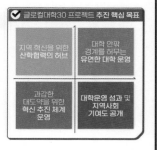

©필통톡

글로벌(Global)과 로컬(Local)의 합성어인 '글로컬(Glocal)' 개념을 기반으로 하는 글로컬대학은 지역의 산업·사회와 연계된 특화 분야에서 세계적인 경쟁력을 갖추고 혁신을 선도하는 대학을 의미합니다. 지역에 뿌리를 두면서도 세계적 경쟁력을 갖춘 선도적인 대학들이라고 할 수 있겠지요. 글로컬대학 프로젝트는 그 의미처럼 RISE 체계 속에서 타 지역과 대학이 벤치마킹할 혁신 모델을 창출하기 위해 학과, 대학, 지역, 산업, 국내외 간의 벽을 허물고 대학과 지역의 동반 성장을 이끄는 선도 대학을 전략적으로 육성하려 합니다. 대학과 지역이 긴밀한 파트너십을 토대로 자율적인 혁신 계획을 제안하면, 정부가 혁신적이고 파급력이 높은 제안을 선별하여 투자하는 '퍼블릭 벤처 캐피털(Public Venture Capital)' 방식으로 글로컬대학을 지원하게 됩니다.

"그동안은 정부가 대학을 지원할 때 학생 수에 맞춰 소위 'n분의 1'로 지원했지만, 이제는 혁신에 초점을 맞춰서 지역 혁신을 지원하는 벤처 캐피털과 비슷한 역할을 하게 되었습니다. 글로컬대학 프로젝트를 통해 정부가 그 역할을 하고 있습니다."

| 이주호 |
부총리

글로컬대학으로 지정된 대학들에게는 5년간 약 1,000억 원 규모의 재정이 지원되며, 혁신의 걸림돌이 되는 규제들을 과감히 혁파하고 대학이 새로운 시도를 적극적으로 펼치도록 규제 특례 등을 지원합니다. 지금까지 20개 혁신 모델(학교 수 기준 31개교)이 글로컬대학으로 지정되었고, 2025년 하반기에 10개 이내의 혁신 모델을 추가 지정할 예정입니다. 우리나라의 400여 개가 넘는 대학들이 벤치마킹할 만한 선도적 사례를 이제 곧 글로컬대학들이 보여 줄 수 있을 듯합니다.

지역이 주도하는 각양각색 대학 혁신

이제까지 추진되었던 지역 연계 대학 지원 사업들과 RISE 체계 및 글로컬대학의 차별성은 지역과 대학이 주도성을 가지고 혁신을 자율적으로 기획하고 추진한다는 데 있습니다. 특히 지자체는 RISE

체계를 통해 교육부뿐 아니라 과기부, 산업부, 중기부 등 지역 혁신을 위해 지원되는 다양한 중앙 부처의 사업들을 지역 단위에서 적극적으로 연계하여, 지역의 특성에 꼭 맞는 인재 양성, 산학 협력, 취업 및 창업 지원 사업들을 추진할 수 있게 됩니다. 지역에서 사업 간 연계가 활발히 이루어진다면 대학과 지역의 동반 성장이 효과적으로 이루어질 수 있을 것입니다. 지역이 주도성을 가져가는 만큼 지역의 특징을 고려한 각양각색의 과제들이 진행 중이라고 하는데요. RISE 체계와 글로컬대학 프로젝트를 통해 대학과 지역이 어떤 혁신을 꿈꾸고 있는지 간략히 살펴볼까요?

RISE 체계와 글로컬대학 프로젝트를 통해 대학과 지역이 손을 잡고 지역에 활기를 불어넣는 교육 생태계를 구축하고 있습니다.

ⓒ필통톡

김해시와 인제대학교는 교육 산업 분야와 지역을 아우르는 도시 대전환을 목표로 대학과 지역 간 벽을 완전히 허물어 김해시 전체를 캠퍼스화하는 'All-City 캠퍼스'를 추진하고 있습니다. 울산시는 울산대학교의 시공간을 초월한 캠퍼스 '유비캠(Ubicam)'을 시 전역에 구축해 산업체가 요구하는 재직자 교육이나 직업 평생교육을 제공하는 등 대학이 지역 산업의 니즈를 잘 반영하는 교육 생태계를 만들어 갈 계획입니다. 전북대학교는 남원시와 손을 잡고 2018년 폐교된 서남대학교를 글로컬 캠퍼스로 재생하여 슬럼화된 지역에 활기를 불어넣는 전략을 추진하고 있습니다. 2027년부터 남원 캠퍼스를 외국인 전용 캠퍼스로 만들어 유학생을 유치하고, 졸업 이후 이들이 전북 지역에 정주하도록 하는 계획도 전북도청과 함께 준비하고 있습니다. 포항공과대학교는 우수한 연구 기능을 바탕으로 창업 기업들이 모여드는 퍼시픽 밸리를 조성할 예정인데, 캘리포니아 공과대학과 맞먹을 세계 최고의 소수정예 연구중심대학이 되는 것이 목표라고 합니다.

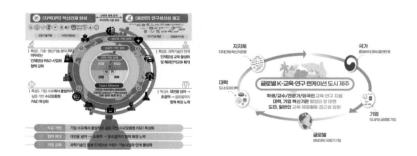

대전시와 제주도의 RISE 계획도. 지자체도 RISE 체계를 통해 지역의 특성에 꼭 맞는 인재 양성, 산학 협력, 취·창업 지원 등을 추진하여 대학과 지역의 동반 성장이 이루어집니다.

ⓒ지역별 라이즈 기본계획, 2024. 12.

대전시는 연구 인력 밀집도 1위라는 지역적 특성을 활용해, 정부 출연 연구기관과 대학 간의 연계를 강화하고 인재 양성, 연구 개발, 사업화 모델을 구축합니다. 인천시는 지역의 대표 현안인 원도심 재생을 위해 소상공인과 대학 등이 참여하는 '리빙랩'을 통해 도심 재생 아이디어 발굴과 상업화를 추진합니다. 제주도는 천혜의 자연환경과 마이스(MICE) 산업 자원, 대학의 역량을 결합하여 교육·연구·여가가 결합된 배움여행(런케이션), 휴가지 원격근무(워케이션) 기반의 교육·방문·연구 거점을 조성합니다. 마지막으로 국내 최고 수준의 대학과 첨단 산업 기업들이 모여 있는 서울시는 산학 협력을 국제 영역으로 확장해 본 글로벌(Born Global) 창업 기업을 육성합니다. 이처럼 지역과 대학의 특색과 역량을 토대로 다채로운 모델이 만들어지고 있으니 글로컬대학과 RISE 지역들이 보여 줄 제2의 말뫼의 기적, 기대해 봐도 좋을 듯합니다.

지역은 대학을 위해, 대학은 지역을 위해

현재와 같은 추세로 인구가 감소한다면, 2047년 이후에는 우리나라의 모든 지역이 소멸 위기를 마주할 것이며, 2065년에는 대한민국 인구가 3,000만 명대로 줄어들고 특히 생산 가능 인구가 지금보다 1,000만 명 가까이 줄어들어 국가 자체가 소멸 위기에 처할 것이라는 전망도 있습니다.[7] 이처럼 지역의 위기가 대한민국의 위기로 확산되는 것을 막기 위해서는 지역에서 성장하는 선순환 체계를 구축하여 국토가 고르게 발전하는 전략이 필요합니다.

"지역 소멸이라는 것이 10년, 20년 전만 해도 '그럴 수도 있을 거야' 정도의 문제였지만 현재는 각종 수치로 현실화가 되고 있습니다. 지역에서는 이 위기를 정말 무겁게 받아들이고 있고, 이를 극복하기 위한 가장 현실적인 대안 중의 하나가 RISE 사업이라고 보고 있습니다."

| 김기숙 |
광주시 교육청년국장

우리 사회는 과밀화와 집중화를 벗어나 긍정적인 '분산'의 기반을 다져야만 하는 시기를 지나고 있습니다. RISE 체계와 글로컬대학 프로젝트는 단순히 교육 분야에 국한된 혁신을 꿈꾸는 것이 아닙니다. 대학과 지역의 혁신을 통한 인재 양성으로 지역에서 일자리를 찾거나 만들고 살아가는 선순환 구조를 만들면, 이 선순환 구조가 곧 긍정적인 '분산'을 촉진해 지역사회와 국가의 발전으로 이어질 것입니다. 교육부는 보텀업(bottom-up)으로 정책 기획 방식을 전환하고 대학 중심에서 지자체 협업으로 정책 전달 방식을 전환해, 대한민국의 위기를 희망찬 미래로 바꿀 실질적인 방법을 찾아보려 합

---

7 2024년 인구보고서: 인구소멸위기, 그 해법을 찾아서, 한반도미래인구연구원, 2024.

니다. 정부, 지역, 기업 등이 대학을 중심으로 힘을 모아 교육을 동력으로 함께 성장하는 혁신 생태계를 기대해 봅니다.

| 정책 담당자 한마디 |

"2025년 2월 「필통톡」을 통해 소개된 '지역과 대학의 동반성장을 위한 지역혁신중심 대학지원체계(RISE)'를 담당하고 있는 지역인재정책과 김희준 사무관입니다.

RISE 체계는 학령인구 감소와 지방 소멸의 위기 속에서 대학과 지역이 직면한 공동의 위기를 극복하기 위해 시작된 정책입니다. 지역을 가장 잘 아는 지자체와 지역의 가장 소중한 인적·물적 자원인 대학이 힘을 합쳐 동반 성장하기 위한 그림을 자율적으로 그리는 것이 RISE 체계의 핵심입니다. 이러한 RISE 체계의 핵심을 구현하기 위해 RISE 위원회와 지역 RISE 위원회로 대표되는 중앙과 지역의 협업 체계를 중심으로 한 다양한 논의 과정을 거치며 다양하고 혁신적인 정책들을 만들어 왔습니다. 향후 RISE의 안착으로 '지역인재 양성–취·창업–정주'의 선순환 생태계 구축, 교육의 힘으로 지역 소멸이라는 사회 난제 해결이 가능할 것으로 생각합니다."

다음 QR 코드 링크를 통해「이주호의 필통톡」영상 및 관련 교육 정보를 만나실 수 있습니다.

● 필통톡 16-1
지역 대학의 위기! 라이즈,
글로컬 정책으로 극복합니다

● 필통톡 16-2
대학과 지역의 변화!
글로벌하게 나아가야 합니다

● 대학과 지역을 위한
RISE·글로컬대학
정책 정보

16. 유학 오고 싶은 나라, 한국

국가경쟁력의 지표, 해외 우수 인재 확보

한국인에게 "오늘 하루 외국인을 한 명이라도 마주친 적이 있나요?"라고 물으면 대부분 그렇다고 답하지 않을까요. 2010년대에는 「미녀들의 수다」나 「비정상회담」 등 국내 체류 외국인들이 한국어로 한국 문화에 대한 이야기를 나누는 토크쇼가 인기를 끌었다면, 요즘은 SNS에서 한국 생활에 대해 유창하게 이야기하는 외국인 콘텐츠를 흔하게 볼 수 있을 정도로 한국에 사는 외국인들이 많아졌습니다. 2024년 말 기준 국내 체류 외국인은 약 265만 명으로, 현재 우리나라 전체 인구의 5.2% 정도가 외국인이라고 합니다.[1]

---

1 연도별 인구 대비 체류외국인 현황, 법무부 출입국 통계, 2025.

2024년 11월 하노이에서 열린 한국유학박람회. 교육부는 세계 각국의 대사관 또는 한국교육원과 함께 한국유학박람회를 개최해 유학 정보를 제공하고 입학 상담을 실시하고 있습니다.

ⓒ교육부

2000년 국내 외국인 체류자 수는 49.1만 명이었다고 하니 불과 25년 사이에 외국인 이웃이 5배 이상으로 늘어난 셈입니다.

기름 한 방울 나지 않는 이 땅에서 '사람이 곧 자원'이라는 생각은 오랜 기간 우리나라의 굳은 믿음이 되어 왔습니다. 국가 간 인구 이동이 크지 않고, 나라의 기술 수준이 높지 않았던 과거에는 그 믿음이 자국민에게만 향했는지도 모릅니다. 그러나 내국인이든 외국인이든 한 명의 천재가 국가의 GDP를 좌지우지할 수 있게 된 오늘날, 사람이 자원이라는 믿음은 국적을 불문하는 영향력을 떨치고 있습니다. '글로벌 인재 유치 전쟁(The Global War for Talent)'이라는 말이

나올 정도니까요.

영국은 2019년 3월 「국제 교육 전략(International Education Strategy)」을 통해 2030년까지 유학생 60만 명 유치를 목표로 연간 350억 파운드를 투입하겠다고 발표했고, 2018년 11월 프랑스 에두아르 필리프 총리는 「Bienvenue en France 전략」을 발표하고 2027년까지 유학생 50만 명 유치를 목표로 비자 취득 절차 간소화를 시작했습니다. 일본 또한 정부 자문기구인 '교육미래창조회의'를 통해 2033년까지 유학생 40만 명 유치를 목표로 뛰고 있습니다.[2]

우리나라는 어떤 상황일까요? 스위스 국제경영개발원(IMD : International Institute for Management Development)이 발표한 2024년 한국의 국가 경쟁력 지수를 보면 확인할 수 있습니다. 한국의 두뇌 유출지수(Brain-drain)와 해외 고급인재 유입 매력도(Foreign highly-skilled personnel are attracted to your country's business environment)는 총 67개 국가 중 각각 30위와 38위로 중위권에 그쳤는데요.[3] 이는 국내의 고급 인력이 해외로 떠날 경우 국가 경제에 미치는 영향이 작지 않은 편이며, 해외의 고급 인력이 국내로 유입되기에는 그렇게 매력이 크지 않다는 것을 뜻합니다.

그래서 정부는 외국의 훌륭한 인재들이 우리나라에서 활약할 수 있도록 다양한 정책을 펴기 시작했습니다. 특히 우리나라를 세계

---

2 유학생 교육경쟁력 제고 방안, 교육부, 2023. 8.

3 The World Competitiveness Yearbook, IMD, 2025. 4.

10대 유학 강국으로 만들기 위해 여러 부처가 합동으로 '스터디코리아 300K'[4] 프로젝트를 지난 2023년 발표했습니다. 2027년까지 유학생 30만 명을 유치하고, 희망하는 유학생은 한국에 정착할 수 있도록 지원하는 정책입니다.

"세계 각국이 우수 인재 확보를 위해서 치열하게 경쟁하고 있습니다. 우리나라에 온 외국인 유학생들이 지역에서 취업까지 하고 또 정착한다면 지역 인력난에도 도움이 되고 지역과 국가 발전에까지 크게 기여할 수 있을 것으로 생각합니다."

| 이주호 |
부총리

    교육국제화특구 지역을 지정해서 지자체들이 지역 산업에 필요한 유학생을 유치할 수 있게 권장하거나, 지역특화형 비자를 만들고 저숙련 외국인 근로자의 대학 진학을 허용하는 등 비자 규제를 완화했습니다. BK21(Brain Korea 21)과 같은 연구 인력을 지원하는 사업이나 GKS(Global Korea Scholarship)와 같은 정부 초청 외국인 장학사업을 활용해서 우수 석박사를 유치하고, 해외 대학과의 공동학위나 영어 강의 등 대학 학사 제도도 혁신해서 캠퍼스 환경 또한 유학생들에게 보다 친화적으로 만들어 갈 것이라고 합니다. 이제까지

---

4 K는 1,000을 뜻하는 영어 약자.

유학생 유치는 대학들이 각자 주도적으로 진행했지만, 이제부터는 국가적인 체제 아래서 지자체와 대학이 협력해 유학생을 지원하게 된 것입니다.

K-컬처의 영향과 정부의 우호적인 정책 덕분에 우리나라의 유학생 수는 빠르게 증가하고 있습니다. 2024년 4월 1일 기준으로 외국인 유학생은 20만 8,000여 명으로 전년 대비 14.9% 늘어났는데요, 이제 우리나라는 무시할 수 없는 상위권 유학생 유치 국가라고 해도 과언이 아닙니다.

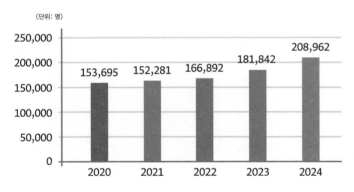

연도별 유학생 현황 (2024. 4. 1. 기준)

(단위: 명)

출처: 한국교육개발원

유학으로 지속 가능한 지역 발전을 만듭니다

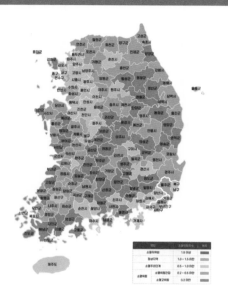

전국 228개 시·군·구별 소멸위험지역 현황(2024. 3. 기준)[5]

　　서울이나 수도권에서도 그렇지만, 인구가 줄어 '소멸 위험'에 처한 지역들에서는 지금 외국인 이웃의 존재감을 더욱 크게 느끼는 편입니다. 228개 시군구 기준, 2002년에는 네 곳이었던 소멸위험지역이 매년 증가해 2023년에는 전체의 절반을 넘어섰는데요. 이처럼 인구 감소가 심각한 지역에서는 각종 산업 분야에 종사할 수 있도

---

5 이상호, 지방소멸 2024: 광역대도시로 확산하는 소멸위험, 지역산업과 고용, 2024여름호.

록 적극적으로 해외 이민자를 유치할 계획을 세우고 있고, 교육부의 유학생 유치 정책도 여기에 발을 맞출 예정입니다. 유학생의 입학 단계에서부터 그 지역 산업에 어울리는 인재를 영입할 수 있다면 유학생들은 '코리안 드림'을 이루는 한편 지역으로서는 지속 가능한 발전의 동력도 만들 수 있을 것입니다.

외국인이 대학 또는 대학원 단계의 유학생으로 우리나라에 입국하게 될 때에는 많은 장점이 있습니다. 유학 비자를 얻기 위해서는 한국 대학에 먼저 입학 허가를 받아야 하고, 입학하기 위해서는 한국어능력시험(TOPIK: Test of Proficiency in Korean) 3급 취득을 권장하므로 언어와 문화를 어느 정도 이해한 상태에서 우리나라에 안정적으로 들어오게 됩니다. 학생들이 학위를 취득한 후 우리나라에서 취업이나 상급학교 진학까지 희망하는 경우도 많기 때문에 이들은 다른 외국인에 비해 상대적으로 우리 사회와 경제에 기여하는 숙련 노동자나 연구자로까지 성장하는 한편, 오래 거주할 것도 기대할 수 있습니다. 소멸 위기를 마주한 지역에서는 이러한 유학생 유치가 무엇보다도 절실한 상황입니다. 김진형 충청북도 과학인재국장은 충북의 11개 시군 중에 이미 8곳이 소멸위험지역에, 3곳은 소멸주의지역의 범위에 들어섰다고 「필통톡」에서 밝혔습니다.

"정말 심각한 상황입니다. 충북은 생산액 기준으로는 이차전지 생산액이 전국 1위, 바이오가 2위, 반도체가 4위를 차지할 만큼 국내 산업의 큰 부분을 담당하고 있는데, 문제는 그 현장에서 일할 청년이 없습니다."

| 김진형 |
前 충청북도 과학인재국장

충북은 이러한 제조업 인력난을 해결하기 위해 지역 내 기업과 대학, 지자체가 공동으로 출자해 장학금을 마련하고 해외의 한국교육원 등에서 추천을 받은 우수한 외국인 유학생들에게 지급하는 '기업초청 장학제도'를 진행 중이라고 합니다. 1년 치 재정 증빙을 해야 한국으로 유학을 올 수 있는데, 개발도상국 학생의 경우 이 정도의 재정을 준비하기가 어렵기 때문에 대학과 기업, 지자체가 이런 방식으로 유학의 '허들(장애물)'을 낮춰 주고 있는 것입니다. 현재 여러 지자체가 지역 발전 전략과 연계해서 적합한 유학생을 유치하고 취업과 정착까지 지원하는 정책을 추진하면서 비수도권 유학생수는 2022년 6만 8,007명(40.7%)에서 2024년 9만 2,505명(44.3%)으로 계속 증가하는 추세입니다.[6]

「필통톡」이 만난 유학생 네지 씨는 가봉 출신의 GKS 장학생으로, 전북대학교에서 경영학을 전공하고 있습니다. 네지 씨는 한국으로

---

6 한국교육개발원 교육통계 대학별 외국인 유학생 현황, 2024. 4.

유학을 온 이유에 대해 "한국 대학에서 더 많은 경험을 하고 싶었고 전공 분야에서 더 나은 교육을 받고 싶어서"라고 말합니다. 학교에서 늘 흥미롭고 도전적인 날들을 보내고 있으며 서로 다른 문화를 겪으면서 배우고 성장할 수 있어 한국에 오길 참 잘했다고 말하는 네지 씨의 설명은 우리나라 대학 교육이 세계적으로 인정받을 만한 수준이라는 점을 실감하게 해 줍니다. 2024년 한국교육개발원의 조사에 따르면, 외국인 유학생들은 우리나라를 유학 목적지로 결정한 이유가 한국의 치안 수준, 한국에 대한 호감 및 관심, 전공 분야의 경쟁력 순이었다고 합니다. 또한 우리나라에 오기로 결정한 후에는 대학에 대한 이미지와 평판, 교육 프로그램 및 교수진의 우수성, 대학의 순위, 졸업 후 취업 가능성의 순으로 어느 대학에 다닐지 선택하는 것으로 나타났는데요. 이왕 한국으로 오기로 마음먹은 이들에게는 대학의 교육경쟁력이 유학생을 끌어들이는 가장 큰 유인임을 알 수 있습니다.[7]

---

7 정책 변화에 따른 외국인 유학생 실태조사 방안 연구, 한국교육개발원, 2024. 12.

외국인 유학생의 대학 선택 요인		
대학 선택 이유	평균*	표준편차
대학에 대한 이미지와 평판이 좋아서	3.88	0.90
교육 프로그램이나 교수진이 우수해서	3.87	0.92
대학의 순위(Global/Domestic Ranking)를 생각해서	3.84	1.00
대학 졸업 후 취업 가능성이 높아서	3.68	1.01

* 리커드 5점 척도 기준

전북대학교에 다니는 유학생들이 학교 행사에 참여하며 즐기는 모습.

ⓒ필통톡

　네지 씨가 다니는 전북대학교는 농업생명과학대학, 경상대학, 공과대학, 자연과학대학 등을 중심으로 해외 유학생을 위한 다양한 지원 프로그램을 제공하고 있습니다. 한국대학국제교육협의회장을 지낸 전북대학교 사회복지학과 윤명숙 대외·취업부총장은 각 지역들이 유학생 유치에 적극 나서는 것에 대해 "대학 재학생만 늘리고 대학에게만 이로운 것 아니냐고 보는 시선들이 있지만, 이는 지역 전체의 생존과 발전의 기반을 만드는 일"이라고 강조합니다.

"대학, 지역 산업, 지방자치단체는 '삼위일체'예요.
같이 가는 거죠. 지역 대학의 학생이 줄어들게 되면
지역 생산 가능 인구가 줄어들게 되니까 지역 산업
체가 어려움을 겪기 시작하고, 결국 지역 경제가 나
빠지는 순환적 문제가 생깁니다."

| 윤명숙 |
사회복지학과 교수

　같은 GKS 장학생으로 연세대학교에서 석사 학위를 받은 방송인 다니엘 린데만 씨는 독일의 외국인 정책을 「필통톡」에 소개했습니다. 독일은 'Make it in Germany'라는 정부 정책으로 외국인의 이민과 취업, 유학을 지원해 고령화와 저출생으로 인한 인구 감소에 대응하고 있다고 하는데요. 독일의 학사 학위를 가진 유학생들이 졸업 후 취업을 이어 나갈 수 있도록 기업과 연계해 지원하거나, 비자나 영주권 취득을 완화하고 있다고 합니다. 공부하기 위해 왔다가 결국 한국에 정착하게 된 린데만 씨를 보면 알 수 있듯, 앞으로 유학생 유치는 해외의 우수 인재를 한국에 정착하게 해 줄 핵심 전략이 될 수 있을 것입니다.

GKS로 첨단 분야 인재를,
취업 연계로 기술 인재를

GKS는 해외의 우수 인재를 초청하여 국내 학위 취득에 필요한 등록금, 학업장려금 등을 지원하는 대한민국 정부의 초청 장학 제도인데요. 1967년에 시작해 2024년까지 총 160개국 1만 7,532명의 외국인 유학생이 그 혜택을 받았습니다.

2024년에는 스터디코리아 300K 발표에 맞춰 선발 규모를 2,300여 명으로 대폭 확대했는데요, 기업 수요가 많은 이공계 분야 학생들을 R&D 트랙이라는 이름으로 더 많이 선발하고, 지자체가 지역 산업체와 연계하여 추천하는 장학생을 R-GKS 트랙으로 지원하는 등 양적 확대에 걸맞게 우리나라의 필요에 맞는 우수 인재들을 유치하고자 프로그램을 다변화하고 있습니다. 특히 R&D 트랙은 2022년 전체 인원의 약 30%였는데 2027년 45%까지 점차 확대하는 것을 목표로 삼아 첨단 신산업 분야 인재들을 한국에서 유치하는 데에 주력하고 있습니다. 그 밖에도 석·박사급 연구 인력을 양성하는 BK21사업에서도 외국인 석·박사생을 4,000여 명까지 폭넓게 지원하고, 첨단 분야의 해외 대학 석학을 국내 대학 교원으로 초빙할 수 있도록 하는 등 각 대학과 지자체에서 해외 우수 인재를 많이 유치할 수 있도록 여러 부처가 협력해서 정책을 추진하고 있습니다.

유학생들이 학업을 마친 후 취업을 통해 국내에 정주할 수 있도록 돕는 정책도 다양하게 시행하고 있습니다. 국내 전문대졸이나 대졸 이상의 학위를 취득한 외국인이 중소·스타트업 기업에 취업하는 경우 고용주의 추천을 통해 전문인력(E-7-1) 비자를 발급받기 한층 용이하게 바꿨습니다. 주조, 금형과 같이 제조업의 근간이지만 인력이 부족한 뿌리산업이나 조선산업을 중심으로 다양한 지역 산업에 취업할 경우 연계해 지원하는 정책도 활발하게 진행 중입니다.

비자부터 원스톱 유학 시스템까지, 더 편한 정착을 지원합니다

윤명숙 부총장은 5,000명의 외국인 유학생을 대상으로 졸업 후 진로에 대해 묻는 설문조사를 진행했는데, 절반에 가까운 48%의 학생들이 학업을 마친 후 "한국에서 취업하고 싶고, 계속 살고 싶다"고 응답했다고 합니다.[8] 이처럼 졸업 후 취업 의사가 높음에도 불구하고, 의사소통의 한계로 채용을 꺼리는 고용주, 제한적 취업 정보, 학생 비자로는 구직 활동이 제한적으로만 허용되는 점 등 때문에 유학생들은 현장실습이나 인턴십에 어려움을 겪는 편입니다.

---

8 지자체-대학-기업연계 학생교류 활성화 방안 마련을 위한 정책연구, 교육부, 2023. 6.

다니엘 린데만 씨도 한국에서 학위를 받은 후 남아서 취업을 하려 할 때 상당히 어려웠다고 「필통톡」에서 털어놓았습니다. 졸업 후 생각만큼 빠르게 취업이 되지 않던 차에 비자가 만료되어 일단 독일로 돌아갈 수밖에 없었다고 하는데요. 스터디코리아 300K 프로젝트가 성공한다면 특정 산업뿐만 아니라 외국인들의 유학 목적 입국부터 학습, 졸업 후 취업까지 우수한 인재가 국내에 오래 머무를 수 있게 됩니다.

스터디코리아로 비자 제도를 개선하면서 우선 환율이 불안정한 국가의 학생들이 원화를 기준으로 유학생 재정 능력 심사를 받을 수 있게 되었습니다. 비숙련 외국인 근로자가 원할 경우 대학에 진학하여 전공 전문성을 쌓을 수 있도록 허용하고, 숙련기능인력 비자까지 취득할 수 있도록 제한을 완화했습니다. 대학 입학 시 한국어능력시험(TOPIK) 외에도 법무부의 사회통합프로그램이나 세종학당 이수 등 다양한 방식으로 한국어 능력을 입증할 수 있게 되었습니다. 대학을 다니면서 할 수 있는 아르바이트나 현장실습, 인턴십의 기회도 더 열어서 한국어 실력도 키우는 한편 더 많은 직업 탐색이 가능해질 것이라고 하네요.

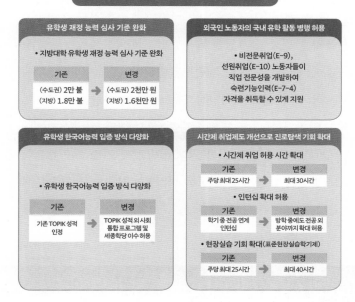

유학 비자 규제 혁신 방안[9]

유학생 재정 능력 심사 기준 완화
• 지방대학 유학생 재정 능력 심사 기준 완화

기존	변경
(수도권) 2만 불 (지방) 1.8만 불	(수도권) 2천만 원 (지방) 1.6천만 원

외국인 노동자의 국내 유학 활동 병행 허용
• 비전문취업(E-9), 선원취업(E-10) 노동자들이 직업 전문성을 개발하여 숙련기능인력(E-7-4) 자격을 취득할 수 있게 지원

유학생 한국어능력 입증 방식 다양화
• 유학생 한국어능력 입증 방식 다양화

기존	변경
기존 TOPIK 성적 인정	TOPIK 성적 외 사회 통합 프로그램 및 세종학당 이수 허용

시간제 취업제도 개선으로 진로탐색 기회 확대
• 시간제 취업 허용 시간 확대

기존	변경
주당 최대 25시간	최대 30시간

• 인턴십 확대 허용

기존	변경
학기 중 전공 연계 인턴십	방학 중에도 전공 외 분야까지 확대 허용

• 현장실습 기회 확대(표준현장실습학기제)

기존	변경
주당 최대 25시간	최대 40시간

충청북도는 일정 자격을 갖춘 외국인 우수 인재가 인구 감소 지역에서 거주하고 그 지역에 취업하는 것을 조건으로 비자 발급 요건을 완화하는 '지역 특화형 비자 시범사업'에 참여했는데요. 2023년 제천시와 단양군에서 외국인 우수 인재 170명을 모집해 지역특화 숙련기능인력(E-7-4R) 비자를 주었고, 모집 인원 중 71%인 121명이 식료품이나 자동차 부품과 같은 지역 제조업 분야에 종사하게

---

9 유학생 교육경쟁력 제고 방안, 교육부, 2023. 8.

되었다고 하니, 사업의 효과가 확실히 눈에 띄네요. 그 밖에도 입학 중심으로 이루어지던 유학 상담에서 벗어나, 취업과 정주에 이르기까지 폭넓은 정보를 제공할 수 있도록 '한국유학종합시스템(www.studyinkorea.go.kr)'을 전면 개편하였습니다. 유학 준비 단계부터 졸업 후 취업까지 필요한 다양한 정보와 지원 사항을 통합적으로 안내하고, 인공지능 기반 챗봇을 통해 상시 상담 서비스를 제공함으로써, 한국 유학에 관심 있는 학생들이 언제 어디서나 필요한 정보를 쉽고 편리하게 얻을 수 있도록 하였습니다.

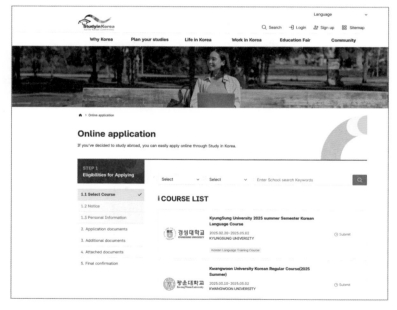

차세대 한국유학종합시스템 홈페이지.

ⓒ국립국제교육원

한국어를 배우고 올 수 있도록,
해외 한국어 교육 지원

유학은 물론 취업과 정착에 가장 큰 장벽이 되는 것은 역시 언어 문제일 텐데요. 각 대학별로 영어로 진행되는 학사 과정이나 영어 강의를 제공하고 있지만, 한국 정착을 원하는 유학생이라면 한국어를 더 잘 구사해야 할 필요가 있을 것입니다. 국내 대부분의 대학이 한국어학당을 운영하고 있고, 해외 현지에도 사설 학원을 포함하여 다양한 형태의 한국어 교육기관이 있기 때문에 유학생이 유학을 위해 입국하기 전에도 현지에서 한국어를 접하는 것이 불가능한 일은 아닙니다. 하지만 교육부는 한국 유학과 취업을 원해 한국어를 배우려는 학생이 현지에서 보다 쉽게, 그리고 충분히 한국어를 학습할 수 있도록 해외 한국어 교육에 대한 지원을 강화하고 있습니다.

특히 해외 청소년들의 경우 K-팝, K-드라마 등 한국 문화에 대한 관심과 한국어 학습 경험이 한국으로의 유학과 취업으로 이어질 수 있기에, 잠재적인 유학 수요를 극대화하는 방향으로 해외의 정규 초중등학교에서 정규수업, 방과후 프로그램 등을 통해 현지의 교육 시스템 내에서 한국어를 배울 수 있도록 지속적으로 지원을 확대해 나가고 있습니다.

한국어 수업에서 한국어 교재를 활용하고 있는 학교 현장.
왼쪽이 라오스, 오른쪽이 브라질.

ⓒ교육부

구체적으로 살펴보면, 해외에서 이루어지는 한국어 교육의 질적 수준 제고를 위해 현지 학교에서 활용할 수 있는 한국어 교재를 개발하여 보급하고 있고, 동남아와 중앙아시아 지역 등 한국어 교육 수요와 한국 유학, 취업 수요가 큰 지역에는 각 나라의 문화와 교육 과정을 반영한 국가별 맞춤형 교재를 별도로 개발하여 보급하고 있습니다.

또한 국가별 수요를 고려하여 국내에서 선발한 우수한 한국어 교원을 현지 학교에 파견하거나, 현지 대학과 연계하여 한국어 교원 양성 과정을 운영하는 등 다방면으로 지원을 하고 있다고 하니 해외 한국어 교육의 전문성이 얼마나 크게 성장할지 기대가 됩니다. 이러한 노력들의 결과로 2024년 기준 전 세계 46개국 2,526개 학교에서 정규수업 시간에 약 22만 명의 학생들이 한국어를 배우고 있습니다.

한국어 학습을 위해 각 나라의 문화와 교육과정을 반영한 교재를 만듭니다.
왼쪽이 우즈베키스탄, 오른쪽이 브라질 교재.

ⓒ교육부

해외 한국어 교원 및 한국어 채택교 현황

구분	2022년	2023년	2024년
현지 학교 한국어 교원 파견 현황	12개국 87명	14개국 86명	14개국 102명
한국어 채택교 및 학생 수	43개국 1,928교 186,583명	47개국 2,154교 202,745명	46개국 2,526교 222,469명

ⓒ국립국제교육원

이와 더불어 한국어를 모국어로 하지 않는 사람을 대상으로 한국어 능력을 객관적으로 평가하기 위한 한국어능력시험(TOPIK) 지원자 수 역시 2012년 약 15만 명에서 2024년 약 49만 명으로, 10년 사이 3배 이상 증가했다고 하네요.

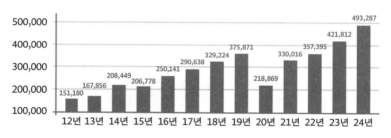

연도별 한국어능력시험(TOPIK) 지원자 현황

출처: 국립국제교육원

세계 시민이 배우고 일하는
글로벌 코리아를 향해

2000년 이후 미국의 화학, 의학, 물리학 분야 노벨상 수상자의 약 40%는 이민자 가정 출신이라고 합니다.[10] 외국인들까지도 사회 속으로 통합시켜 공동의 성과를 일구어 내려면 수준 높은 교육이 우

---

10 NFAP immigrants and nobel prizes: 1901-2023 executive summary.

수 외국 인재들을 한국으로 유입시키는 마중물 역할을 할 수 있어야 합니다. 더 많은 유학생이 한국에서 공부하고 역량을 펼치게 된다면 학계는 물론 산업계에서도 더 다양한 성취를 크게 얻을 수 있는 날이 오지 않을까요. 그런 날이 빨리 오려면 정책적 노력뿐만 아니라 유학생과 이민자를 사회 구성원으로 받아들이는 환대와 존중의 자세도 필요할 것입니다.

"'환대'가 중요합니다. 충북에서는 유학생이 희망하면 지역 주민과 일대일 매칭해 생활에 도움을 주는 K-가디언 제도를 시행하고 있습니다. 언어 소통이 잘 안 되면 통역 서비스도 함께 해 원활하게 진행될 수 있도록 할 예정이고요. 제일 중요한 건 한국에 '정'이 들어야 된다는 것입니다."

| 김진형 |
前 충청북도 과학인재국장

낯선 문화에 대한 편견이나 걱정을 앞세우기 전에 우선 열린 마음으로 도와준다면 어느새 '정든' 이웃이 되어 함께 살아갈 수 있겠지요. 언어도 국적도 서로 다르지만, 외국인 이웃들을 환대하는 마음으로 함께한다면 우리 사회는 다양성을 동력으로 삼아 지속 가능한 미래를 만들어 갈 수 있을 것입니다.

"2024년 12월 「필통톡」을 통해 공개된 '유학생 교육경쟁력 제고 방안'을 담당했던 강현 서기관입니다. 전 세계 각국이 치열한 인재 유치 경쟁을 펼치는 상황에서 '유학생 30만 명 유치'라는 목표가 처음에는 무겁기도 했습니다. 그러나 작년 외국인 유학생 규모가 처음으로 20만 명을 돌파하면서 글로벌 선도국가로서의 가능성을 확인함과 동시에 우리나라의 높아진 위상에 대해 자부심을 느꼈던 기억이 납니다. 스터디코리아 300K 프로젝트 추진 이후 유학생 지원 정책은 보다 체계적으로 변화하고 있습니다. 개별 대학이 유학생을 유치하는 방식에서 다양한 정부 부처와 지자체, 대학이 협력하는 체제로 전환하고 있으며, 유학생 유치부터 취업, 정착까지 종합적인 지원으로 확대되고 있습니다. 한국에 관심과 애정을 가지고 찾아온 많은 유학생들이 자신의 역량을 키우고 꿈을 펼칠 수 있길 기원합니다."

다음 QR 코드 링크를 통해 「이주호의 필통톡」 영상 및 관련 교육 정보를 만나실 수 있습니다.

● 필통톡 15-1
해외 인재 유치를 위한
우리나라의 전략은 이것입니다!

● 필통톡 15-2
취업, 정주까지 이어지는
해외 인재 유치의 중요성!

● 한국 유학에 대한
통합된 정보를 제공하는
'한국유학종합시스템'

17. 교육부,
미래로 나아가다

미래 사회를 이끄는 교육 패러다임의 대전환

세상은 너무도 빠르게 변하지만, 막상 변화 속에 있으면 좀처럼 그 속도를 체감하지 못합니다. 끓는 물에 갑자기 개구리를 넣으면 뛰쳐나오지만 분당 0.2도 미만으로 서서히 온도를 올리면 개구리가 위험을 인지하지 못해 물속에서 죽고 만다는 이야기도 있지요. IMF 이전 우리나라 주식 시가총액 50위권에 든 상장기업 중 2017년에도 50위 안에 이름을 올린 곳은 단 7곳뿐이었다고 하니,[1] 변화에 적응한다는 것은 정말 어려운 일임을 알 수 있습니다. 하지만 그 변화를 제대로 겪어 내고 나면 특출난 혁신을 이루기도 합니다. 기업 중

---

1 20년 전 시총 50위권 중 남아 있는 상장사는? 달랑 7개, 경향신문, 2017. 2. 1.

에서 시대 변화에 맞추어 변신한 사례를 찾아보면 변화 전후의 모습이 기발할 정도로 다른 경우가 많습니다.

지금 명실공히 세계 최고의 영상 플랫폼으로 꼽히는 넷플릭스는 처음에 어떤 회사였을까요? DVD를 우편으로 대여해 주는 회사였습니다. '닌텐도 스위치'와 '위' 등 전 세계가 즐기는 비디오 게임기와 게임을 만드는 회사인 닌텐도는 어떨까요. 1889년에 화투 패를 파는 조그만 상점에서 시작해 플레잉 카드, 장난감, 식품 등을 만들었다고 합니다. 후지 필름은 디지털카메라 시장이 빠르게 성장하면서 필름 시장이 사양길에 오르자 필름 제조기술을 활용해 전자 소재, 의료기기, 화장품, 의약품 등 다양한 사업에서 두각을 나타내고 있습니다. 세 회사 모두 파는 상품의 정체성은 크게 변하지 않았지만, '무엇을 어떻게 파느냐'라는 문제의식에 따라 회사의 성격을 완전히 바꿔 버렸고, 그 결과 큰 성공을 거두며 세계적인 기업으로 자리 잡았습니다.

큰 변화가 있기 전과 후의 세상은 확연히 다릅니다. 지금도 세계는 AI와 일상의 만남이라는 큰 변화를 마주하고 있고, 개인이든 사회든 이 변화에 적응해야만 합니다. 우리의 교육 현장도 예외는 아니어서, 교육부는 2023년부터 '교육부 대전환'을 9대 개혁 과제의 하나로 시행하고 있습니다. 사회 패러다임 변화에 발맞춰 교육부의 역할과 기능을 근본부터 변화시키고, 지속 가능한 교육 정책을 펼침으로써 우리나라 교육이 글로벌 경쟁력을 갖추도록 하는 것이 대

1998년 DVD 대여 업체에서 출발한 넷플릭스는 이제 세계에서
가장 영향력 있는 영상 스트리밍 서비스가 되었습니다.

©Netflix

전환의 궁극적인 목적입니다. 교육부 대전환은 단순히 정책을 바꾸
는 차원이 아니라 교육부가 해야 할 일의 정의를 새롭게 내리고, 정
책의 패러다임을 근본적으로 전환시키는 것입니다. 이 대전환은 크
게 두 가지 방향으로 추진되고 있습니다. 첫째, 교육 공적 개발 원조
를 받던 나라에서 주는 나라로 변모한 현재, 글로벌 교육 선도국으
로서의 리더십을 강화하는 방향으로 교육부의 역할을 개편하는 것
입니다. 국제사회에서 우리나라가 주도적으로 진행하고 있는 미래
교육 혁신을 계속 선도할 수 있도록 체계를 만드는 것이 핵심입니
다. 둘째, 데이터를 교육과 인재 정책의 기반으로 삼으려 합니다. AI
시대에 맞게 데이터를 모으고, 정책 결정을 할 때 이 데이터를 적극
적으로 활용함으로써 보다 객관적이고 효과적으로 정책을 설계하

고 학생과 교사, 학교의 개별 사례에 부합하는 맞춤형 교육을 제공하려는 것입니다.

우리나라를 글로벌 교육 선도국으로

오늘날 대한민국은 명실상부한 선진국이자 교육 강국으로서, 세계를 이끌어 갈 수 있는 글로벌 교육 선도국이 될 만한 수준을 갖추게 되었습니다. 우리나라가 한국전쟁의 폐허를 딛고 세계 10위권의 경제 대국이자 문화 강국으로 성장한 저력이 바로 교육이었다는 사실은 국제사회에서 유무상 원조의 전례 없는 성공에 대한 비결로 항상 손꼽히며 널리 회자되고 있습니다. 실제 한국은 2021년 UNCTAD(유엔무역개발회의)의 선진국 그룹으로 승격되었는데 이는 1964년 UNCTAD 설립 이래 개도국 그룹에서 선진국 그룹으로 지위가 변경된 최초의 케이스였습니다.

"우리나라의 교육 경쟁력, 국제사회 글로벌 사회에서 위치는 굉장히 높습니다. 개발도상국, 중진국, 선진국, 나아가서 글로벌 리더 국가를 한 세대 또는 1.5세대 만에 달성한 나라는 거의 없었습니다."

| 최창용 |
행정대학원 교수

K-문화가 확산하면서 한국을 배우려는 세계적인 움직임도 점점 커져 왔습니다. K-콘텐츠 열풍 이후 국제사회에서 한국과 한국어에 대한 관심은 정말 뜨겁습니다. 언어를 알면 그 나라의 문화와 정신, 역사를 더 깊이 이해하게 되고 실제로 가서 살아 보거나 공부해 보고 싶은 마음도 커집니다. 어학연수나 교환학생으로 시작된 한국과의 인연은 대학원 공부나 취업으로 이어질 수 있고, 한국 전문가나 친한파(親韓派)가 되고 나서도 우리나라와 자국을 연결하는 가교 역할을 하면서 우리나라의 발전 모델을 참고해 자국의 발전 방향을 찾을 수도 있지요. 한국을 배우려는 세계인들이 많아지는 지금이, 우리 교육이 글로벌 사회를 선도할 골든타임이기도 한 이유입니다.

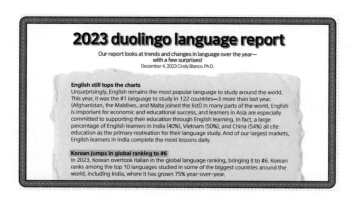

2023 duolingo language report

Our report looks at trends and changes in language over the year—
with a few surprises!
December 4, 2023 Cindy Blanco, Ph.D.

English still tops the charts
Unsurprisingly, English remains the most popular language to study around the world. This year, it was the #1 language to study in 122 countries—3 more than last year. (Afghanistan, the Maldives, and Malta joined the list!) In many parts of the world, English is important for economic and educational success, and learners in Asia are especially committed to supporting their education through English learning. In fact, a large percentage of English learners in India (40%), Vietnam (50%), and China (54%) all cite education as the primary motivation for their language study. And of our largest markets, English learners in India complete the most lessons daily.

Korean jumps in global ranking to #6
In 2023, Korean overtook Italian in the global language ranking, bringing it to #6. Korean ranks among the top 10 languages studied in some of the biggest countries around the world, including India, where it has grown 75% year-over-year.

2023년 전 세계의 듀오링고 학습자 중 한국어 학습자 수가 6위를 기록했습니다.

ⓒDuolingo, Cindy Blanco, Ph.D.

듀오링고(Duolingo)라는 외국어 학습 애플리케이션에서 발표한 글로벌 언어 보고서에 따르면 이 애플리케이션에서 2023년 한국어 학습자 수는 전체 6위이며 이탈리아어 학습자 수를 추월했다고 합니다. 특히 넷플릭스의 「오징어 게임」 방영 이후 2주 동안 한국어를 배우려는 신규 사용자가 영국에서 76%, 미국에서 40% 늘었다는데요.[2] 이처럼 한국어 학습자의 증가와 비례해 TOPIK(한국어능력시험) 응시자 수도 앞서 '16. 유학 오고 싶은 나라, 한국' 편에서 이야기했듯이 대폭 증가했습니다.

교육부는 높은 수요에 부응하기 위해 단기적으로는 TOPIK 시행국과 시행 횟수를 늘리고, 중장기적으로는 언제 어디서나 온라인으로 편리하게 응시할 수 있도록 인터넷 기반 시험(IBT: Internet - Based Test)을 확대할 뿐만 아니라 AI에 기반해 디지털로 TOPIK을 치르는 새로운 한국어 학습 · 평가 방식도 준비하고 있습니다. TOPIK의 디지털 전환을 통해 온라인 기반 평가가 이루어지면 지필평가(PBT: Paper - Based Test)보다 편리하게 응시할 수 있고, 시험 결과를 신속하게 받아 볼 수 있어 응시를 위해 장거리를 이동하여야 하는 불편함 등이 해소되고, 해외의 한국 유학 및 취업 준비생들의 응시 편의성이 획기적으로 향상될 것으로 기대하고 있습니다.

---

2 Joan MacDonald, Interest In Learning Korean Grows With The Popularity Of The Hallyu, Forbes, 2023. 12. 11.

TOPIK(한국어능력시험) 시험장에서 응시생들이 문제를 풀고 있습니다.

ⓒ연합뉴스

이처럼 대한민국의 매력과 위상이 높아진 가운데 최근 세계 많은 나라들이 한국의 교육 혁신 사례에 관심을 보이고 있습니다. 바로 디지털 대전환과 관련된 사례들입니다. '5. 디지털 시대, 교육과 과학이 만나다' 편에서 보았듯이 세계적으로 AI를 활용한 교육이 화두인 지금, 선도적으로 AI를 도입하고 있는 한국 교육의 역동성에 주목하면서 이를 배우고자 하는 나라들이 많습니다. 이에 우리 교육계가 리더십을 가지고 디지털 교육 혁신의 세계적 확산을 주도하기 위해 팔을 걷어붙이게 된 것입니다.

| 이주호 |
부총리

"우리나라 교육이 글로벌 퍼스트 무버로서 새로운 모델을 보여 주고, 다른 나라를 끌어 주거나 원조할 수도 있습니다. 이제 경제 분야처럼 교육 분야도 글로벌 리더로서의 위상을 갖출 때가 됐다고 생각합니다. 또 이를 통해 국내의 여러 가지 혁신도 더 가속화할 수 있을 것입니다."

가이아, AI 기반 교육을 선도할 교육 동맹의 출범

실제로 교육 혁신을 세계에서 주도하기 위해 교육부는 국제 교육 협력체인 가이아(GEIA : Global Education & Innovation Alliance, 글로벌 교육 혁신 얼라이언스)를 출범했습니다. 가이아는 디지털 대전환이라는 누구도 맞이한 적 없는 시대적 변화를 마주한 전 세계가 함께 교육의 방향을 모색하고 혁신 사례와 우수한 모델들을 공유하면서 공동의 규범을 마련하기 위해 설립되었습니다. 2024년 8월 한국, 영국, 사우디아라비아, 카자흐스탄, 세계은행(WB : World Bank), 미주개발은행(IDB : Inter-American Development Bank)을 포함한 6개 기관이 창립 멤버가 되어 출범했고, 이후 엘살바도르와 국제교육금융기구(IFFed : International Finance Facility for Education)가 동참해 현재 8개의 정부 또는 국제기구가 가입되어 있습니다.

현재 많은 나라에서 디지털 기술과 인공지능(AI)이 관련된 교육

| 가이아 출범식 | 한국 교육부-영국 교육부
양자면담 | 한국 교육부-세계은행
양자면담 |

담론을 주도하기 위해 다양한 노력을 기울이고 있습니다. 한 예로, 중국은 2023년부터 유네스코, 유니세프 등 국제기구와 협력하여 '세계디지털교육대회'를 개최하고 있으며[3], 이를 통해 디지털 교육의 방향성과 정책적 대응 방안을 논의하고 있습니다. 영국은 세계 최대의 벳쇼와 연계된 에듀테크 콘퍼런스를 통해 민간 주도로 네트워크 형성을 도모하고 있습니다. 우리 교육부는 가이아가 각국이 AI와 데이터 기반 교육을 어떻게 수용하고 발전시킬 수 있을지를 실험하는 장이자, 관련 정책을 메타적으로 논의하는 무대가 될 수 있을 것으로 기대하고 있습니다.

특히 우리나라는 세계 최초로 AI 디지털교과서 도입의 선두에 선 '퍼스트 무버'로서, 세계 여러 나라에 그 경험을 공유하며 새로운 디지털 공교육의 모델을 제시하게 될 것입니다. 서울대학교에서 빅데이터 AI 센터장을 맡고 있는 조성준 교수는 AI 디지털교과서의 도

---

3 中, 온라인 공개수업 학습자 규모 세계 1위, 동아일보, 2023. 2. 15.

입, 성과와 개선 사례를 공유하는 동안 우리나라가 자연스럽게 세계 교육계에서 리더십을 발휘하게 될 것이라고 예측합니다.

"가이아에는 유럽, 아시아, 중동, 미주 등 세계 각 지역이 다양하게 포진하고 있습니다. AI 디지털교과서를 먼저 도입한 경험을 공유하며 발전시켜 나가면 조만간 UN처럼 커질 것이라고 생각합니다."

| 조성준 |
산업공학과 교수

가이아에서는 디지털 기반의 교육정책 제안과 그 효과성 연구, 국가 간 교사 교류, 교육 표준 논의, 학생 역량평가 등 다양한 방식으로 실질적인 국제 협력이 이루어지게 됩니다. 단순히 기술이나 정보만 공유하는 것이 아니라, 디지털 교육과 관련된 국제표준을 만들고 미래의 교육이 그간 소외된 계층까지 포용할 수 있도록 생태계를 구축하려는 것입니다. 가이아를 통해서 대한민국이 새로운 교육 패러다임의 중심에 자리 잡을 수 있기를' 기대해 봅니다.

"불과 10년 전과 비교해도, 글로벌 사회에서 우리나라를 바라보는 시각과 기대가 크게 달라진 것을 하루가 다르게 실감하고 있습니다. 우리 학생, 교사, 교육기관의 글로벌 역량을 향상시켜 나가면서, 글로벌 교육의 새로운 미래를 선도할 수 있도록 노력하겠습니다."

| 하유경 |
글로벌교육기획관

데이터 기반 교육 혁신, 이래서 필요합니다

다음으로는 교육부 대전환의 두 번째 방향, 데이터 기반의 교육 혁신을 어떻게 이루어 갈 것인지를 살펴보겠습니다. 2023년 교육부는 '디지털교육기획관'이라는 부서를 신설해 AI 디지털교과서 관련 정책과 데이터를 기반으로 교육정책을 수립하도록 지원하고 있는데요. 데이터를 적극적으로 정책에 활용하는 일이 현장에서 어떤 혁신을 가져올 수 있을까요?

우선 학생들의 학습 데이터를 활용해서 수준 높은 개인 맞춤형 교육을 구현할 수 있습니다. 가령 AI 디지털교과서는 학생의 학습 활동에서 클릭 하나하나를 기록하고 분석해 학생의 수준에 딱 맞는 학습 자료를 만들 수 있습니다. 기존에는 학생의 학습 수준을 알려면 학기를 시작해 기초학력진단평가를 볼 때까지 수 주가 걸렸지만, AI를 활용하면 매일매일 수업 시간에 이루어지는 학생들의 활동 내역을 추출해 수분 내에 학습 성향과 문제 해결 역량 수준을 교사에게 전달할 수 있습니다. 교사는 AI의 도움을 받아 더 빠르고 정확하게 학생 한 명 한 명의 수준을 파악하고 각 개인에게 적합한 학습 계획을 제시할 수 있습니다. 이를 위해 학습 데이터의 수집과 활용은 필수적인 조건이 될 것입니다.

"AI 디지털교과서나 AI 튜터와 같은 시스템이 우리 학교 교실에서 잘 적용된다면 사교육을 받을 수 없거나 조금밖에 도움을 받을 수 없는 학생들에게는 큰 도움이 될 수 있고, 오히려 학습 격차를 줄일 수 있다는 말씀을 드리고 싶습니다."

| 조성준 |
산업공학과 교수

실제 수업에서 수집되는 데이터뿐만 아니라, 성적이나 생활기록부 등 교육과 관련된 여러 데이터를 활용해서도 정책 결정 과정에서 중요한 혁신을 가져올 수 있습니다. 현재 교육 분야에서는 여러 기관들이 각각 독립적으로 데이터를 관리하고 있는데, 그렇다 보니 각 기관들이 보유한 데이터를 연계하여 활용하고자 할 때 제약이 있었습니다. 예컨대 한국장학재단의 국가장학금 데이터와 한국교육개발원의 취업통계 데이터, 건강보험공단의 건강보험 데이터와 국세청의 국세통계 데이터를 연계해서 분석한다면 실제 대학생의 학업 성과나 졸업 후의 취업 결과를 확인해 학자금 정책이 대학 교육 기회의 형평성에 미친 영향을 분석하여 장학사업의 성과나 개선할 점과 같은 시사점을 뽑아낼 수 있지만, 기관 간 장벽으로 인해 그렇게 하기 어려웠던 것입니다.

제대로 연계되지 않은 데이터가 활용될 경우 정책 결정 과정의 효율성이 떨어지거나, 효과가 불분명한 교육정책이 수립되어 현장의 요구와 괴리가 발생할 수 있습니다. 각 기관이 데이터 수집을 위해 중복적으로 조사를 실시함으로써 교육 현장의 행정 부담도 높아질 수 있을 테고요. 그래서 분산된 데이터를 한곳에 모으고 관리하는 시스템을 구축하는 것이 굉장히 중요합니다. 데이터 연계·통합 시스템이 구축되면 학생과 학교 데이터 활용도가 높아져서 중복 사업과 예산 낭비를 줄일 수 있고, 교육정책의 결정도 보다 정교해져서 행정의 효율성과 질을 끌어올릴 수 있습니다. 아울러 교사의 행정업무 부담도 줄어들게 될 것이고요. 과거에는 교육정책이 결정자의 직관과 여론에 따라 결정되는 경우가 많았지만, 정책이 실제로 어떤 효과가 있었는지 검증하려면 반드시 데이터에 기반한 합리적인 판단이 있어야 합니다.

"데이터를 축적하고, 재가공하고, 소위 말하는 빅데이터화함으로써 현재 수요에 부응하면서 미래 수요가 무엇일지까지도 예측해 내는 것이죠. 이건 선택의 문제가 아니고 당위의 문제입니다."

| 최창용 |
행정대학원 교수

해외에서는 교육 데이터를 정책에 어떻게 활용하고 있는지 살펴볼까요? 2014년 하버드대학교 최연소 경제학 교수 중 한 명인 라즈 체티(Raj Chetty)는 '기회의 땅은 어디인가'라는 논문을 발표하여 미국에 큰 반향을 일으켰습니다. 1996년부터 2012년까지 익명 처리된 미 국세청의 연방 소득세 데이터를 바탕으로, 한 국가 내에서도 지역별로 세대 간 계층 이동성(IGM: Intergenerational Mobility)[4]이 크게 차이가 난다는 사실과 더불어 '학교의 질'이 이 이동성에 영향을 미치는 중요한 변인임을 밝힌 논문입니다.[5] 또한 체티는 우리나라로 치면 통계청에 해당하는 미국 인구조사국과 협력하여 미국의 인구 구성과 거의 같게 데이터 세트를 구축한 후, 아이들이 성장해서 성공할 수 있는 기회를 많이 제공하는 지역이 어디인지를 지도로 보여주는 '기회의 지도(Opportunity Atlas)'를 만들기도 했습니다.

영국의 경우 전국 학생 데이터베이스(NPD: National Pupil Database)를 마련하여 개방하고 있습니다. 전국의 모든 학생에게 고유 식별번호를 부여해서 시험 성적, 학생의 배경, 재적된 학교의 특성과 같은 데이터를 학교와 관련된 여러 가지 조사 데이터와 연계하여 무기명 처리된 학생 데이터베이스를 제공합니다. 이러한 데이터들은 주로 학술 연구나 정책 수립의 목적으로 활용되고 있는데요.[6] 이처럼 교육 데이터를 적극적으로 활용할수록 공교육 현장에서 더 활발한 정책 혁신이 가능해지게 될 것입니다. 뿐만 아니라 데이터를 잘 활용하는 민간 기업들이 데이터 활용에 참여함으로써 사교육 의존도도 줄

---

4 한 세대의 자녀가 다음 세대에서 소득수준이 높은 계층으로 얼마나 이동 가능한지를 나타냄.

5 Raj Chetty et al., Where Is the Land of Opportunity? The Geography of Intergenerational Mobility in the United States, The Quarterly Journal of Economics 129, no. 4, 2014.

6 교육데이터 개방·활용 확대방안, 교육부, 2024.

라즈 체티는 '기회의 지도'를 만들어 아이들이 성공할 수 있는 기회를
가장 많이 제공하는 지역이 어디인지 보여 주었습니다.

일 수 있을 것으로 기대됩니다.

"교육 데이터는 단순히 교육에만 국한된 게 아니라
개인 삶의 전반에 연결되어 있는 가장 중요한 데이
터입니다. 그래서 사회정책, 경제정책을 수립하는
데 있어서도 교육 데이터의 역할은 굉장히 중요하
다고 생각합니다."

| 김현주 |
디지털교육기획관

교육데이터플랫폼으로 편리하고 안전하게

이처럼 중요한 교육 데이터의 수집과 활용 과정 전반을 혁신하기 위해 교육부는 분산된 교육 데이터를 효율적으로 통합하는 '교육데이터플랫폼(https://edmgr.kr/)'을 구축 중이며, 2025년 5월 서비스 개시를 앞두고 있습니다. 이 플랫폼은 기관별로 분산되어 있는 데이터 중에서 수요가 높은 교육 정보를 4,000개 이상의 관리 카드 형태로 정리해서 제공할 예정인데요, 필요한 관리 카드를 고르면 데이터 간의 연계성을 확인할 수 있고, 이에 따라 정책 시사점을 뽑아낼 수 있습니다. 뿐만 아니라 고용노동부나 보건복지부 등 사회 부처들의 데이터까지 함께 제공하여, 연구자와 정책 담당자가 정책을 평가하고 수립하는 데 활용할 수 있을 것입니다. 예컨대 교육부가 보유한 아이들의 학교생활 데이터와 고용부가 가진 성인이 된 후 고용 현황 데이터가 어떠한 상관관계가 있는지 분석도 가능합니다.

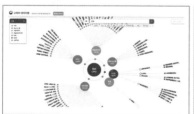

교육데이터플랫폼 대시보드 화면. 이 플랫폼에서는 4,000여 개의 데이터 관리 카드를 제공하고 있습니다.

ⓒ교육부

그렇다면 교육데이터플랫폼이 제공하는 자료를 교육행정에 어떻게 활용할 수 있는지 구체적으로 예를 들어 볼까요? 학생들이 상급 학교에 진학할 때 어느 학교에 배정할지 학생의 통학 거리, 교통 사정, 학급 수 등을 고려해 최적의 학교를 지정해 줄 수도 있고, 학교를 다니지 않는 아동이나 청소년에게 데이터를 바탕으로 각 교육청이 실시하는 다양한 프로그램과 같이 필요한 지원을 매칭해 주는 등 정책의 사각지대를 줄일 수도 있습니다. 또 대학별로 제공하고 있는 입시 정보 데이터를 통합해 한곳에서 확인할 수 있다면 학부모들이 사교육 의존을 줄일 수 있고, 대입 정책 개선에도 활용할 수 있을 것입니다.

"정부가 데이터 기반 역량을 강화해서 입시 정보 같은 데이터를 관리하고 수요자에게 제공하는 등 역할을 해 준다면 그동안 학부모들이 정보 때문에 사교육에 의존할 수밖에 없었던 여러 가지 문제들도 해소할 수 있을 것이라 생각합니다."

| 이주호 |
부총리

실제로 2024년에 '대학어디가'라는 이름으로 잘 알려진 대입정보포털(https://www.adiga.kr/)을 데이터 기반으로 전면 개편하였습니다. 대입정보포털에서는 각 대학의 모집 전형별로 합격선이나 내신 성적은 어느 정도인지, 어떤 과목들을 반영하는지 등 다양한 입시 정보를 제공할 뿐만 아니라 학생들에게 진학 상담까지 지원하고 있는데요, 데이터 축적과 분석 기법을 활용하여 정보를 제공하는 방식으로 공공 서비스를 개선한 대표적 사례라고 할 수 있습니다.

물론 학생과 학교의 데이터를 수집·활용하는 과정에서 개인정보가 유출되거나 오용되는 일이 발생하지 않도록 보안에도 각별히 주의를 기울이고 있습니다. 현재 제공되는 교육통계나 공시 데이터에는 개인정보가 포함되어 있지 않은데, 만약 연구를 위해 학생 개인별 정보가 필요한 경우에도 학년이나 이름과 같은 개인정보와 민감한 학교 정보를 알아볼 수 없도록 비식별 처리된 데이터를 연구자가 받게 됩니다. 이에 더해 개인정보 유출 우려를 원천 차단하기 위해 외부와 단절된 독립적인 온오프라인 분석 환경을 제공하는 '교육데이터 안심구역'도 운영하여 보안을 강화했습니다. 교육 데이터 안심구역에서는 연구 목적 수요가 높은 데이터를 상세하게 제공하는데, 연구자는 오프라인 공간인 데이터 안심구역(대구센터)을 방문하거나 교육데이터플랫폼 내 구축된 데이터 안심구역 사이트에 접속하여 비식별 처리된 전수 데이터를 제공받아 분석할 수 있으며, 분석 결과 자료 역시 심의를 거쳐 반출 여부를 결정받을 수 있습니다.

대전환, 가 보지 않은 길을 비추는 등불

결국 우리는 AI와 인간이 공존하는 사회를 살아가게 되었습니다. 단순한 지식 습득보다 어떤 인간상을 가지고 어떻게 인간성을 키워 나갈지를 고민하는 과정이 앞으로 교육의 핵심을 차지할 것입니다. AI와 사는 세상에서는 이제까지 아무도 가 보지 않은 길을 모두가 함께 가야 합니다. 그 길에는 가슴 뛰는 도전도 있고 간담이 서늘해지는 위험도 있을 것입니다. 이 대전환이 길을 비춰 주는 등불이 되어, 가 보지 않은 길을 가는 사람들을 완전히 다른 세상으로 안내할 수 있었으면 합니다.

미래는 준비하는 이의 것입니다. 변화의 과정은 험난하겠지만 변화해야 한다는 절실함은 끝내 새로운 세상에 도달할 힘이 될 것입니다. 그리고 우리의 교육은 언제나 그 절실함과 함께할 것입니다.

다음 QR 코드 링크를 통해 「이주호의 필통톡」 영상 및 관련 교육 정보를 만나실 수 있습니다.

• 필통톡 17-1
글로벌 교육혁신의
퍼스트 무버, 대한민국

• 필통톡 17-2
데이터를 이용한 교육!
평등한 교육 기회로 나아갑니다

• 교육 데이터를 통합하여
제공하는 플랫폼
'교육데이터플랫폼'

함께 만든 교육 정책 2025
이주호의 필통톡 시즌2

1판 1쇄 발행 2025년 5월 25일

지은이 교육부 필통톡 기획팀
이주호 부총리 겸 교육부 장관, 교육부 구연희 대변인, 홍성창 정책자문관, 박현정 디지털소통팀장, 엄현아 사무관, 정상현 사무관, 허우철 사무관, 윤두성 연구사

펴낸이 김유열
디지털학교교육본부장 유규오
출판국장 이상호 | **교재기획부장** 박혜숙 | **교재기획부** 장효순

책임편집 윤정아 | **글 정리** 박혜정 | **디자인** room 501
인쇄 우진코니티

펴낸곳 한국교육방송공사(EBS)
출판신고 2001년 1월 8일 제2017-000193호
주 소 경기도 고양시 일산동구 한류월드로 281
대표전화 1588-1580
이메일 ebsbooks@ebs.co.kr | **홈페이지** www.ebs.co.kr

ISBN 978-89-547-9289-9 (03370)